·马克思主义研究文库·

马克思主义思想与海冲突法中国范式的樕建

屈广清 | 著

光明日报出版社

图书在版编目（CIP）数据

马克思主义思想与海冲突法中国范式的楙建 / 屈广清著. -- 北京：光明日报出版社，2025. 3. -- ISBN 978-7-5194-8550-4

Ⅰ. D997. 2

中国国家版本馆 CIP 数据核字第 20251MK923 号

马克思主义思想与海冲突法中国范式的楙建

MAKESI ZHUYI SIXIANG YU HAICHONGTUFA ZHONGGUO FANSHI DE MAOJIAN

著　　者：屈广清

责任编辑：陆希宇　　　　责任校对：许　怡　李佳莹

封面设计：中联华文　　　　责任印制：曹　净

出版发行：光明日报出版社

地　　址：北京市西城区永安路 106 号，100050

电　　话：010-63169890（咨询），010-63131930（邮购）

传　　真：010-63131930

网　　址：http://book.gmw.cn

E - mail：gmrbcbs@gmw.cn

法律顾问：北京市兰台律师事务所龚柳方律师

印　　刷：三河市华东印刷有限公司

装　　订：三河市华东印刷有限公司

本书如有破损、缺页、装订错误，请与本社联系调换，电话：010-63131930

开　　本：170mm×240mm

字　　数：278 千字　　　　印　　张：15. 5

版　　次：2025 年 5 月第 1 版　　　　印　　次：2025 年 5 月第 1 次印刷

书　　号：ISBN 978-7-5194-8550-4

定　　价：95. 00 元

前　言

海冲突法的最高目标是构建海事和谐世界、和谐社会，构建“和谐冲突法”。因此，“和谐冲突法”范式的构建是冲突法理论研究、立法及实务应用的最高目标。“和谐冲突法”并非统一冲突法那么简单，还涉及冲突法的形式、实体的价值目标的实现，是一个十分重大的研究课题。

在调整涉外民事、海商事法律关系过程中，冲突法立法的名称及理论研究的学科名称各不一致。“就连国际私法的概念本身，国内外学术界也一直存在很大的分歧，不同的学派各执一端，争论不已。可以说，国际私法是争论最多的学科之一。为什么会有这种现象存在，也需要遵循辩证唯物主义和历史唯物主义基本原理去研究大量事实材料，才有可能作出比较客观的说明。”① 在理论与实践中，比较多的是采用冲突法或者国际私法这样的名称。本书的研究，对这两者都有涉及，因为实在难以对它们进行科学的区分，在构建范式的探索上采用的是海冲突法这一名称。

中国对海冲突法理论与实践也作出了应有的贡献。古往今来，勤劳勇敢的中国人民对世界经济及海事发展作出了积极的贡献。“一带一路”、海上丝绸之路、人类命运共同体等理论与实践均对世界影响深远。根据国际经济贸易交往的客观需要，中国古代的法律制度有的也出现较早。如1080年宋朝就正式颁布了中国最早的成文海法《元丰市舶条》，该法早于欧洲12世纪的习惯法整理汇编《奥列隆海惯例集》，是世界最早的成文海法（虽然在公元前9世纪就出现了古代第一部海商法，即调整地中海沿岸海上活动的海事习惯法，但该法典没有保存下来，只是散见于罗马法学家的一些著作中）。在构建人类命运共同体的今天，中国的法治建设更要走在世界的前列，要更加重视涉外法治中国范式的研究。

---

① 刘慧珊．恩格斯晚期著作对国际私法研究的重要启示［J］．外交学院学报，1991（1）：64-70.

本书主要研究马克思主义冲突法理论与中国范式的建立与完善，目的是构建“和谐冲突法”。“和谐冲突法”是冲突法的最高目标与价值取向。马克思主义法学理论丰富，蕴含的冲突法或者国际私法理论也极具指导意义，是构建“和谐冲突法”中国范式的重要指引。但之前的理论探讨较少，需要深入挖掘。在人类命运共同体构建、“一带一路”特别是海上丝绸之路的建设过程中，特别需要中国冲突法引领示范，解决法律冲突。这也涉及具体领域，如海冲突法、丝路冲突法，特别是海丝冲突法等的研究。以海丝冲突法为例，海丝冲突法涉及的是海丝经济带国家的冲突法或者国际私法的本体研究，目的是要研究海丝经济带国家冲突法的冲突与统一问题，以期为海丝经济带国家更加便利的国际经济贸易及交往打下基础。由于海丝经济带国家众多，无法全部作为样本进行选择，研究材料中选择了海丝经济带各大法系的一些代表性国家作为比较的对象。海法（与陆法、空法相对应）包括海冲突及海冲突解决法、海实体法、海冲突法，甚至海程序法、海证据法等。本研究涵盖的内容主要是海冲突法。

法律与文化具有天然的联系或不可分性，因此，研究涉“文”法律，是研究法律的重要内容。确切地说，法律是一种文化。法律无不与各国、各地区文化相关联，文化实际上是法条的形成之基，是法条背后的法条，是法律冲突堡垒背后的堡垒。因此，不同冲突法的背后是不同的文化支撑，除非文化完全统一，否则冲突法是不可能完全统一的，因此，研究“一带一路”、海丝经济带国家，海冲突法必须结合国家的文化进行，文化的发展趋势在一定程度上代表着冲突法的发展趋势。虽然文化的不同会长期存在，但是，研究冲突法的对立与统一问题仍然具有现实意义：一是可以促进统一化这一进程。二是可以促使各国在共同利益面前做些让渡，逐渐形成更多的共同规则，减少摩擦，减少风险，使海上丝绸之路的发展更加迅速。与此同时，研究的成效也可为其他非海丝国家的融合发展带来一定的参考效应。三是通过构建海冲突法范式，将先进的冲突法理念、冲突法规定进行吸收，为冲突法案件的解决提供示范引领及科学的方案。四是可以促进民商冲突法范式的进一步完善，因海冲突法与其他民商冲突法有一定程度的互补互用之功效。

在涉外海事交往领域，法律冲突是通过冲突法来进行解决的，尽管各国有不同的冲突法。海冲突法是解决海事领域法律冲突的一个独立的法律部门，海事关系是社会关系中非常普遍而重要的方面，与人的社会生活息息相关。只有解决好海事领域的法律冲突与法律纠纷，才能形成和谐社会，实现构建人类命运共同体的宏伟目标。由于各国针对冲突法有不同的规定，因此，要特别处理好冲突法之间的冲突，构建科学与完善的冲突法范式，才能构建“和谐冲突法”，构建冲突法的命运共同体，进而达到统一冲突法，实现一个案件无论在哪里审理，都能够达到判决一致的冲突法目标。

但从客观上看，只有实现各国实体法的完全统一，才能实现一个案件无论在哪里审理，都能够达到判决一致的目标（当然，这还要假定全球法官水平一致、公正客观一致等因素的存在才行）。因此，冲突法实现判决一致这一目标是非常困难的。而且，冲突法的发展给构建人类命运共同体带来新的挑战，如尊重当事人的意思自治原则，就使法律适用的灵活性增加，而众多情形下的当事人在法院诉讼开始后进行的选择，多数选择的是法院地法，因此，挑选法院仍然具有现实意义。与此同时，选择性冲突规范的增加，也使当事人的选择无法完全统一。在这种情况下，即使出现完全统一的全球统一冲突法，也达不到一个案件无论在哪里审理，都能够达到判决一致的冲突法目标，因为，要达到这一目标，每一个冲突规范都要是唯一的，指定的准据法是唯一的，不存在当事人从多个准据法进行选择的选择性冲突规范。因此，如何设计冲突法立法范式，如何正确对待这种情形下的利弊分析，给冲突法的现代化发展带来极大的挑战，需要进行解析与完善，并分不同的阶段予以实现，这种阶段性，是世界各国的趋势与方向，是无法完全步调一致的统一。

事实上，如果冲突法不能真正解决冲突，实现判决结果的一致性，那么冲突法的意义与价值就会失去，并给法院的承认与执行带来困难，给一事多判带来可能，给稳定的海事关系带来不稳定。因此，冲突法的完善发展一定要妥善、科学地解决这个问题。

冲突法是解决法律冲突的，而不是制造法律冲突的，但如果处理不好，就会适得其反。有时，一个国家的冲突法规定对解决本国涉外案件是没有问题的，但放在国际层面上，就会产生新的冲突，这种冲突反过来还会影响该国冲突法规定的实际效果与规定质量，甚至会对该国的司法带来重大的影响。因此，一国的冲突法制定，必须考虑各国之间的协调与发展，这就是人类命运共同体发展理念的重大意义。冲突法发展的前提，就是各国对权利的各自让渡，无论是出于国际礼让还是构建命运共同体的现实需要，都是十分必要的。就我国冲突法的立法现状而言，也存在各种各样的问题，与构建人类命运共同体还存在许多差距，亟待完善。

关于涉外海事关系法律适用法，我国在通过《中华人民共和国涉外民事关系法律适用法》时就提出，另行通过单行法的形式制定涉外商事关系法律适用法，因此在研究民事冲突法的同时，也应该对海事冲突法做好理论研究工作，最好能够形成成形的立法建议案，以尽快实现出台中华人民共和国冲突法典的最终目标。在构建人类命运共同体的过程中，法律冲突就是一个明显的障碍，因此，要格外重视冲突法的研究及立法完善工作，以真正消除法律冲突。

值得说明的是，在构建人类命运共同体的过程中，2019 年 4 月 23 日，习近平总书记在集体会见应邀出席中国人民解放军海军成立 70 周年多国海军活动的外方代表团团长时，首次提出了“海洋命运共同体”这一理念。“海洋命运共同体”是“人类命运共同体”的重要组成部分，对构建“人类命运共同体”具有重大意义。因此，对构建海洋命运共同体与海事冲突的科学解决也应该给予高度的关注。

构建海洋命运共同体离不开海洋冲突法的重要保障，海洋冲突法要求平等对待主权国家的海洋法律，各国在追求本国海洋法律利益时应兼顾他国利益，在谋求本国海洋法律适用时应兼顾他国海洋法律的适用。在此基础上，把海洋国际社会的共同价值、共同理念、共同追求具体化、固定化、法治化，推动公认的海洋冲突规则、国际惯例及共同框架落地生根，遵照执行。因此，构建海洋命运共同体与我国海商法涉外章修改完善也关系密切。我国海商法是 1992 年通过的，该法是计划经济年代的产物，且“长年未修”，不能完全适应新时代的发展。因此，十三届全国人大常委会立法规划将《中华人民共和国海商法》修订列为第二类项目（需要抓紧工作，条件成熟时提请审议的立法项目）。交通运输部组织修订，于 2018 年 11 月正式形成了《中华人民共和国海商法（修订征求意见稿）》，但征求意见稿仍然与构建海洋命运共同体的要求存在差距，迫切需要针对海商法及征求意见稿后续修订进行研究，以满足国家重大急需。

党的十九届四中全会《中共中央关于坚持和完善中国特色社会主义制度 推进国家治理体系和治理能力现代化若干重大问题的决定》指出，要加强重要领域立法，加快我国法域外适用的法律体系建设，以良法保障善治。作为构建人类命运共同体法治保障重要环节的冲突法，是合力维护和平安宁、共同增进福祉、共同保护生态文明、坚持平等协商妥善解决分歧的重要工具，是实现人类命运共同体的重要保障。与此同时，构建人类命运共同体对冲突法的修改提出了更高的要求，需要创新发展解决冲突法的法律原则与规则，增加中国的国际话语权。在冲突法的构建上，要突出实质正义，实质正义是引导各国冲突法由共存法至合作法，由合作法至统一法的内在诱因与价值追求，是冲突法治国际化及法治共同体发展的必由之路。

在冲突法立法上，中国应积极主动、重视研究、率先而为、创新发展、提高质量、突出实效，不断推出能够被世界各国所接受并最终成为实实在在法律原则、规则和制度的现代化发展成果，为构建人类命运共同体打下坚实的基础。

综上，中国作为“一带一路”、海上丝绸之路的倡导国，理应在海冲突法、“一带一路”冲突法、海丝冲突法的研究及应用上发挥重要作用，构建中国范式，为争议的解决提供常规性的选择方案。既然要构建中国范式，就要吸收各国精华，构建领域高地，最后形成既是中国的，也能代表“一带一路”、海上丝绸之路水平的冲突法解决方案，为全球“和谐冲突法”的构建做出应有的贡献。

值得说明的是，在本书的材料运用上，一些失效的法律，如《中华人民共和国民法通则》等，也有用来阐述冲突规范结构，或者进行历史立法发展进程说明、比较等，并不代表对其仍然存在效力的认同。特此说明。

书中的立法比较与建议，吸收了《中华人民共和国国际私法示范法》等国内立法建议案及国际条约的先进性规定。书中的外国法规，借鉴了一些外国网站发布的内容，一些翻译的成果，如《越南民法典》（伍光红、黄氏惠译，商务印书馆出版）、《国际私法教学参考资料选编》（李双元、欧福永、熊之才编，北京大学出版社出版）、《德国民法典》（“台湾大学”法律学院、台大法学基金会编译，北京大学出版社出版），学者们关于冲突法理论及立法的各种观点等资料。

党的十九大报告指出：“中国共产党人的初心和使命，就是为中国人民谋幸福，为中华民族谋复兴。”党的二十大报告指出：“推进科学立法、民主立法、依法立法，统筹立改废释纂，增强立法系统性、整体性、协同性、时效性。”这里二十大报告指出的内容，即立法上的初心与使命，是在构建立法具体领域中国范式的时候，必须坚持、必须达到的目标。

需要强调的是，在构建海冲突法中国范式的过程中，应当时刻坚守冲突法合理、和谐解决法律冲突这一初心使命。

不忘初心，方得始终。只有始终如一保持当初的信念，不忘根本，牢记使

命，才能实现最后的目标，为科学构建海冲突法中国范式打下坚实的基础。特以此为记！

屈广清

2024年3月

目　录

CONTENTS

第一章

马克思主义冲突法思想概论

第一节　马克思主义海冲突法思想初论

研究法律包括海冲突法和海事国际私法，无论是一般规律性的指导，还是冲突法领域的具体指导，马克思主义思想都是海冲突法不可缺少的指导思想。“在人类思想史上，就科学性和影响力而言，没有一种思想理论能达到马克思主义的高度，也没有一种学说能像马克思主义那样对世界产生如此广泛而深远的影响。马克思主义……至今依然闪烁着耀眼的真理光芒。”① 关于海事国际私法或者海冲突法的研究也是如此，离不开马克思主义思想的指导。

什么是马克思主义呢？“马克思主义是由马克思、恩格斯创立并为后继者不断发展的科学理论体系，是关于自然、社会和人类思维一般规律的学说，是关于社会主义必然代替资本主义、最终实现共产主义的学说，是关于无产阶级解放、全人类解放和每个人自由而全面的发展的学说，是无产阶级政党和社会主义国家的指导思想，是指引人民创造美好生活的行动指南。”② 马克思主义科学揭示了自然、社会和人类思维的一般规律，对海冲突法的发展与指导具有针对性的意义。

马克思主义科学揭示了自然、社会和人类思维的一般规律，当然也包括海冲突法的一般规律。因为自然、社会和人类思维的一般规律，对海冲突法也是

① 《马克思主义基本原理》编写组．马克思主义基本原理［M］．北京：高等教育出版社，2023：1.

② 《马克思主义基本原理》编写组．马克思主义基本原理［M］．北京：高等教育出版社，2023：1.

一样适用的。有学者认为，“马克思主义经典作家没有关于国际私法的直接和专门论述，在马克思主义经典作家的著述中甚至不曾出现过‘国际私法’一词，而且此前几乎没有人把马克思主义和国际私法这两者结合起来、联系起来加以考察和思考”①。但也有学者认为马克思主义的著作对国际私法研究具有重要的启示，例如，马克思主义认为经济基础决定上层建筑，但这种决定所采取的形式可以是不相同的，“马克思主义认为，经济基础是决定上层建筑的，但这并不妨碍在主要方面相同的经济基础，可以由无数不同的经验的事实、自然条件、种族关系、各种外部发生作用的历史影响等，而在经济发展进程和具有相对独立性的相应上层建筑领域中显示出无穷无尽的变异和程度差别”②。在国际私法中，大陆法系与普通法系在国际私法属人法的理解与立法上的不同，用马克思主义经典作家的著作是完全能够解释得通的。也只有用马克思主义思想，才能揭示经济基础决定上层建筑的各种无穷无尽的变异和程度差别。“这种现象，只能靠研究由生产的发展导致氏族社会解体而形成不同民族国家的历史过程，研究各国之间经济关系变化发展过程的客观进程中各种因素交互作用的具体事实材料，才有可能得到科学的解释，在这里，运用数理逻辑和数学语言是推导不出答案的。”③ 因此，“不能说马克思主义经典作家没有论述过国际私法问题，就不存在马克思主义国际私法观，这种情况恰恰说明我们负有构建马克思主义国际私法学的神圣使命”④。

马克思主义继承和发展了人类历史上一切优秀的文化成果，马克思主义海冲突法观或海事国际私法观，也是继承和发展人类历史上一切优秀的文化成果的产物。“马克思主义绝不是离开世界文明发展大道而产生的一种故步自封、僵化不变的学说。而是哲学、政治经济学和科学社会主义极伟大的代表人物的学说的直接继续。”⑤ 这足以说明马克思主义的先进性，也足以说明海冲突法在中国范式构建过程中，马克思主义指导的必要性。下面将结合海冲突法的一些内

---

① 吕岩峰，秦晓雷．论研究和建设马克思主义国际私法学［J］．学习与探索，2018（7）：65-71.

② 刘慧珊．恩格斯晚期著作对国际私法研究的重要启示［J］．外交学院学报，1991（1）：64-70.

③ 刘慧珊．恩格斯晚期著作对国际私法研究的重要启示［J］．外交学院学报，1991（1）：64-70.

④ 吕岩峰，秦晓雷．论研究和建设马克思主义国际私法学［J］．学习与探索，2018（7）：65-71.

⑤ 列宁．马克思主义的三个来源和三个组成部分［M］//中共中央马克思恩格斯列宁斯大林著作编译局．列宁专题文集：论马克思主义．北京：人民出版社，2009：66-67.

容，对马克思主义思想作进一步探讨。

一、马克思主义思想与海冲突法的理论基础问题

马克思主义思想是我国海冲突法发展的正确指导思想。“我国向世界提出国际法思想必须以马克思主义思想为指导。为此，需要我们深入研究马克思主义国际法思想，并结合时代特征对其进行继承和发展，才能为我国全方位参与国际法的制定、修改和解释提供思想理论基础。”① 值得说明的是，除了马克思主义的国际法思想，马克思主义的其他法律思想对海冲突法也是具有指导意义的。在具体研究方法上，要在研究马克思主义国际法思想与马克思主义其他法律思想的基础上，构建真正的马克思主义海冲突法学或马克思主义海事国际私法学。“研究和建设马克思主义国际私法学，就是一方面运用马克思主义的基本立场、基本观点、基本原理和基本方法观察、分析和解决国际私法的理论和实践问题，从而有所发明、有所创造；另一方面对既往的国际私法理论、学说、观点、主张和实践进行由此及彼、由表及里的评析、研判，去粗取精，去伪存真，将其精华与真理作为马克思主义国际私法学的来源，进而有所发现、有所前进。”②

构建马克思主义海冲突法学，具体体现在构建海冲突法的中国范式上。构建海冲突法的中国范式，要注意结合中国国际私法的实际情况，结合中国发展中的马克思主义思想理论，结合中国特色社会主义发展的现实实际。“在这里，尤其要强调把马克思主义的基本原理同中国国际私法的具体问题联系起来，把马克思主义的理论精髓和实践品质渗透到国际私法的本体当中，在运用马克思主义研究和解决中国国际私法理论和实践问题的过程中，建设马克思主义国际私法学，构建中国特色马克思主义国际私法学体系，从而丰富马克思主义法学理论宝库。”③ 在中国特色社会主义理论中，“一国两制”的区际法律冲突问题、和谐社会的构建问题、人类命运共同体问题，都是马克思主义法学理论宝库中的重要组成部分，对海冲突法的范式的形成必将产生重要的影响。在构建海冲突法中国范式的过程中，对待海冲突法的具体问题，要注意马克思主义冲突法原理与冲突法思想的具体运用。

---

① 贺富永．马克思主义国际法思想研究［M］．南京：东南大学出版社，2016：2.

② 吕岩峰，秦晓雷．论研究和建设马克思主义国际私法学［J］．学习与探索，2018（7）：65-71.

③ 吕岩峰，秦晓雷．论研究和建设马克思主义国际私法学［J］．学习与探索，2018（7）：65-71.

（一）马克思主义关于冲突法之上层建筑问题

根据马克思主义冲突法思想的原理，冲突法这一上层建筑是受经济基础决定的，并与经济基础相适应的。“有些国际法学者主张将资本主义社会前的国际法，称之为古代国际法，究其主要原因，皆因在奴隶社会和封建社会中，生产力发展水平较低，国际交往较少，国际经济关系的发展状况从总体上制约了奴隶社会和封建社会国际法的发展。”① 冲突法的不同发展阶段，是由经济发展的不同阶段决定的，“美洲的发现、绕过非洲的航行，给新兴的资产阶级开辟了新天地。东印度和中国的市场、美洲的殖民化、对殖民地的贸易、交换手段和一般商品的增加，使商业、航海业和工业空前高涨，因而使正在崩溃的封建社会内部的革命因素迅速发展”②。因此，构建海冲突法的新范式，离不开对当今社会经济基础的研究。受限于当代客观物质生活条件的选择，海冲突法这一上层建筑仍然存在许多待发现的问题与制度，这就需要有兜底条款，否则，在实践中就可能出现真空地带。如对于船舶物权，目前的举例立法无法穷尽所有船舶物权的种类，因此，需要兜底条款来解决尚未明确规定或者尚未出现的船舶物权问题。在笔者所拟的海冲突法立法的中国范式中，就规定了兜底条款，具体建议规定为：【其他船舶物权】本法没有规定的其他船舶物权，适用法院地法。

（二）马克思主义关于调整对象问题

在对待海冲突法调整对象这类争议较大的理论问题上，马克思主义思想也是具有指导意义的。有学者认为“‘调整对象’不等于研究对象。前者是指国际私法法规调整何种社会关系，或者确切些说，适用于什么样的范围；后者则指哪些问题属于国际私法学研究的范围……后者的范围比前者的范围大得多……两者虽同属上层建筑的范畴，但它们在上层建筑诸要素中的地位和作用各不相同。法律较之法学观点，与在上层建筑诸要素中占核心地位的‘政治设施’之间的相互作用要强得多，受经济基础制约和决定程度以及反过来影响经济基础的‘特殊功能’要大得多，影响（反作用）的途径也直接得多”③。因此，要正确运用马克思主义原理，科学分析海事国际私法的具体问题。

关于法律的调整对象问题，马克思主义认为，“法律调整的直接对象是人的

① 贺富永．马克思主义国际法思想研究［M］．南京：东南大学出版社，2016：17.

② 中共中央马克思恩格斯列宁斯大林著作编译局．马克思恩格斯选集：第 1 卷［M］．北京：人民出版社，1995：273.

③ 刘慧珊．恩格斯晚期著作对国际私法研究的重要启示［J］．外交学院学报，1991（1）：64-70.

外在行为，而不应该是内在的思想方式”①。马克思、恩格斯进一步说道：“只是由于我表现自己，只是由于我踏入现实的领域，我才进入受立法者支配的范围。对法律来说，除了我的行为以外，我是根本不存在的，我根本不是法律的对象。”② 马克思主义关于法律调整对象的论述，对海冲突法调整对象的拟定，也是具有重要指导意义的。目前，关于理论上冲突法的调整对象仍然认识不一，一般认为冲突法的调整对象是国际民商事关系或者国际民商事法律关系，这些关系当然是通过背后的行为结成的，因此，应着重研究这些关系背后的行为或者直接将行为列为调整对象，这对冲突法调整对象的研究是极有指导价值的。

（三）马克思主义关于自由问题

马克思主义十分重视人的自由问题，“一方面，强调法律的根本任务是维护和保障人民的自由权利，哪里的法律成为真正的法律，即实现了自由，哪里的法律就真正地实现了人的自由；另一方面，强调自由必须受到法律的限制”③。自由在海冲突法领域中也是应该得到充分体现的，本书在制定海冲突法立法范式过程中，也是坚持以马克思主义思想为指导，着力实现冲突法应该实现的自由价值。如在笔者所拟的海冲突法立法的中国范式中，具体建议规定为：【意思自治原则】当事人可以依照法律规定选择适用的法律。该条首先考虑的是当事人的自由约定，类似的规定还有许多，均体现了马克思主义关于人的自由的思想的具体要求。

（四）马克思主义关于主体的法律地位问题

马克思主义认为，“穷人和富人在法律上的不平等，实质上就是不同阶级法律地位的不平等。‘法律压榨穷人，富人支配法律’所表明的正是资产阶级法律的本质”④。马克思主义关于主体法律地位的思想，对海冲突法主体的法律地位的规定也是适用的。在海冲突法领域，主体地位是不平等的，如果能使主体的法律地位相等，才是真正的公平。因此，保护弱者，使主体的法律地位能够相等，也应该是海冲突法需要认真考虑的一个问题。如笔者所拟的海冲突法立法的中国范式中，就以马克思主义思想为指导，将马克思主义关于主体法律地位的思想贯穿在具体法条中，具体建议规定为：【船员劳动合同】除合同另有约定

---

① 付子堂．马克思主义法律思想研究［M］．北京：高等教育出版社，2005：9.

② 中共中央马克思恩格斯列宁斯大林著作编译局．马克思恩格斯选集：第1卷［M］．北京：人民出版社，1995：121.

③ 付子堂．马克思主义法律思想研究［M］．北京：高等教育出版社，2005：11.

④ 付子堂．马克思主义法律思想研究［M］．北京：高等教育出版社，2005：37.

外，船员劳动合同，适用船旗国法、当事人住所地法中对船员保护有利的法律。

关于国家的冲突法主体地位问题，马克思主义思想对中国的冲突法实践指导意义重大。“新中国政府有权继承新中国成立前中国政府在中国境内的一切财产。新中国成立后，对当时属于中国所有的财产，包括动产和不动产，无论在何地，也不论财产所在地的国家是否承认中华人民共和国政府，一律归新中国政府所有……并坚持国家财产享受司法豁免的原则。”① 在笔者所拟的海冲突法立法的中国范式中，就以马克思主义思想为指导，将马克思主义关于国家财产享受司法豁免的原则贯穿在具体法条中，具体建议规定为：【国家所有的货物】属于国家所有的货物，不得予以扣留、扣押或实施其他司法程序。

（五）马克思主义关于海冲突法的渊源问题

关于冲突法的历史发展问题，马克思主义认为，“在历史上出现的一切社会关系和国家关系，一切宗教制度和法律制度，一切理论观点，只有理解了每一个与之相应的时代的物质生活条件，并且从这些物质条件中被引申出来的时候，才能理解”②。海冲突法的产生、发展与相应的物质条件是密不可分的，“在奴隶制国家产生后，仍是调整奴隶制国家间秩序的规范，这些规范起初是原始社会中的习惯，但由于其调整了奴隶制国家间关系，因此具有了国际法的性质”③。马克思主义关于国际法产生的论述，为海冲突法的发展历史、渊源等的研究，提供了具体的指导。“一切宗教制度和法律制度，一切理论观点，只有理解了每一个与之相应的时代的物质生活条件，并且从这些物质条件中被引申出来的时候，才能理解。”对于外国判例的效力的认定，也应当放在该外国特定的物质生活条件基础上进行考量，不能视而不见，否则所适用的外国法可能是不全面、不完整的。本书研究的海冲突法渊源，就包括了判例、国际惯例等惯例与习惯。在笔者所拟的海冲突法立法的中国范式中，就以马克思主义思想为指导，具体建议规定为：【外国判例】当案件的准据法为判例法国家的法律时，可以适用该国的判例。

（六）马克思主义关于海冲突法条约的效力问题

马克思主义认为，“条约必须遵守是国际法中的一项基本理论”④。就冲突

① 贺富永．马克思主义国际法思想研究［M］．南京：东南大学出版社，2016：159.

② 中共中央马克思恩格斯列宁斯大林著作编译局．马克思恩格斯选集：第 2 卷［M］．北京：人民出版社，1995：117.

③ 贺富永．马克思主义国际法思想研究［M］．南京：东南大学出版社，2016：15.

④ 贺富永．马克思主义国际法思想研究［M］．南京：东南大学出版社，2016：19.

法条约而言，也是如此。在笔者的研究中，切实地贯彻了这一思想。中国政府历来重视国际条约的效力，甚至对于国民党政府签订的旧条约，“对于有利于国际和平、有利于在平等互利的基础上进行国际交往的条约，予以继承。如 1952 年 7 月承认了国民党政府于 1929 年参加的 1925 年《日内瓦议定书》，并于 1957 年承认国民党政府于 1935 年加入的 1930 年《国际船舶载重线公约》”①。如笔者所拟的海冲突法立法的中国范式中，就以马克思主义思想为指导，将马克思主义的思想贯穿在具体法条中，具体建议规定为：【国际条约】中华人民共和国缔结或者参加的国际条约同本法有不同规定的，适用国际条约的规定；但是，中华人民共和国声明保留的条款除外。中华人民共和国法律和中华人民共和国缔结或者参加的国际条约没有规定的，可以适用国际惯例。【未生效的国际条约】当事人可以选择适用国际惯例或者未生效或未对中华人民共和国生效的国际条约。

二、马克思主义思想与海冲突法的原则问题

冲突法或者国际私法的名称在世界上基本被等同使用，无论这门学科的名称如何，对其实质内容的构成的理解是大同小异的。马克思主义思想博大精深，对冲突法或者国际私法原则及其相关内容的指导也是其思想的组成部分，但是我们的研究至今还没有在这一领域展开。

在国际私法或者冲突法领域，原则之于法律是非常重要的。“如果说原则是一个社会人们普遍认可的政治思想和道德观念的话，那么，它就是法律的精神，是制定和执行法律的指导思想。没有了它，法律规则就难以达到真正的统一，也会缺少弹性，难于应对不断变化的社会现实。”②

关于国际私法或者冲突法立法原则问题，我国学者在理论上的认知并不一致，有的学者把国际私法教材中总结的国际私法的基本原则作为国际私法的立法原则。国际私法的基本原则主要是：主权原则、平等互利原则、法律协调与法律合作原则、保护弱方当事人合法权益的原则。③ 也有学者认为，“国际私法的立法原则有：法典化原则、吸收性原则、借鉴性原则、超前原则、国际社会利益原则”④。

---

① 贺富永．马克思主义国际法思想研究［M］．南京：东南大学出版社，2016：158.

② 严存生．西方法哲学问题史研究［M］．北京：中国法制出版社，2013：18.

③ 李双元．国际私法［M］．北京：北京大学出版社，2011：30-31.

④ 易国春．完善我国国际私法立法的若干构想［J］．湖北经济学院学报（人文社会科学版），2007（12）：87-88.

此外，法理学也概括有一般的立法原则，这些立法原则对各法律部门都有普遍的指导意义，国际私法也概莫能外。这些原则有："宪法原则、法治原则、民主原则、科学原则。"①

事实上，马克思主义的国际私法理论，很早就为海事国际私法或者海冲突法的原则奠定了理论基础。根据马克思主义海事国际私法或者海冲突法理论，下列原则应特别考虑作为海冲突法或者海事国际私法的基本原则。

（一）多样性原则

国际私法或者冲突法的产生就源于世界法律的多样性产生的法律冲突，没有法律的多样性就没有冲突法。法律的多样性源于文化的多样性，从根本上源于世界的多样性。不了解世界的多样性，就无法解释和合理解决法律多样性产生的客观问题。"我们置身其中的世界包罗万象、多姿多彩。从宇宙星体的运行到地球物种的演化，再到人类社会的发展，以及人类文化的创造，无一不呈现出复杂的样态，体现着世界的多样性。"② 既然世界的多样性客观存在，冲突法就不应无视这种存在，也不应脱离实际地设想怎么消除法律的多样性。恰恰相反，冲突法应该从自身考虑，在多样性原则的指导下，科学一致地制定出公认的解决法律多样性的范式，这是多样性原则对冲突法提出的合理要求。恩格斯指出："全部哲学，特别是近代哲学的重大的基本问题，是思维和存在的关系问题。"③ 冲突法的理论思维，就是要坚持唯物主义的哲学原则，正确认识世界包括世界法律多样性的本质及其规律性，制定出科学的调整方法与范式，为避免或者减少冲突法的冲突奠定基础。

（二）国际（法律）合作原则

国际合作是海冲突法产生的基础与前提，并贯穿于海冲突法活动的始终。关于国际合作的实质，马克思主义认为，资产阶级、无产阶级"就其形式上看都是民族的阶级，但就其内容而言则是国际性的"④。这一论断丰富了对国际性的认识。马克思主义还认为："现在还存在着一种各民族资产阶级的兄弟联盟。这就是压迫者对付被压迫者的兄弟联盟、剥削者对付被剥削者的兄弟联盟。一

---

① 张文显．马克思主义法理学［M］．北京：高等教育出版社，2003：235-237.

② 《马克思主义基本原理》编写组．马克思主义基本原理［M］．北京：高等教育出版社，2023：26.

③ 中共中央马克思恩格斯列宁斯大林著作编译局．马克思恩格斯选集：第4卷［M］．北京：人民出版社，2012：229.

④ 蔺运珍．马克思恩格斯关于国际法原则的思想［J］．中共郑州市委党校学报，2009（2）：14-16.

个国家里在资产阶级各个成员之间虽然存在着竞争和冲突，但资产阶级却总是联合起来并且建立兄弟联盟以反对本国的无产者；同样，各国的资产者虽然在世界市场上相互冲突和竞争，但总是联合起来并且建立兄弟联盟以反对各国的无产者。”① 可见，马克思很早就预见到国际冲突与国际联盟问题，兄弟联盟之间更容易达成一致，共同对抗其他成员。这种情况在目前普遍存在，所以“应当以各国个人的兄弟联盟来对抗各国资产阶级的兄弟联盟”②。目前，实际上各种联盟都有存在，发达国家之间的、发展中国家之间的、发达国家发展中国家之间的等，这些兄弟联盟，也是各种各样的国际合作，这些联盟促进了区域统一冲突法、统一实体法的诞生。在这些问题上，马克思主义冲突法思想仍然具有现实意义。

（三）和平合法原则

和平合法是海冲突法解决法律冲突的基本指导方法，没有和平合法，就没有冲突法或者国际私法。该原则要求和平合法解决法律冲突与争端。马克思主义一贯强调和平合法解决国际争端原则。“马克思关于和平解决国际争端的思想在‘特伦特号’事件中得到了充分体现。”③ 在该事件中，马克思坚决主张和平解决“特伦特号”事件，“批驳英国强硬派的对美战争倾向，论证‘圣贾辛托号’行动的合法合理性”④。受此影响，“英国工人阶级还专门发起和组织了‘一个同情美国的大会’，并提出了和平解决‘特伦特号’事件的第一个动议……推动了‘特伦特号’事件最终得以和平解决。对此，马克思用‘受到了广大英国人民的热烈欢迎’，赞扬了美国政府的决定以及对争端解决方式的支持”⑤。在“特伦特号”事件中，马克思强调合理合法、和平解决争端，对冲突法或者国际私法具有原则性的指导意义。解决法律冲突问题，不能采取武力对抗等非和平方式，必须采用和平合法原则。此外，海冲突法受到人民的热烈欢迎，也作为一种对争端解决方式的采用效果的价值标准与判断，丰富了冲突法或者国际私法原则的内涵。

---

① 中共中央马克思恩格斯列宁斯大林著作编译局．马克思恩格斯选集：第1卷［M］．北京：人民出版社，1995：308.

② 中共中央马克思恩格斯列宁斯大林著作编译局．马克思恩格斯选集：第1卷［M］．北京：人民出版社，1995：310-311.

③ 蔺运珍．马克思恩格斯关于国际法原则的思想［J］．中共郑州市委党校学报，2009（2）：14-16.

④ 蔺运珍．马克思恩格斯关于国际法原则的思想［J］．中共郑州市委党校学报，2009（2）：14-16.

⑤ 蔺运珍．马克思恩格斯关于国际法原则的思想［J］．中共郑州市委党校学报，2009（2）：14-16.

（四）平等原则

马克思认为，“国际合作只有在平等者之间才有可能”①。如果没有各国各民族的平等和独立，就“不可能有各民族为达到共同目的而必须实行的和睦与自觉的合作”②。独立与平等是海冲突法或者海事国际私法产生与发展的前提和基础，有的冲突法理论将这一原则表述为平等互利原则。

（五）正义原则

现代冲突法原则要求，冲突规范不仅要做到形式正义，而且要实现实质正义。马克思主义特别强调正义原则。马克思强调，要“洞悉国际政治的秘密，监督本国政府的外交活动，在必要时就用能用的一切办法反抗它；在不可能防止这种活动时就团结起来揭露它，努力做到使私人关系间应该遵循的那种简单的道德和正义的准则，成为各民族之间关系中的至高无上的准则”③。这里的道德和正义的准则包括了“平等、诚信、相互尊重、相互友爱等原则。马克思将上述原则作为民族之间、国家之间的交往原则，实际上就是倡导民族、国家在国际交往中相互尊重彼此的独立和主权、忠实履行国际义务、和平解决彼此间的冲突和矛盾、在互惠互利中求得共同发展”④。中国在“一带一路”的建设过程中，正是遵循着这一原则，才使得“一带一路”建设包括“一带一路”法治建设取得了前所未有的成效。

习近平总书记在党的二十大报告中指出：“公正司法是维护社会公平正义的最后一道防线。深化司法体制综合配套改革，全面准确落实司法责任制，加快建设公正高效权威的社会主义司法制度，努力让人民群众在每一个司法案件中感受到公平正义。”⑤ 可见，马克思主义正义原则，在海冲突法范式构建过程中，具有十分重要的指导意义。

（六）弱者保护原则

马克思主义国际法、冲突法思想特别注重对工人利益、劳工利益等弱势群

---

① 中共中央马克思恩格斯列宁斯大林著作编译局．马克思恩格斯全集：第35卷［M］．北京：人民出版社，1971：261.

② 中共中央马克思恩格斯列宁斯大林著作编译局．马克思恩格斯全集：第35卷［M］．北京：人民出版社，1971：262.

③ 中共中央马克思恩格斯列宁斯大林著作编译局．马克思恩格斯选集：第2卷［M］．北京：人民出版社，1995：607.

④ 蔺运珍．马克思恩格斯关于国际法原则的思想［J］．中共郑州市委党校学报，2009（2）：14-16.

⑤ 习近平．高举中国特色社会主义伟大旗帜 为全面建设社会主义现代化国家而团结奋斗：在中国共产党第二十次全国代表大会上的报告［EB/OL］．中国政府网，2022-10-25.

体利益的保护，这一理论对冲突法、国际私法领域的弱者保护也是完全适用的。马克思指出，工人“只要还有一块肉、一根筋、一滴血可供榨取，吸血鬼就决不罢休”①。关于缩短工作日保护劳动者的问题，马克思指出：“从法律上限制工作日，这是使工人阶级增强智力和体力并且获得最后解放的第一步。现在，谁也不会否认需要国家来维护妇女和儿童的利益了，而对他们工作日的限制，在大多数场合也会导致男子工作日的缩短。”② 弱者保护在冲突法、国际私法领域还没有引起普遍的重视，还有许多工作需要开展，马克思的理论指导仍然具有积极意义。

（七）国家（使馆）保护原则

马克思主义十分重视使馆对本国和本国国民海外利益的保护。恩格斯指出：“英、美、法三国商人在国外甚至比在家里更能自由行动，他们的大使馆保护他们……但是德国人呢？……德国商人不管走到哪里，到处都请求外国——法国、英国和美国保护，或者很快就归化于新的祖国。”③ 因此，在构建冲突法范式的过程中，既要保护本国国民国内的利益，也要加强对本国国民海外利益的保护。这对冲突法提出了更高的要求，只有科学制定冲突法的保护方法，才能更好地保护本国国民的海外利益。

马克思主义认为：“只有在无产阶级取得政权后，简单的道德和正义的准则，才能真正成为国际关系中的至高无上的准则。他们也认为，对外常设外交机构和外交人员首先要保护本国国民的利益，认真履行职责，遵守外交礼仪，不得干涉驻在国内政。”④ 这是针对对外常设外交机构和外交人员提出的要求，海冲突法立法及实施也可以将其作为指导原则，以合理平衡保护本国国民的海事利益、不得干涉驻在国内政等相互关系。

（八）自由权原则

马克思主义认为，自由是人的本质，是人类追求的终极目标。自由价值是法律的重要价值之一，但是自由不能脱离法律而存在。因此，法律中对自由权利的规定就显得尤为重要。

---

① 中共中央马克思恩格斯列宁斯大林著作编译局．马克思恩格斯全集：第 23 卷［M］．北京：人民出版社，1972：334-335.

② 中共中央马克思恩格斯列宁斯大林著作编译局．马克思恩格斯全集：第 16 卷［M］．北京：人民出版社，1964：643.

③ 中共中央马克思恩格斯列宁斯大林著作编译局．马克思恩格斯全集：第 21 卷［M］．北京：人民出版社，1965：466.

④ 贺富永．马克思主义国际法思想研究［M］．南京：东南大学出版社，2016：47.

海冲突法同样需要考虑人权、自由权问题，这是海冲突法范式的基本问题之一。马克思主义认为，资本主义社会“自由这一人权的实际应用就是私有财产这一人权”①。但是，在资本主义社会中“真正的财产权这一人权是不可能实现的。要实现真正的财产权，必须消除私有制这个根源，建立公有制社会，只有这样，人民才能是任意地享用和处理自己的财产、自己的收入，即自己的劳动和勤奋所得的果实”②。根据这一论断，社会主义公有制国家在制定真正实现自由财产权的冲突法或者国际私法立法方面，有先天的有利条件，要充分利用好这一有利条件，完善海冲突法的范式构建。值得注意的是，“真正的自由和真正的平等只有在共产主义制度下才能实现；而这样的制度是正义所要求的”③。

（九）经济基础原则

关于法律包括海冲突法的经济基础问题，马克思主义指出，国际法包括国际私法是“受国际经济发展水平制约的，在阶级社会中，国际法的根本目的是维护剥削阶级统治的……而不是一些资产阶级学者所宣称的‘国际法的那种普遍性总是停留在应然上’”④。

关于经济基础之上体现的阶级属性，马克思、恩格斯指出，国际法包括国际私法“在阶级社会中，其根本目的是维护统治阶级利益服务的。这是马克思恩格斯国际法思想对传统国际法思想的超越，揭示了隐藏在国际法背后的国际经济关系，指出了国际法本质是为维护统治阶级利益服务的”⑤。

根据经济基础原则，在“一带一路”包括海上丝绸之路的建设过程中，各国经济发展水平不尽一致，“一带一路”冲突法、海丝冲突法、海冲突法统一规则的构建，海冲突法中国范式的构建都要充分考虑这一客观存在，才能取得合理的预期。

（十）预见性原则

预见性原则是海冲突法立法的重要原则。冲突法的预见性源于对经济社会发展的预见性，在这个问题上，马克思主义思想具有针对性的指导作用。“马克思主义经典作家站在科学的立场上，提出并自觉运用了预见未来社会的方法论

---

① 中共中央马克思恩格斯列宁斯大林著作编译局．马克思恩格斯全集：第3卷［M］．北京：人民出版社，2002：183.

② 贺富永．马克思主义国际法思想研究［M］．南京：东南大学出版社，2016：68.

③ 中共中央马克思恩格斯列宁斯大林著作编译局．马克思恩格斯全集：第1卷［M］．北京：人民出版社，1956：582.

④ 贺富永．马克思主义国际法思想研究［M］．南京：东南大学出版社，2016：71.

⑤ 贺富永．马克思主义国际法思想研究［M］．南京：东南大学出版社，2016：71.

原则。这是我们展望未来理想社会的基本依据。"① 未来海冲突法制定与范式的构建、完善，需要建立在对未来发展科学认识的基础上，在这个方面，马克思主义的思想方法具有重要的指导作用。

三、马克思主义思想与海冲突法的立法问题

第一，关于冲突法立法的公正性问题。马克思主义认为，"在立法者偏私的情况下不可能有公正无私的法官和判决"②。"既然法律是自私自利的，那么大公无私的判决还有什么用处呢?"③ 马克思主义提出了立法的公正性问题，不能有偏私的立法者，这为海冲突法的立法指明了正确的方向。在研究冲突法的形式正义与实质正义的问题时，该理论具有针对性的指导意义。冲突法可以制定规则，避开或者减少不公正的实体法的适用。

第二，关于海冲突法的发展变化问题。马克思主义认为，"法律发展变化的两种形式——量变和质变都有其客观依据。法律的量变以生产力和交往形式的量变为前提……法律的质变也要以市民社会的质变为基础"④。马克思主义关于法律发展变化的论断以及对海冲突法的立法具有重要的针对性，海冲突法中国范式的构建，不能脱离其现实的客观依据。

第三，海冲突法的立法应该注重创新和创造。马克思主义十分重视立法工作，并提出具体的指导意见。"列宁认为，不要因袭陈旧的、资产阶级的民法概念，不要被昏庸的资产阶级旧法学家所愚弄，而要创造新的民法概念，制定新的民法，确定对契约的新的态度。"⑤ 列宁这里强调的立法创新创造精神，对海冲突法立法也是适用的。研究海冲突法的范式问题，同样需要创新与创造。

第四，海冲突法立法应当注意吸收借鉴。吸收借鉴是海冲突法发展完善的必由之路。马克思主义强调，"在西欧各国文献和经验中所有保护劳动人民的东西一定要吸收进来"⑥。这里涉及价值判断问题，即吸收借鉴的是"保护劳动人民的东西"。

---

① 《马克思主义基本原理》编写组．马克思主义基本原理［M］．北京：高等教育出版社，2023：324.

② 付子堂．马克思主义法律思想研究［M］．北京：高等教育出版社，2005：16.

③ 中共中央马克思恩格斯列宁斯大林著作编译局．马克思恩格斯选集：第1卷［M］．北京：人民出版社，1995：287.

④ 付子堂．马克思主义法律思想研究［M］．北京：高等教育出版社，2005：56-57.

⑤ 付子堂．马克思主义法律思想研究［M］．北京：高等教育出版社，2005：185.

⑥ 中共中央马克思恩格斯列宁斯大林著作编译局．列宁全集：第42卷［M］．北京：人民出版社，1987：444.

第五，海冲突法立法要重视法律文化。列宁指出："在制定民法典中要吸收外国法律文化中的有益成分。"① 文化是法律的发展之基，冲突法文化同样也是冲突法发展之基，在制定完善海冲突法范式的时候，各国法律文化的有益成分均应得到吸收。

第六，应大力加强海冲突法立法者法律意识的修养。立法者的法律意识，在很大程度上决定了立法的质量。马克思主义强调，"不是把罗马法典，而是把我们革命的法律意识运用到'民事法律关系上去'"②。与此同时，加大法律研究的力度，为立法者提供更多、更好的立法参考及成果。

第七，推动国际关系与海冲突法立法的发展，建立国际海事经济新秩序。马克思主义十分重视建立国际经济新秩序。"国家之间的政治和经济关系，都应该建立在和平共处五项原则的基础上；国际经济事务应该由世界各国共同来管理，而不应该由少数国家来垄断。占世界人口绝大多数的发展中国家应该参与决定国际贸易、货币、航运等方面的大事。"③ 在具体领域方面，可以从容易的着手，如相较于多边协定，双边协定的推动要容易一些，要注意加以推动，"就是在和平友好条约、海运协定、渔业协定签订以后，我们在政治领域、经济关系、文化交往方面，仍还有很多事情要做。两国都要努力，既要政府方面努力，也要人民方面努力"④。

第八，关于海冲突法的消亡条件。马克思主义论述国家和法律消亡的条件，对海冲突法也是完全适用的。马克思主义认为，"国家和法消亡的政治条件是消灭了体力劳动和脑力劳动的差别，进而消灭了一切阶级差别；国家和法消亡的经济条件是社会生产力有极大的提高，并开始实行按需分配；国家和法消亡的思想条件是人们已超出资产阶级权利的狭隘眼界，劳动已成为人们生活的第一需要"⑤。马克思主义关于法律消亡条件的论述，使立法者能够更好地把握海冲突法立法的不同阶段，做好不同阶段的立法工作，以满足不同发展阶段的客观需要。

四、马克思主义思想与海冲突法的司法指导问题

马克思主义在海冲突法的司法指导方面，强调必须以法律为准绳，独立地

---

① 付子堂．马克思主义法律思想研究［M］．北京：高等教育出版社，2005：186.

② 中共中央马克思恩格斯列宁斯大林著作编译局．列宁全集：第 42 卷［M］．北京：人民出版社，1987：427.

③ 杨胜群．邓小平传（1904—1974）［M］．北京：中央文献出版社，2014：1427-1428.

④ 杨胜群．邓小平传（1904—1974）［M］．北京：中央文献出版社，2014：1431.

⑤ 付子堂．马克思主义法律思想研究［M］．北京：高等教育出版社，2005：106.

进行审判。马克思主义思想特别重视司法问题。“为了保证法律能够正确地实施，马克思主张，法官应该以法律为准绳，独立地进行审判……法官除了法律就没有别的上司；法官的责任是当法律运用到个别场合时，根据他对法律的诚挚的理解来解释法律。”① 这些观点，对海冲突法的涉外司法运用具有针对性的指导意义。因为在海冲突法的司法运用过程中，往往会涉及外国冲突法或者外国实体法的运用问题，“根据他对法律的诚挚的理解来解释法律”是对法官提出的更高的要求。

马克思主义在海冲突法的司法指导方面，强调必须建立人民参与的司法制度。“工业法庭是在普通法庭之外所设立的一种由个人和厂主双方选出的代表组成的法庭，审理的案件和纠纷涉及雇佣条件、确定日常工资和加班费、无故解雇工人、赔偿损坏材料、罚款不合理等。”② 在海冲突法的运用过程中，在外国法律提供与查明、司法协助等领域，鼓励人民积极参与也是十分必要的。

马克思主义在海冲突法的司法指导方面，强调必须重视时效制度。时效问题体现的也是公平正义，“在官僚的法庭里，积压公文、拖延诉讼、故意刁难，简直是司空见惯的现象”③。在涉外海事诉讼中，诉讼时效一般规定比国内诉讼长一些，这就需要格外重视时效问题，不能无故拖延诉讼。

马克思主义在海冲突法的司法指导方面，强调必须一律平等。在构建海冲突法的科学范式过程中，涉及不平等的规定要坚决废止，这是海冲突法范式先进性提出的必然要求。“列宁也提出：凡在社会生活和国家生活的任何方面对犹太人加以限制的一切法律、暂行规定、法律附则等，一律废除。”④

马克思主义在海冲突法的司法指导方面，强调必须坚持党的领导。党的领导应该贯穿在冲突法法治的方方面面。列宁指出，“国家立法机关在制定法律的时候，要贯彻党的路线、方针和政策”⑤。在构建海冲突法中国范式的过程中，必须加强马克思主义思想的指导，加强党的领导。在我国科学立法的重要原则中，首要的原则就是要坚持党的集中统一领导，要在立法工作中始终不渝地坚持党的领导，保证从法律制度上贯彻落实党的路线方针政策和重大决策部署，使立法能够准确反映经济社会发展的要求，更好地协调各种利益关系。

---

① 付子堂．马克思主义法律思想研究［M］．北京：高等教育出版社，2005：17.
② 付子堂．马克思主义法律思想研究［M］．北京：高等教育出版社，2005：133.
③ 付子堂．马克思主义法律思想研究［M］．北京：高等教育出版社，2005：133.
④ 付子堂．马克思主义法律思想研究［M］．北京：高等教育出版社，2005：145.
⑤ 付子堂．马克思主义法律思想研究［M］．北京：高等教育出版社，2005：175.

马克思主义在海冲突法的司法指导方面，强调必须加强法治建设。“为了保障人民民主，必须加强法制……做到有法可依，有法必依，执法必严，违法必究。”① 马克思主义强调的法治建设思想，对海冲突法立法范式构建提出了明确的要求，有法可依要求法律不能有漏洞，海冲突法范式构建要具有内容的完整性。

五、马克思主义思想与法律文化领域

马克思主义强调经济与文化是法律、冲突法发展之基。冲突法范式的构建不能脱离经济与文化的发展。“权利决不能超出社会的经济结构以及由经济结构制约的社会的文化的发展。”② 因此，要重视法律文化的研究，“法律以社会为基础，即以社会的经济、文化为基础，这是马克思主义法学的最基本的原理”③。在海冲突法领域的研究中，对海冲突法文化的研究还十分缺乏，因此，要加大对海冲突法文化的研究，以制定出与经济文化相适应的海冲突法的科学范式。

马克思主义强调要提高人民群众的法律文化修养。提高人民群众的法律文化修养是“和谐冲突法”构建的群众基础。“对工人最重要的，不单是要从书本上获得法律知识，还要在生活中熟悉法律，这样他们才会了解这些法律是为谁制定的，那些运用法律的人是为谁服务的。”④ 在我国科学立法的重要原则中，坚持以人民为中心就是其中的一个重要原则。提高人民群众的法律文化修养，也是坚持以人民为中心的立法原则的重要体现，使人民能够更好地认识法律、掌握法律、运用法律，保护人民群众的切身利益，以达到充分理解“这些法律是为谁制定的，那些运用法律的人是为谁服务的”目的。

马克思主义强调党员必须带头执行包括冲突法在内的一切法律。坚持党的领导是科学立法的重要原则，党员带头执行法律就是党的必然要求，否则应该受到严格的惩处。“法庭对共产党的惩处必须严于非党员。”⑤

从根本上讲，马克思主义思想就是先进性的法律文化。构建先进性的海冲突法的科学范式，必须以先进性的法律文化为基础和指导。“马克思、恩格斯以极其严谨的态度，审读了西方两千多年来的法学名著，评析了各种法学思潮，

① 邓小平．邓小平文选：第二卷［M］．北京：人民出版社，1994：146-147.

② 中共中央马克思恩格斯列宁斯大林著作编译局．马克思恩格斯选集：第3卷［M］．北京：人民出版社，1995：305.

③ 付子堂．马克思主义法律思想研究［M］．北京：高等教育出版社，2005：106.

④ 付子堂．马克思主义法律思想研究［M］．北京：高等教育出版社，2005：134.

⑤ 付子堂．马克思主义法律思想研究［M］．北京：高等教育出版社，2005：178-179.

运用科学的世界观和方法论，继承和吸取其中进步的、合理的精华，他们的法律思想是人类法律文化的瑰宝。”① 因此，在研究完善海冲突法的中国范式的时候，必须以马克思主义思想这一先进法律文化为指导，予以借鉴吸收，决不能与之相违背。

六、马克思主义思想与海冲突法的具体领域问题

区际法律冲突领域。马克思主义思想中国化的一个重要体现，即“一国两制”的构想，“一国两制”的构想是一个伟大的创举，“香港继续保持繁荣，根本上取决于中国收回香港后，在中国的管辖之下，实行适合于香港的政策”②。“一国两制”的实施，为中国区际法律冲突领域的法律冲突的解决指明了方向。“邓小平‘一国两制’伟大构想的可行性和长期性，除了体现在香港问题的圆满解决上，也在澳门问题的解决上得到了证实。同时，邓小平还为台湾问题的解决提出了一系列原则性的设想和实质性的建议。”③ “一国两制”的构想为中国“一国两制”四法域区际法律冲突的解决奠定了基础，也为世界国际私法理论与实践提供了中国方案。

人际法律冲突领域。民族种族平等是冲突法人际冲突解决的基础。马克思主义的民族观具有针对性的指导意义。马克思主义的民族观体现在以下方面：“一是民族是个历史范畴；二是民族独立原则；三是在坚持民族独立的同时要坚持国际主义原则，即民族互助原则；四是只有成为国家的民族，才是真正的国际的民族。”④ 列宁指出：“我们的国际纲领应当把一切被压迫的民族和殖民地民族纳入国际的格局。”⑤ 马克思主义思想强调民族不分大小强弱，均应被纳入“国际的格局”，成为“真正的国际的民族”。民族具有平等与独立性问题，具有特殊的文化传统和法律制度的问题，这些均是冲突法的内容范畴。

重视海事程序的运用。马克思主义认为，程序法和实体法是形式与内容的关系。在这里，“马克思强调了程序法和实体法之间的内在统一性”⑥。程序法、冲突法、程序冲突法与实体法均为形式与内容的关系，具有内在统一性。一方

① 付子堂．马克思主义法律思想研究［M］．北京：高等教育出版社，2005：249.
② 邓小平．邓小平文选：第三卷［M］．北京：人民出版社，1993：13.
③ 付子堂．马克思主义法律思想研究［M］．北京：高等教育出版社，2005：245.
④ 贺富永．马克思主义国际法思想研究［M］．南京：东南大学出版社，2016：76-77.
⑤ 中共中央马克思恩格斯列宁斯大林著作编译局．列宁全集：第43卷［M］．北京：人民出版社，1987：34-35.
⑥ 付子堂．马克思主义法律思想研究［M］．北京：高等教育出版社，2005：16.

面不可厚此薄彼，另一方面要结合研究。研究冲突法要结合实体法进行，否则只能够实现形式正义的价值目标，无法实现实质正义的价值目标，实质正义的价值目标往往蕴含在实体法之中，冲突法要通过巧妙的方法，搭建一座有效的桥梁，才能完成目标任务。

马克思主义针对冲突法历史学家的理论提出了自己的观点。冲突法的历史法学派包括胡果（Gustav Hugo）、萨维尼（Friedrich Carl von Savigny）等代表人物。冲突法的历史法学派强调民族精神，重视继承历史传统和习惯法，反对制定普遍适用的法典。这些观点与当今冲突法的趋同化、法典化的发展趋势是格格不入的。马克思主义对历史法学派进行了剖析，认为“他们丢开了现存的法律制度只从起源上研究法律，并且把这种研究推到法律的史前时期即人类的动物状态……因此，马克思挖苦历史法学派研究的是‘动物法’”①。“历史法学不是进步阶级用来创建先进制度的法学，而是反动阶级用来维护旧制度的法学。”②“应当把胡果的自然法看成是法国旧制度的德国理论。”③ 马克思主义对历史法学派的错误观点进行了批评，提出了创新冲突法新理论的重要性。事实证明，马克思主义法学才是进步阶级创建先进制度的法学。

马克思主义关于婚姻家庭领域的论述。马克思在批判萨维尼起草的《离婚法草案》时强调：“立法不是把婚姻看作一种合乎伦理的制度，而是看作一种宗教的和教会的制度，因此，婚姻的世俗本质被忽略了。他们注意到的仅仅是夫妻个人意志，却没有注意到婚姻的意志即这种关系的伦理实体……婚姻在本质上是一种伦理关系。所谓伦理，是指人与人之间的道德准则。”④ 马克思主义关于婚姻家庭领域的论述，为构建冲突法的范式指明了方向，要求在考量婚姻实体法、冲突法的时候伦理道德准则不能缺失，这是价值冲突规范的核心要点，否则就不能构成一部先进科学、公平正义的冲突法。事实上，“伦理道德准则不能缺失”这一指导方向，对海冲突法立法一样具有重要意义。“伦理道德准则不能缺失”也是价值海冲突规范的核心要点，否则就不能构成一部先进科学、公平正义的海冲突法。

马克思主义关于继承领域的论述。马克思主义认为，“从法律措施上讲，相

---

① 付子堂．马克思主义法律思想研究［M］．北京：高等教育出版社，2005：18.

② 中共中央马克思恩格斯列宁斯大林著作编译局．马克思恩格斯全集：第1卷［M］．北京：人民出版社，1995：238.

③ 中共中央马克思恩格斯列宁斯大林著作编译局．马克思恩格斯全集：第1卷［M］．北京：人民出版社，1995：233.

④ 付子堂．马克思主义法律思想研究［M］．北京：高等教育出版社，2005：19.

应地要取消旁系亲属的继承权，使婚生子女和非婚生子女享有同等的继承权”①。马克思主义继承权思想，同样贯穿了公平、平等的思想，同时也体现了最密切联系原则的冲突法择法思想。这些论述不仅对继承实体法、继承冲突法具有重要的指导意义，对海实体法、海冲突法同样具有重要的指导意义。

马克思主义关于国家的国际私法主体地位问题的论述。马克思主义认为，“只有主权国家的真正出现，才能进行国家协调和国际合作，国际和平才有保障”②。国家协调和国际合作也是海冲突法发展的基石，海冲突法领域的国际司法协助，就是一种具体的国家协调和国际合作，必须大力开展国家协调和国际合作，“国际和平才有保障”。

马克思主义对资产阶级的人权、平等等一些国际法思想进行了肯定。马克思主义指出，“资产阶级提出的国家主权、人权及不干涉内政等国际法思想，相对封建社会来说，具有进步意义；同时，马克思、恩格斯也认为，资产阶级革命之所以提出这些以平等为基础的国际法思想理论，本质上是因为商品是天生的平等派，资产阶级革命也是商品平等派的必然体现，符合人类历史发展规律”③。对一切合理的思想都可以进行借鉴吸收，但也要根据当代的实际需要，具体问题具体分析。在制定区际或者国际统一冲突法之时，需要协调平衡各种利益关系，有舍有得，对不同社会性质国家的进步思想的考虑也是如此。马克思主义肯定的资产阶级的人权、平等等国际法思想，符合商品经济的客观需要，符合人类历史发展规律，应当予以合理借鉴吸收。

马克思主义关于纠纷处置的思想。马克思主义关于纠纷处置的思想对海事纠纷处置具有指导意义。例如，关于钓鱼岛、中国南海争议等问题，邓小平强调，“我们中国人是主张和平的，希望用和平的方式解决争端。什么样的和平方式？即‘一国两制’‘共同开发’”④。在国际上，英国与阿根廷在1995年也就马尔维纳斯岛的领土主权争议问题，签订了共同开发该岛石油资源的协议，这也是搁置争议、共同开发的现实实例。在构建人类命运共同体、海洋命运共同体的今天，搁置争议、共同开发的原则，在海冲突法领域，在当事人之间，也同样可以发挥积极的作用，搁置争议、共同开发仍是一个值得研究的国际话题。

---

① 付子堂．马克思主义法律思想研究［M］．北京：高等教育出版社，2005：61.

② 贺富永．马克思主义国际法思想研究［M］．南京：东南大学出版社，2016：28.

③ 贺富永．马克思主义国际法思想研究［M］．南京：东南大学出版社，2016：35.

④ 邓小平．邓小平文选：第三卷［M］．北京：人民出版社，1993：87-88.

第二节　马克思主义海冲突法思想的重要影响

一、马克思主义海冲突法思想的当代价值

马克思主义思想对当代海冲突法的发展仍然具有重要的价值。构建海冲突法的中国范式，必须遵循下列马克思主义思想原则的指导：

1. 马克思主义的冲突法思想是海冲突法发展的现实基础。冲突法或者国际私法及其范式的诞生发展，受国际经济发展水平的制约。“马克思、恩格斯第一次揭开了国际法的神秘主义面纱，指出国际法是受国际经济发展水平制约的。”① 这为中国海冲突法或者海事国际私法发展提供了理论基础与科学方法。

2. 马克思主义的冲突法思想是海冲突法发展的理论优势。马克思主义认为，无产阶级的目标是实现无产阶级的全人类解放，这为冲突法的发展奠定了强大的基础与理论优势。“在无产阶级推翻资本主义制度后建立以公有制为基础的无产阶级专政国家，这时由于国家的经济基础发生了变化，国家之间由于经济基础趋同而在国际层面上有了共同的利益基础，所有民族、国家之间才能实现真正平等。”② 马克思主义冲突法理论揭示了公有制无产阶级专政国家制定真正平等的冲突法立法的客观基础与有利条件，有利于树立我们的冲突法文化和立法自信，以构建中国冲突法范式促进全球经济社会发展，为构建人类命运共同体服务。如何将强大的理论基础、理论优势转化为实实在在的胜利，还需要制定出与强大的理论基础、理论优势相适应的冲突法的科学范式，才能实现民族、国家之间的真正平等。

3. 马克思主义的冲突法思想是发展中国家提高国际地位的理论武装。发展中国家应该以马克思主义为指导，积极争取国际私法国际话语权，“正因为我国一直以马克思主义国际法思想作为改革开放的基本理论指导，才逐步提升了我国在国际事务中的发言权，树立了我国在构建和谐世界中的支柱性地位”③。目前，在构建人类命运共同体、建设“一带一路”的全球化进程中，发展中国家争取国际话语权就显得尤为重要。

---

① 贺富永．马克思主义国际法思想研究［M］．南京：东南大学出版社，2016：71.

② 贺富永．马克思主义国际法思想研究［M］．南京：东南大学出版社，2016：71-72.

③ 贺富永．马克思主义国际法思想研究［M］．南京：东南大学出版社，2016：73-74.

4. 马克思主义的冲突法思想是加强发展中国家海冲突法研究的理论基石。发展中国家要以马克思主义思想为指导，重视国际规则的参与制定与大国作用的发挥，要积极研究、认真对待并妥善解决冲突法与国内法的关系问题。“这就要求我国在建设有中国特色社会主义法律制度时，需要进行相关国内法的立、改、废并加强国际法的研究工作，在研究过程中，应以马克思恩格斯国际法思想为指导。”①

5. 马克思主义的冲突法思想从全人类的角度构建了海冲突法或者海事国际私法新体系。马克思主义国际私法思想“始终站在人类解放的高度，指出了共产主义社会取代资本主义社会的历史必然性。同时，他们还指出不同时期、不同时代的国际法有不同的内容及表现形式”②。这为我们进行针对性的海冲突法或者海事国际私法立法及范式研究提供了强大的理论支撑。

6. 马克思主义的冲突法思想是全球化时代的重要指引。全球化时代马克思主义冲突法思想也得到了新的发展，可以与时俱进地指导中国的具体实践。“资产阶级，由于开拓了世界市场，使一切国家的生产和消费都成为世界性的了。”③ 资产阶级的先行发展，在冲突法或者国际私法规则方面占据了先天优势。但是，“全球化也增强了中国的软实力，要求在国际法规则的制定中更好地体现中国意志，这也为马克思主义国际法思想的发展创造了新机遇”④。

因此，我们要充分利用经济社会发展提供的良好机遇，加强马克思主义思想的宣传与指导。“以互联网为代表的信息化传媒方式为马克思主义国际法思想的全球传播提供了新型舞台……从而促使马克思主义国际法思想在全球范围内被广泛认知。”⑤ 这为马克思主义的中国冲突法立法范式的发展与影响的扩大奠定了基础。

7. 马克思主义冲突法思想是不断发展的，一直具有旺盛的生命力。我们要用发展的眼光看待马克思主义，“国际经济关系是国际法思想产生和发展的基础。马克思主义国际法思想的产生和发展也不例外，它首先要受制于国际关系，特别是国际经济关系，不同时期的马克思主义国际法思想也要随着国际关系的

---

① 贺富永．马克思主义国际法思想研究［M］．南京：东南大学出版社，2016：74.

② 贺富永．马克思主义国际法思想研究［M］．南京：东南大学出版社，2016：74.

③ 中共中央马克思恩格斯列宁斯大林著作编译局．马克思恩格斯选集：第 1 卷［M］．北京：人民出版社，1995：276.

④ 贺富永．马克思主义国际法思想研究［M］．南京：东南大学出版社，2016：233.

⑤ 贺富永．马克思主义国际法思想研究［M］．南京：东南大学出版社，2016：234-235.

发展变化而发展”①。因此，冲突法的立法完善并不是一蹴而就的，而是要做好强基础、利长远的工作，运用马克思主义的新理论、新发展，在冲突法的中国范式构建过程中，及时充实新的内容。因为，马克思主义冲突法或者国际私法思想是不断发展的。“马克思主义国际法思想要获得持续发展，就应顺应全球化背景下国际关系新特征，科学预测国际关系的发展走向，进而不断提出新的国际法思想和理念，充分发展马克思主义国际法思想。”② 构建冲突法的中国范式的过程，是发展马克思主义冲突法思想的过程，也是为建立平等的国际新秩序做出贡献的过程。“在目前全球化的背景下，我们深入挖掘马克思主义国际法思想的内涵，创造性地发展马克思主义国际法思想，为促进建立平等的国际新秩序作出贡献，这也是全球化背景下马克思主义国际法思想发展的方向之一。”③

8. 马克思主义冲突法思想是建立国际经济新秩序的理论基础。马克思主义冲突法思想发展得越快，国际经济新秩序的建立就越顺利。因为“继续促进平等公正的国际新秩序的建立，是马克思主义国际法思想的发展方向之一”④。

9. 马克思主义思想是发展与完善海冲突法原则的强大动力。冲突法的发展必然要求发展与完善冲突法或者国际私法原则，冲突法或者国际私法原则适用于冲突法所有领域，冲突法原则不发展，冲突法制度就难以得到发展。“在马克思主义国际法思想发展的不同阶段，都根据不同时期的国际主题，提出了具有时代特征的国际法基本原则，促进了当时国际法的发展。”⑤ 因此，根据最新的国际经济新秩序的发展需求，特别是“在全球化背景下，国际法已从传统的共处国际法向共进国际法转变，提出新的国际法基本原则，促进共进国际法的发展，也是马克思主义国际法思想发展的方向之一”⑥。

10. 马克思主义冲突法思想是人类命运共同体构建的强大理论基础。离开了马克思主义思想的指导，人类命运共同体的建设就会偏离方向。因此，在构建人类命运共同体与和谐世界的过程中，仍应高举马克思主义冲突法思想的大旗。“在世界范围内奏响马克思主义国际法思想的强音，为国际法的发展和人类的共同进步作出新贡献。”⑦

---

① 贺富永．马克思主义国际法思想研究［M］．南京：东南大学出版社，2016：239.

② 贺富永．马克思主义国际法思想研究［M］．南京：东南大学出版社，2016：240.

③ 贺富永．马克思主义国际法思想研究［M］．南京：东南大学出版社，2016：245.

④ 贺富永．马克思主义国际法思想研究［M］．南京：东南大学出版社，2016：244.

⑤ 贺富永．马克思主义国际法思想研究［M］．南京：东南大学出版社，2016：245.

⑥ 贺富永．马克思主义国际法思想研究［M］．南京：东南大学出版社，2016：245.

⑦ 贺富永．马克思主义国际法思想研究［M］．南京：东南大学出版社，2016：247.

在构建和谐世界的过程中，“以和谐世界理念指导国际私法研究是以中国特色社会主义理论指导国际私法研究的一个重要切入点。同时，运用和谐世界的理念探讨和思索现代国际私法问题，也将有助于深化和丰富对这一理念的内涵和价值的认识和理解”①。在构建冲突法中国范式的时候，和谐世界的理念指导意义重大，“它是我们解决制定什么样的中国国际私法法典和为什么要制定这样的中国国际私法法典、怎样制定中国国际私法法典和为什么要这样制定中国国际私法法典等问题必须予以尊重的一个基本思想前提和客观背景”②。和谐世界理念可以成为国际私法的基本原则，甚至超出基本原则的作用范畴，“中国国际私法法典的原则、规则、规范和制度设计应该以建设和谐世界为基本取向……以和谐世界理念为指导完善中国的国际私法立法，必将有助于我们解决立法过程中遇到的各种问题，同时使得中国国际私法法典成为和谐世界理念的一个重要思想成果，成为中国致力于和谐世界建设的重要保障措施”③。构建和谐世界，需要构建“和谐冲突法”。“和谐冲突法”应该成为冲突法中国范式的基本取向。

在构建人类命运共同体的过程中，“我们观察和思考国际私法问题，就不应该局限于一个国家、一个地区，也不应该局限于国与国之间、地区与地区之间，而必须放眼世界、胸怀天下，以超越民族国家和意识形态的‘全球观’去发现和分析国际私法问题，去审视和评价国际民商事交往中的纠纷……使人类命运共同体成为国际私法的核心关切和价值追求”④。所以，人类命运共同体也是冲突法中国范式构建的核心关切和价值追求。

11. 马克思主义思想博大精深，马克思主义基本原理对海冲突法或者海事国际私法范式的构建和完善均具有指导作用。“马克思主义是一个博大精深的理论体系。马克思主义哲学、马克思主义政治经济学和科学社会主义是其三个基本组成部分，它们有机统一并共同构成了马克思主义理论体系的主要内容。”⑤ 马克思主义哲学、马克思主义政治经济学和科学社会主义对研究海冲突法的范式

---

① 吕岩峰，秦晓雷．论研究和建设马克思主义国际私法学［J］．学习与探索，2018（7）：65-71.

② 吕岩峰，秦晓雷．论研究和建设马克思主义国际私法学［J］．学习与探索，2018（7）：65-71.

③ 吕岩峰，秦晓雷．论研究和建设马克思主义国际私法学［J］．学习与探索，2018（7）：65-71.

④ 吕岩峰，秦晓雷．论研究和建设马克思主义国际私法学［J］．学习与探索，2018（7）：65-71.

⑤《马克思主义基本原理》编写组．马克思主义基本原理［M］．北京：高等教育出版社，2023：2.

构建与完善均具有极强的指导意义。

二、马克思主义思想对中国海冲突法发展的深远影响

马克思主义思想指明了中国海冲突法的发展方向，具体体现在以下五方面。

1. 马克思主义思想为中国对外交往提供了理论指导

马克思主义理论不仅是中国革命的指导思想，也是中国发展的指导思想。“马克思主义基本理论不仅成为中国革命取得胜利的思想武器，而且也成为中国共产党及其领导的中国政府开展对外关系的基本指导思想。”① 在当前“一带一路”、人类命运共同体构建的过程中，特别需要马克思主义思想的具体指导，以便海冲突法的发展得以顺利进行。

2. 马克思主义思想为中国法制建设提供了理论指导

中国的法制建设，包括冲突法等涉外法制建设离不开马克思主义国际法思想的理论指导。“马克思主义国际法思想中的诸多思想理论已被当代国际法所认可，成为有拘束力的国家法律规范。”② 马克思主义中的国家一律平等、和平共处等思想，为海冲突法的进一步发展提供了明确的指导。

3. 马克思主义思想为中国冲突法构建海事新秩序提供了理论指导

“和谐海冲突”法的目标是构建国际海事新秩序，马克思主义思想为中国冲突法构建海事新秩序提供了理论指导。“从马克思主义国际法思想的发展历程来看，促进平等、公平的国际新秩序建立始终是不同发展阶段的马克思主义国际法思想追求的目标和价值诉求。”③

4. 马克思主义思想为中国在全球化发展过程中的发展提供了理论指导

在全球化背景下，各国的交往更加密切，新问题层出不穷，急需正确的理论指导。“在马克思主义国际法思想发展的不同阶段，根据不同时期的国际主题，提出了具有时代特征的国际法基本原则，促进了当时国际法的发展。”④ 因此，在遵循马克思主义思想指导的前提下，根据具体实践的需要，应对马克思主义思想进行更加深入的学习与研究。

5. 马克思主义思想的发展方向为中国海冲突法的发展方向提供了理论指导

马克思主义是不断发展的，“在全球化背景下，国际经济基础已经发生了变

---

① 贺富永．马克思主义国际法思想研究［M］．南京：东南大学出版社，2016：8.

② 贺富永．马克思主义国际法思想研究［M］．南京：东南大学出版社，2016：11.

③ 贺富永．马克思主义国际法思想研究［M］．南京：东南大学出版社，2016：244.

④ 贺富永．马克思主义国际法思想研究［M］．南京：东南大学出版社，2016：245.

化，马克思主义国际法思想的内容也应从强调相处向为全人类共同进步转变”①。促进共同发展与进步，构建和谐世界可以成为新的国际法原则。“进一步充实和完善和谐世界的内涵建设，是马克思主义国际法思想发展的方向之一。国际法的价值之一，就是要使国际秩序处于良好的运行状态中。各国和平共处，共同发展，实现持久、和平和共同繁荣，这是全球化背景下各国政府和人们的普遍追求。”② 马克思主义国际法的发展方向，也是冲突法的发展方向。在构建海冲突法的中国范式与“和谐海冲突法”的进程中，同样要将促进共同发展、进步与构建和谐世界作为新的海冲突法原则。

第三节 马克思主义海冲突法思想与“一带一路”共同框架

“一带一路”冲突法或海丝冲突法，即“一带一路”或海丝经济带国家的冲突法或者国际私法的统称。研究马克思主义思想，有助于“一带一路”冲突法共同框架的构建与完善，为“一带一路”建设打下良好的基础。

一、“一带一路”建设中的问题

在“一带一路”建设过程中，新的问题层出不穷，冲突法的发展也是如此，需要运用马克思主义进行具体指导，解决问题，促进发展。

1. 各种法律适用问题、法律冲突问题增多。在“一带一路”背景下，交往变得密切，法律问题必然增多。“一带一路”国家的法律文化、法律传统、法律制度各不相同，“国际私法面临诸多机遇和挑战，涉外民商事纠纷必然会逐渐增多，这对我国国际私法的发展提出了迫切需求”③。

2. 针对性的冲突法立法缺乏。由于“一带一路”建设速度加快，冲突法等方面的立法不能与之同步。“中国加入世界贸易组织已经十多年以及近两年‘一带一路’沿线各国不断参与到该世界级工程中来，使得我国经济极大程度地融入世界市场。但我国较为特殊的经济结构造成了中国国际贸易紧张局面，导致更为复杂的贸易冲突不断出现……面对具体问题，我国没有高效、适用的法律

① 贺富永．马克思主义国际法思想研究［M］．南京：东南大学出版社，2016：246.

② 贺富永．马克思主义国际法思想研究［M］．南京：东南大学出版社，2016：246.

③ 吴青．“一带一路”与中国国际私法体系的发展与完善［J］．航海，2018（1）：71-75.

进行指导，在处理国际争端中一直处于被动状态。”①

3. 立法不能及时满足解决实际问题的需求。“立法原则基本是按需而立，致使一些领域的国际私法规定前后不统一，大大影响了解决问题的效率。这与日益增长的国际法律服务需求构成鲜明的矛盾。”②

4. 立法规划不够。冲突法的立法规划不够与时俱进，“国际私法体系不够完善、立法缺乏规划”③。

5. 立法经验不足。冲突法的立法存在经验不足等问题。“立法经验不足、立法人员有限、立法信息不全，立法规范缺乏周延性等。”④

6. 立法体系不够完善。冲突法的立法条文太少，“国际私法过度依赖司法解释……如果过度依赖司法解释来解决这些纠纷，不去寻求问题出现的规律性……这不仅阻碍了我国国际私法体系的完善，也会导致外国国际私法体系出现紊乱”⑤。习近平总书记在党的二十大报告中指出：“加强重点领域、新兴领域、涉外领域立法，统筹推进国内法治和涉外法治，以良法促进发展、保障善治。推进科学立法、民主立法、依法立法，统筹立改废释纂，增强立法系统性、整体性、协同性、时效性。”⑥ 这些重要指示，对中国国际私法立法及完善具有针对性的指导意义，如何增强国际私法立法的系统性、整体性、协同性、时效性，这是“一带一路”建设中一个值得认真思考的问题。

7. 对“一带一路”建设中的相关法律风险研究不够。在“一带一路”建设过程中，无时无刻不充满着法律风险。例如，与几内亚进行贸易存在的法律风险有关税壁垒、外汇管制管理、矿石出口管理等领域。“与几内亚进行贸易时还应该关注以下风险：（1）交易对方资信能力。几内亚国内大客户少、小客户多，经营实力有限，可能出现拖欠货款等情况。（2）支付方式。几内亚企业不愿意采用跟单信用证，一般采用定金和货到付尾款方式，这无疑增加了风险。”⑦ 因此，“要深入分析研判‘一带一路’建设各类相关案件的特点和规律，加强司法解

---

① 吴青．“一带一路”与中国国际私法体系的发展与完善［J］．航海，2018（1）：71-75.
② 吴青．“一带一路”与中国国际私法体系的发展与完善［J］．航海，2018（1）：71-75.
③ 吴青．“一带一路”与中国国际私法体系的发展与完善［J］．航海，2018（1）：71-75.
④ 吴青．“一带一路”与中国国际私法体系的发展与完善［J］．航海，2018（1）：71-75.
⑤ 吴青．“一带一路”与中国国际私法体系的发展与完善［J］．航海，2018（1）：71-75.
⑥ 习近平．高举中国特色社会主义伟大旗帜 为全面建设社会主义现代化国家而团结奋斗：在中国共产党第二十次全国代表大会上的报告［EB/OL］．求是网，2022-10-25.
⑦ 《一带一路沿线国家法律风险防范指引》系列丛书编委会．一带一路沿线国家法律风险防范指引：几内亚［M］．北京：经济科学出版社，2017：57.

释和案例指导，规范自由裁量，统一法律适用，及时为市场活动提供指引”①。

二、解决“一带一路”建设中的问题对策

1. 以马克思主义思想为指导，尊重“一带一路”国家不同的文化、文明。马克思主义尊重人类文明多样性。“人类文明具有多样性。每一种文明都是在特定的自然环境、历史背景、民族传统中生长起来的，体现着独特的生产、生活、交往方式，代表着一方文化的沃土和绿洲，都是人类文明的重要组成部分。”② 人类文明在交往中互相借鉴，共同发展进步。“交往是唯物史观的重要范畴，指在一定历史条件下的现实的个人、群体、阶级、民族、国家之间在物质和精神上相互往来、相互作用、彼此联系的活动。在人类社会发展过程中，交往是与生产力的发展相伴随的。社会生产力的发展水平，直接制约着交往的水平。”③ 随着“一带一路”的进一步发展与生产力水平的不断提高，个人、群体、阶级、民族、国家之间在物质和精神上的交往会更加频繁，这对冲突法共同框架的形成发展既是机遇又是挑战，要充分做好利用这一难得机会的各项准备工作。

2. 一切从实际出发，实事求是。尊重科学，尊重自然发展规律。马克思主义认为：“共产党人的理论原理，决不是以这个或者那个改革家所发明或发现的思想、原则为根据的。这些原则不过是现存的阶级斗争、我们眼前的历史运动的真实关系的一般表述。”④ 存在决定意识，不能凭空想象。“马克思主义是以事实，而不是以可能性为依据的。”⑤ 冲突法立法和完善也应遵循科学及自然发展规律。“在社会现象领域，没有哪种方法比胡乱抽出一些个别事实和玩弄实例更普遍、更站不住脚了。”⑥ 因此，在“一带一路”建设过程中，必须坚持一切从实际出发、实事求是的马克思主义原则，尊重科学、尊重自然发展规律，探

① 李林，陈百顺，赵波．“一带一路”法律知识读本［M］．北京：中国民主法制出版社，2016：145.

② 《马克思主义基本原理》编写组．马克思主义基本原理［M］．北京：高等教育出版社，2023：150.

③ 《马克思主义基本原理》编写组．马克思主义基本原理［M］．北京：高等教育出版社，2023：141.

④ 中共中央马克思恩格斯列宁斯大林著作编译局．马克思恩格斯选集：第 1 卷［M］．北京：人民出版社，2012：413-414.

⑤ 中共中央马克思恩格斯列宁斯大林著作编译局．列宁全集：第 47 卷［M］．北京：人民出版社，2017：457.

⑥ 中共中央马克思恩格斯列宁斯大林著作编译局．列宁全集：第 28 卷［M］．北京：人民出版社，2017：364.

索出符合客观实际的“和谐冲突法”的科学范式。

3. 用交流对话、和平共处的方式，建立更加适用“一带一路”经济社会发展的冲突法架构。在构建“一带一路”冲突法共同框架时，要“尊重和保护文明多样性，推动不同文明交流对话、和平共处、和谐共生，以文明交流超越文明隔阂、文明互鉴超越文明冲突、文明共存超越文明优越，共同绘就人类文明美好画卷”①。构建“一带一路”冲突法范式和共同框架，要充分尊重“一带一路”各国冲突法的文明，在形成共识的基础上，逐渐形成共同范式、共同框架，为最终共同绘就人类冲突法文明的美好画卷打下基础。在操作上，可以将“国际私法建设融入现有的国际规则体系中去，理顺沿线国家现有的国际合作机制，盘点相关法治资源，分别从海外投资、跨国贸易、争端解决等领域进一步总结出通用的规范模式以及存在的规则冲突。同时要积极推动沿线国家开展全球性合作机制探索，带动国际私法转型升级，制定出国际规则适用的冲突规范”②。

4. 创造和谐的争端解决氛围。科学提供冲突法的解决方式，是创造和谐的争端解决氛围的重要环节。“在实施‘一带一路’倡议过程中，需要配备有效解决争端的国际私法安排。由于在跨国合作建设过程中可能涉及多方主体，跨越多项机制，这就需要新的国际私法产品必须具备更加合理、更为专业、更高效率的争端解决机制，同时还要建立公正、高效的裁断程序和法律适用标准，创造和谐的争端解决氛围。这些问题的成功解决将是国际法治争端解决机制方面的重大突破。”③

5. 采取分步推进的方式逐步达成一致。以马克思主义为指导，探究冲突法研究新领域，为采取分步推进的纠纷解决方式提供科学的方案。“与沿线国家签订双边或多边协定，实现国家之间法治协同，扫清法治不统一的法律障碍，来缓解我国国际私法建设速度与日益增多的国际争端不吻合的矛盾……加快学习发达国家和国际组织国际私法的步伐，将我国国际私法建设融入现有的国际规则体系中去，不断完善我国国际私法体系，构建国际私法新产品，推进探索国际私法研究新领域。”④

6. 重视协定中冲突法条款的制定。在签订的“一带一路”相关协定中加入

---

① 《马克思主义基本原理》编写组．马克思主义基本原理［M］．北京：高等教育出版社，2023：151.

② 吴青．“一带一路”与中国国际私法体系的发展与完善［J］．航海，2018（1）：71-75.

③ 吴青．“一带一路”与中国国际私法体系的发展与完善［J］．航海，2018（1）：71-75.

④ 吴青．“一带一路”与中国国际私法体系的发展与完善［J］．航海，2018（1）：71-75.

国际私法条款，可以将中国范式或者大家均能够接受的冲突法共同条款加入协定之中，以助力国际私法统一化的进程。“目前，中国已同东盟、新加坡、巴基斯坦等国签订 12 个自贸协定，同俄罗斯、塔吉克斯坦、哈萨克斯坦、卡塔尔、科威特等国签署‘一带一路’建设有关的双边、多边协定 1000 多项，范围涵盖了国家战略合作、投资经贸融资、海陆空运输、文化科学环境等方面。这些合作将进一步促进各国间的法律交流，为国际私法体系的发展和完善提供了绝好的机遇。”①

7. 大力开展“一带一路”沿线各国的司法合作。马克思主义非常强调国际合作，“通过与沿线各国友好协商及深入开展司法合作，减少涉外司法管辖的国际冲突，妥善解决国际平行诉讼问题”②。另外，马克思主义认为，“享有按照自己意志行事的表决权，这样才能按照自己意志进行国际合作”③。因此，国际合作要以友好协商的方式展开。

8. 遵循国际条约和国际惯例。国际条约和国际惯例是国际交往的重要法律准绳，“要遵循国际条约和国际惯例，科学合理地确定沿线国家案件的联结因素，依法行使管辖权”④。马克思主义思想强调了遵守国际条约的重要性。冲突法是中国特色社会主义法律制度的重要组成部分，“特别是在全球经济一体化的当今国际社会中，国际规则的趋同性越来越强，只要国家参加了国际条约，就必须遵守条约的内容，而不能以国内法的规定来对抗国际法的规定”⑤。

9. 推进判决的承认与执行。判决的承认与执行是司法认同的重要标志，应大力推进。“推动缔结双边或者多边司法协助协定，促进沿线各国司法裁判的相互承认与执行。”⑥

10. 推动优惠先行，使“一带一路”国家得到更多的发展机会。“要在沿线一些国家尚未与我国缔结司法协助协定的情况下，可以考虑由我国法院先行给

① 吴青．“一带一路”与中国国际私法体系的发展与完善［J］. 航海，2018（1）：71-75.
② 李林，陈百顺，赵波．“一带一路”法律知识读本［M］. 北京：中国民主法制出版社，2016：143.
③ 贺富永．马克思主义国际法思想研究［M］. 南京：东南大学出版社，2016：29.
④ 李林，陈百顺，赵波．“一带一路”法律知识读本［M］. 北京：中国民主法制出版社，2016：143.
⑤ 贺富永．马克思主义国际法思想研究［M］. 南京：东南大学出版社，2016：74.
⑥ 李林，陈百顺，赵波．“一带一路”法律知识读本［M］. 北京：中国民主法制出版社，2016：143.

予对方国家当事人司法协助，积极促成形成互惠关系。”①

11. 尊重及保障法律选择自由。“充分尊重当事人选择准据法的权利，积极查明和准确适用外国法，消除沿线各国中外当事人国际商事往来中的法律疑虑。”② 充分尊重及保障法律选择自由是构建冲突法范式的重要基础，在构建“和谐冲突法”的过程中，要将此原则贯彻落实好。

12. 重视仲裁调解等多元化纠纷解决机制。仲裁调解等多元化纠纷解决机制是和谐高效解决“一带一路”民商事纠纷的重要路径，在仲裁与调解过程中，冲突法的法律适用也是必不可少的。因此，要“支持‘一带一路’建设相关纠纷的仲裁解决”③。通过“一带一路”仲裁调解解决机制的运行，“推动完善商事调解、仲裁调解、人民调解、行政调解、行业调解、司法调解联动工作体系，发挥各种纠纷解决方式在解决‘一带一路’建设争议争端中的优势，不断满足中外当事人纠纷解决的多元需求”④。在此基础上，仲裁调解领域的冲突法也能够得以大量适用与发展。

中国企业在“一带一路”国家经济贸易中，常用的方式有仲裁调解。“在几内亚投资的外国企业在选择争议解决方式时通常倾向于国际仲裁。”⑤ 中国企业“在几内亚进行经贸活动遇到问题时，由于法律体系和语言的差异，建议聘请律师或者其他中介服务机构提供帮助，积极运用法律手段维护自己的利益。几内亚的法律体系还在不断健全完善中，法院、军队、警察、政府部门均可能对经济纠纷进行干预。在出现纠纷时，应主动寻求解决办法，避免遭受资金冻结、财产扣押等不必要的损失”⑥。在“一带一路”国家中，冲突法的法律体系还在健全完善中，需要完善的冲突法范式的指引。

13. 积极争取“一带一路”国际话语权。在“一带一路”建设过程中，要

---

① 李林，陈百顺，赵波．“一带一路”法律知识读本［M］．北京：中国民主法制出版社，2016：143.

② 李林，陈百顺，赵波．“一带一路”法律知识读本［M］．北京：中国民主法制出版社，2016：144.

③ 李林，陈百顺，赵波．“一带一路”法律知识读本［M］．北京：中国民主法制出版社，2016：144.

④ 李林，陈百顺，赵波．“一带一路”法律知识读本［M］．北京：中国民主法制出版社，2016：145.

⑤ 《一带一路沿线国家法律风险防范指引》系列丛书编委会．一带一路沿线国家法律风险防范指引：几内亚［M］．北京：经济科学出版社，2017：151.

⑥ 《一带一路沿线国家法律风险防范指引》系列丛书编委会．一带一路沿线国家法律风险防范指引：几内亚［M］．北京：经济科学出版社，2017：154-155.

"及时研究国际金融法、国际贸易法、国际投资法、国际海事规则等国际法的发展趋势，积极参与和推动相关领域国际规则的制定"①。国际民商事实体法的发展，可以促进与带动冲突法的发展，构建冲突法领域的中国范式，构建"和谐冲突法"，才能积极主导国际话语权，为"一带一路"建设服务。

14. 积极推动建立"一带一路"新机制。"一带一路"新机制的建立对"一带一路"建设发展是十分必要的，"建立外国法查明工作平台，支持国内相关单位与'一带一路'沿线国家高等院校、科研机构之间积极开展法学交流活动，增进国际社会对中国司法的了解，促进各国法治互信"②。

值得注意的是，马克思主义认为实践是检验真理的唯一标准，但"实践对真理的检验不可能一次完成，实践检验真理是一个永无止境的发展过程"③。在"一带一路"建设过程中，"必须把人的全部实践——作为真理的标准"④。以马克思主义为指导的"一带一路"建设，坚持正确的检验标准是构建冲突法范式与共同框架必须坚持的原则。

综述，马克思主义思想对涉外海事立法具有极大的指导意义，只有坚持马克思主义的正确指导，才能把握海冲突法立法范式的有效构建。《中华人民共和国民法典》第一条提出了"弘扬社会主义核心价值观"的明确要求，《中华人民共和国宪法》第一条明确提出"中国共产党领导是中国特色社会主义最本质的特征"。所以，海冲突法的立法也必须坚持党的领导，必须坚持马克思主义，才能有效构建正确、科学的中国海冲突法的理想范式，妥善解决涉外海事争议。

---

① 李林，陈百顺，赵波．"一带一路"法律知识读本［M］．北京：中国民主法制出版社，2016：146.

② 李林，陈百顺，赵波．"一带一路"法律知识读本［M］．北京：中国民主法制出版社，2016：145.

③ 《马克思主义基本原理》编写组．马克思主义基本原理［M］．北京：高等教育出版社，2023：102.

④ 中共中央马克思恩格斯列宁斯大林著作编译局．列宁选集：第4卷［M］．北京：人民出版社，2012：419.

第二章

马克思主义思想与海冲突法基础问题的中国范式

第一节　马克思主义思想与人类命运共同体的构建

中国的马克思主义者吸收继承了马克思主义冲突法理论，并结合中国实际，提出与发展了马克思主义国际法思想。“马克思恩格斯列宁国际法思想是中国化马克思主义国际法思想的理论基础。”① 中国化马克思主义国际法思想非常丰富，如和平共处五项原则、“一国两制”、人类命运共同体等。“中国化马克思主义国际法思想的产生和发展，不仅丰富和发展了马克思列宁主义国际法思想，而且也丰富和发展了国际法理论；她不仅为中外学者研究中国化马克思主义国际法思想提供了素材，也为我国在当代复杂国际经济政治情势下，解决与相关国家之间的国际争端提供了和平解决的国际法思想指导，更为台湾将来的顺利回归作了理论上的铺垫。”②

习近平总书记在党的二十大报告中指出：“我们全面推进中国特色大国外交，推动构建人类命运共同体。”③ 构建人类命运共同体，与冲突法中国范式的构建，与“和谐冲突法”的构建，在方向和目标上是完全一致的。因此，推动构建人类命运共同体，就是推动构建冲突法中国范式，就是推动构建“和谐冲突法”。值得强调的是，在构建人类命运共同体的过程中，必须以马克思主义理论基础为指导。

---

① 贺富永．马克思主义国际法思想研究［M］．南京：东南大学出版社，2016：136.

② 贺富永．马克思主义国际法思想研究［M］．南京：东南大学出版社，2016：214.

③ 习近平．高举中国特色社会主义伟大旗帜 为全面建设社会主义现代化国家而团结奋斗：在中国共产党第二十次全国代表大会上的报告［EB/OL］．求是网，2022-10-25.

一、人类命运共同体是海冲突法共同框架、共同范式形成的理论基础

人类命运共同体的构建与海冲突法的作用发挥密不可分，海冲突法要解决法律冲突，为人类命运共同体的构建消除海事法律上的一些障碍。马克思主义海冲突法思想是人类命运共同体构建的理论基础。

1. 思想基础。马克思主义思想是人类命运共同体构建的思想方法基础。“马克思主义国际关系理论不满足于静态解释国际关系的历史和现实，而要进一步寻求改造世界，预言国际关系发展的归宿，提出了实现全人类解放的‘自由人联合体’理想愿景，鼓舞了全世界共产党人持之以恒地探索实现人的自由而全面发展的途径与方法。”①

2. 行动指南。马克思主义思想是人类命运共同体构建的行动指南。马克思主义为“人类求共存、为世界谋大同确立了行动指南”②。要进一步加强马克思主义的指导，求同存异，加强国际合作，在合作中产生共同框架、共同标准或国际标准。如2018年7月3日，“一带一路”法治合作国际论坛在北京发表了《“一带一路”法治合作国际论坛共同主席声明》，强调了国际合作的重要性，鼓励“‘一带一路’参与方、国际和地区组织、社会团体、学术界开展多元化的法治交流，分享良好做法和最新实践，推进法律制度、法律文化和法律教育领域的合作”③。

二、人类命运共同体是海冲突法共同框架、共同范式形成的现实基础

冲突法共同框架、共同范式形成是人类命运共同体构建的客观需求，构建人类命运共同体必须以马克思主义为指导，全力做好以下工作，才能实现冲突法共同框架、共同范式达成一致的目标。

1. 加强合作与共赢。合作与共赢是不可偏废的两大主题，是冲突法共同框架、共同范式形成的重要现实基础。人类命运共同体的构建为之提供了可能性。

---

① 粟锋．马克思主义国际关系理论视域下的人类命运共同体研究［D］．南京：国防科技大学，2021.

② 粟锋．马克思主义国际关系理论视域下的人类命运共同体研究［D］．南京：国防科技大学，2021.

③ 屈广清．僭离商事海事文化之冲突规范研究［M］．北京：光明日报出版社，2021：9-10.

"人类命运共同体从世界局势的发展与人类的现实需求中探寻全人类合作共赢的途径。"①

2. 加强团结与联合。构建人类命运共同体就是加强团结与联合。团结与联合是更加紧密的合作，"世界各国联合起来，摒弃旧思维，共建共商共享促发展，改变失序的国际社会"②。要正确处理中国与世界多元海洋文化、法律的关系。2018 年 1 月 23 日，习近平总书记主持召开中央全面深化改革委员会会议，通过的《关于建立"一带一路"国际商事争端解决机制和机构的意见》要求，"充分考虑'一带一路'建设参与主体的多样性、纠纷类型的复杂性以及各国立法、司法、法治文化的差异性"③。因此，面对海洋文化冲突，要平等对待各国文化，尊重各国文化。在解决各国法律冲突时，在适用各国冲突规范时，要充分考虑与尊重各国文化的影响因素。

各国立法、司法、法治文化的差异性，源于各国文化的差异性。"文化是一个国家、一个民族的灵魂。"④ 广义的文化包括物质文化、精神文化和制度文化。狭义的文化主要指精神文化，包括"社会心理、风俗习惯等自发形态的文化，也包括科学、艺术、宗教、哲学等自觉形态的文化"⑤。文化具有民族性，但随着交往的发展，"过去那种地方的和民族的自给自足和闭关自守状态，被各民族的、各方面的互相往来和互相依赖所代替了。物质的生产如此，精神的生产也是如此。各民族的精神产品成了公共的财产。民族的片面性和局限性日益成为不可能，于是由多种民族的和地方的文学形成了一种世界的文学"⑥。因此，在"和谐冲突法"的形成过程中，多种民族的法制和地方的法制都将发挥不可或缺的作用。

3. 尊重差异与不同。尊重差异与不同要求正确对待差异与不同，"各国在尊重彼此文化差异、制度差异、经济差异的基础上……走对话而不对抗、不冲

---

① 王玲玲．人类命运共同体理论对马克思真正共同体思想的理论传承［J］．黑河学院学报，2023，14（8）：6-9.

② 王玲玲．人类命运共同体理论对马克思真正共同体思想的理论传承［J］．黑河学院学报，2023，14（8）：6-9.

③ 屈广清．僭离商事海事文化之冲突规范研究［M］．北京：光明日报出版社，2021：8.

④《马克思主义哲学》编写组．马克思主义哲学［M］．2 版．北京：高等教育出版社，2023：217.

⑤《马克思主义哲学》编写组．马克思主义哲学［M］．2 版．北京：高等教育出版社，2023：218.

⑥ 中共中央马克思恩格斯列宁斯大林著作编译局．马克思恩格斯文集：第 2 卷［M］北京：人民出版社，2005：35.

突的道路”①。

各国的文化差异、制度差异、经济差异与冲突，必然导致法律差异。在海事法律领域，海事法律冲突的背后原因就是存在海洋文化冲突。

海洋文化冲突是指两种或两种以上的海洋文化相互接触所产生的竞争和对抗状态。目前，世界上主要存在四大不同的文化（包括海洋文化）体系：一是印度文化体系（包括南亚一些地区等）；二是阿拉伯文化体系（包括阿拉伯半岛、北非等国家和地区等）；三是希腊罗马文化体系（包括欧洲、美洲、大洋洲等地区等）；四是中国文化体系（包括中国、日本、朝鲜、越南、东南亚一些地区等）。

尊重文化差异，也要尊重法律差异。法律不能凭空产生，法律的产生必须具有一定的文化基础。因为法律规则的权利义务无论如何也摆脱不了社会经济结构、社会文化发展状况的制约。就社会的经济结构而言，有了船舶，才会导致与船舶有关的规则与法律的产生；有了航海，才有了航行、运输与安全方面的法律规则的产生等。就文化发展状况而言，法律中包含的价值准则、制度规则、法律适用规则，均不是凭空创造的，而是来源于具体的文化。如海事法律的制定，应与社会广泛认同的具有海洋文化内涵的商业惯例、技术标准等相趋一致。从立法的价值来看，社会主流文化中的价值判断与价值标准是制定法律制度规则必须加以吸收与遵守的，否则，就会因欠缺普遍认同的正当性而失去应有的效力。因此，不能完全消除法律冲突的时候就是发挥冲突法作用的时候。

4. 坚持和平原则。只有和平，才有发展，才有真正的人类命运共同体的构建与发展。

5. 大力发展生产力。构建人类命运共同体，必须大力发展生产力这一经济基础。“马克思阐述真正共同体构建的经济基础需要依赖高度发达的生产力，真正共同体是拥有坚实物质条件的科学形态。”②

6. 构建和谐社会。构建和谐社会是人类命运共同体发展的重要前提与基础。“马克思阐述真正共同体构建的最高形式是人、自然与社会三者的和谐统一。”③这也是“和谐冲突法”构建的实质要求，达到人、自然与社会三者的和谐统一

---

① 王玲玲．人类命运共同体理论对马克思真正共同体思想的理论传承［J］．黑河学院学报，2023，14（8）：6-9.

② 王玲玲．人类命运共同体理论对马克思真正共同体思想的理论传承［J］．黑河学院学报，2023，14（8）：6-9.

③ 王玲玲．人类命运共同体理论对马克思真正共同体思想的理论传承［J］．黑河学院学报，2023，14（8）：6-9.

的目标。

第二节 马克思主义思想与海冲突法基础问题

一、马克思主义思想与海冲突法基础问题中国范式的构建方法

马克思主义思想内容非常丰富，马克思主义法哲学思想与马克思主义冲突法思想，对整个国际私法领域均具有指导作用。从冲突法或者国际私法产生发展的条件上看，产生的条件包括各国法律规定不同但又相互承认彼此法律的效力，在各国交往的基础上必然涉及外国法律与国际条约的允许适用问题，马克思主义冲突法思想对这些问题均有涉及。构建中国国际私法范式，必须有先进的马克思主义法哲学思想及马克思主义冲突法思想的指导。“马克思主义法学是站在唯物史观的基础上产生的，不管是在马克思主义哲学、政治经济学，还是在科学社会主义的学说中，都体现了马克思主义法学思想，马克思主义法学思想贯穿整个马克思主义理论体系。”① 马克思主义海冲突法思想也是马克思主义法学思想的重要组成部分，与马克思主义哲学、马克思主义政治经济学、科学社会主义等思想一样，在构建海冲突法中国范式过程中，发挥着巨大的作用。

冲突法的产生发展实际上就是冲突法领域的交往与国际合作。马克思主义认为：“由于开拓了世界市场，一切国家的生产和消费都成为世界性的了。”②在构建人类命运共同体的今天，交往更加频繁，更加强调国际合作。因此，冲突法将会越来越重要。

马克思认为，“国际合作只有在平等者之间才有可能”③。如果没有各国各民族的平等、独立，就“不可能有各民族为达到共同目的而必须实行的和睦与自觉的合作”④。就国际私法而言，正因为国家及国家之间法律的平等，才导致了可能的相互适用问题，导致了国际私法问题的出现与解决方法的创新。

---

① 张丹．马克思主义法学对中国法律的启示［J］．法制与社会，2021（13）：171-172.

② 中共中央马克思恩格斯列宁斯大林著作编译局．马克思恩格斯选集：第 1 卷［M］．北京：人民出版社，2012：194.

③ 中共中央马克思恩格斯列宁斯大林著作编译局．马克思恩格斯全集：第 35 卷［M］．北京：人民出版社，1971：261.

④ 中共中央马克思恩格斯列宁斯大林著作编译局．马克思恩格斯全集：第 35 卷［M］．北京：人民出版社，1971：262.

在探索冲突法的基础问题时，以马克思主义法哲学为指导是十分必要的。“马克思哲学观的形成与其思想发展各阶段的法学探索密切相关。”① 研究马克思主义冲突法思想，不能不结合其法哲学思想。马克思主义法哲学思想在当代冲突法发展与完善过程中，仍然具有重要的价值。“马克思主义法哲学思想在新的时代与社会依然具有重要价值，所以一定要多角度地去看待马克思法哲学思想，将其置于中国发展背景下为中国法治建设提出建议。”②

同时，研究海冲突法的基础问题，还要结合具体的经济社会基础。

构建海冲突法的中国范式，要以马克思主义为指导，大力推进马克思主义中国化时代化。习近平总书记在党的二十大报告中指出：“中国共产党人深刻认识到，只有把马克思主义基本原理同中国具体实际相结合、同中华优秀传统文化相结合，坚持运用辩证唯物主义和历史唯物主义，才能正确回答时代和实践提出的重大问题，才能始终保持马克思主义的蓬勃生机和旺盛活力。”③ 因此，构建海冲突法的中国范式，必须做好以下工作。

第一，坚持和发展马克思主义海冲突法思想，构建海冲突法的中国范式，必须将马克思主义思想同中国实际相结合，不断回答中国之问、世界之问、人民之问、时代之问。回答中国之问、世界之问、人民之问、时代之问的过程，也是发展马克思主义思想的过程，所以首先要坚持马克思主义，才能发展马克思主义。

第二，坚持和发展马克思主义海冲突法思想，构建海冲突法的中国范式，必须将马克思主义思想同中华优秀传统文化相结合。习近平总书记在党的二十大报告中指出：“中华优秀传统文化源远流长、博大精深，是中华文明的智慧结晶，其中蕴含的天下为公、民为邦本、为政以德、革故鼎新、任人唯贤、天人合一、自强不息、厚德载物、讲信修睦、亲仁善邻等，是中国人民在长期生产生活中积累的宇宙观、天下观、社会观、道德观的重要体现，同科学社会主义价值观主张具有高度契合性。”④ 构建海冲突法的中国范式，这些优秀的传统、先进的理念均应该贯穿其中，进而发展马克思主义的海冲突法思想。

第三，坚持和发展马克思主义海冲突法思想，构建海冲突法的中国范式，必须推进在实践基础上的理论创新。海冲突法中国范式的形成与发展，就是在

---

① 温权．马克思法学思想的三个发展阶段及其社会哲学意蕴［J］．东南学术，2022（3）：31-43.

② 任瑞．马克思对于法哲学的理论贡献及其当代价值［D］．喀什：喀什大学，2023.

③ 习近平．高举中国特色社会主义伟大旗帜 为全面建设社会主义现代化国家而团结奋斗：在中国共产党第二十次全国代表大会上的报告［EB/OL］．求是网，2022-10-25.

④ 习近平．高举中国特色社会主义伟大旗帜 为全面建设社会主义现代化国家而团结奋斗：在中国共产党第二十次全国代表大会上的报告［EB/OL］．求是网，2022-10-25.

实践基础上的一种理论创新，这种理论创新反过来也是促进马克思主义现代化发展的一种有效方式。

第四，坚持和发展马克思主义海冲突法思想，构建海冲突法的中国范式，必须坚持人民至上，因为人民性是马克思主义的本质属性。习近平总书记在党的二十大报告中指出："一切脱离人民的理论都是苍白无力的，一切不为人民造福的理论都是没有生命力的。我们要站稳人民立场、把握人民愿望、尊重人民创造、集中人民智慧，形成为人民所喜爱、所认同、所拥有的理论，使之成为指导人民认识世界和改造世界的强大思想武器。"① 构建冲突法的中国范式，必须坚持一切都是为了人民这个根本目标，才能把握正确的政治方向。

第五，坚持和发展马克思主义海冲突法思想，构建海冲突法的中国范式，必须坚持四个自信。坚持四个自信，实际上也是构建海冲突法中国范式的基本方法。海冲突法中国范式是对中国冲突法规定的科学理解、科学探索、科学规定，是中国的创新实践，也是世界的创新实践，只有吸收人类的一切先进成果，才能创新出先进的海冲突法范式，起到引领作用。习近平总书记在党的二十大报告中指出："既不能刻舟求剑、封闭僵化，也不能照抄照搬、食洋不化。"② 因此，在发展的基础上吸收先进的成果，才能继续引领发展。

第六，坚持和发展马克思主义海冲突法思想，构建海冲突法的中国范式，必须坚持问题导向和守正创新。习近平总书记在党的二十大报告中指出："不断拓展认识的广度和深度，敢于说前人没有说过的新话，敢于干前人没有干过的事情，以新的理论指导新的实践。"③ 发现问题，解决问题，是海冲突法中国范式面临的最大问题，是干前人没有干过的事情，要不断拓展认识的广度和深度，以新的理论指导新的实践。

第七，坚持和发展马克思主义海冲突法思想，构建海冲突法的中国范式，必须坚持系统观念。坚持系统观念就是坚持马克思主义思想的精髓。习近平总书记在党的二十大报告中指出："万事万物是相互联系、相互依存的。只有用普遍联系的、全面系统的、发展变化的观点观察事物，才能把握事物发展

① 习近平．高举中国特色社会主义伟大旗帜 为全面建设社会主义现代化国家而团结奋斗：在中国共产党第二十次全国代表大会上的报告［EB/OL］．求是网，2022-10-25.

② 习近平．高举中国特色社会主义伟大旗帜 为全面建设社会主义现代化国家而团结奋斗：在中国共产党第二十次全国代表大会上的报告［EB/OL］．求是网，2022-10-25.

③ 习近平．高举中国特色社会主义伟大旗帜 为全面建设社会主义现代化国家而团结奋斗：在中国共产党第二十次全国代表大会上的报告［EB/OL］．求是网，2022-10-25.

规律。”① 海冲突法中国范式构建的过程中，与古今中外的冲突法制度以及相关法律部门等的关系与联系，都是客观存在的，运用马克思主义的观点方法，才能把握冲突法发展的客观规律，产生正确的理解与认识。

第八，坚持和发展马克思主义海冲突法思想，构建海冲突法的中国范式，必须坚持胸怀天下。胸怀天下是构建海冲突法中国范式的必然要求。构建海冲突法的中国范式，目标就是要建设更加美好的世界，胸怀天下就是实现这一目标的基本出发点。习近平总书记在党的二十大报告中指出：“我们要拓展世界眼光，深刻洞察人类发展进步潮流，积极回应各国人民普遍关切，为解决人类面临的共同问题做出贡献，以海纳百川的宽阔胸襟借鉴吸收人类一切优秀文明成果，推动建设更加美好的世界。”② 在海冲突法范式构建过程中，同样需要深刻洞察人类发展进步潮流与冲突法发展进步潮流，积极回应各国人民对冲突法的具体要求与普遍关切，为解决人类面临的共同冲突法问题做出贡献。由此可见，马克思主义思想对海冲突法中国范式的构建的指导既是宏观的，又是具体的；既有方向性，又有方法性；既有理论性，又有实践性。因此，全面把握马克思主义思想的丰富内涵，认真运用马克思主义思想指导海冲突法中国范式构建的具体实践，是构建海冲突法中国范式的必由之路和成功之路。

二、马克思主义思想与海冲突法基础问题的具体运用

冲突法的产生与发展有其具体的发展规律。对这些发展规律的把握，要坚定以马克思主义思想为指导。习近平总书记在党的二十大报告中指出：“只有用普遍联系的、全面系统的、发展变化的观点观察事物，才能把握事物发展规律。”③ 研究冲突法的基础问题与中国范式，必须运用普遍联系的、全面系统的、发展变化的观点来观察冲突法，才能把握其发展规律。

构建海冲突法的中国范式，必须坚持马克思主义思想的指导，在全面、系统把握海冲突法理论与实践的基础上，运用发展变化的观点进行研究，科学准确地把握冲突法的发展规律，构建能够得到普遍认同的海冲突法科学范式，以便他国借鉴、采纳与吸收。

---

① 习近平．高举中国特色社会主义伟大旗帜 为全面建设社会主义现代化国家而团结奋斗：在中国共产党第二十次全国代表大会上的报告［EB/OL］．求是网，2022-10-25.

② 习近平．高举中国特色社会主义伟大旗帜 为全面建设社会主义现代化国家而团结奋斗：在中国共产党第二十次全国代表大会上的报告［EB/OL］．求是网，2022-10-25.

③ 习近平．高举中国特色社会主义伟大旗帜 为全面建设社会主义现代化国家而团结奋斗：在中国共产党第二十次全国代表大会上的报告［EB/OL］．求是网，2022-10-25.

构建海冲突法的科学范式，是一件十分困难的工作。因为各国冲突法或者国际私法的经济社会背景不同，正是由于这些经济社会的背景、发展层次、发展程度的不同，冲突法内容也各不相同。“在法国和英国行将完结的事物，在德国现在才刚刚开始。这些国家在理论上激烈反对的，然而却又像戴着锁链一样不得不忍受的陈旧腐朽的制度，在德国却被当作美好未来的初升朝霞而受到欢迎……在法国和英国，问题是政治经济学，或社会对财富的统治；在德国，问题却是国民经济学，或私有财产对国民的统治。因此，在法国和英国是要消灭已经发展到终极的垄断；在德国却要把垄断发展到终极。那里，正涉及解决问题；这里，才涉及冲突。”① 从根本上来看，经济基础决定上层建筑，各国不同的经济基础，形成各国不同的民事、海商事法律规定，进而形成不同的冲突规范的规定，甚至在冲突法的一些基础问题上，至今都还没有形成统一的看法。这些问题的存在无疑给构建海冲突法的中国范式带来了巨大的挑战，需要认真加以研究解决。

马克思主义认为，“私法和私有制是从自然形成的共同体形式的解体过程中同时发展起来的”②。在一定历史条件、一定人类物质生活条件下产生针对冲突法或者国际私法的不同看法是非常正常的，这也从另一个方面证明了马克思主义指导的重要性和不可缺少性。

第三节　马克思主义思想与海冲突法的渊源研究

海冲突法或者国际私法是调整涉外法律关系的法律部门。海冲突法调整的是涉外海事关系。因此，与涉外海事关系有关的调整方法、措施或者依据，均可以成为海冲突法的渊源。研究海冲突法的法律渊源，有助于把握海冲突法范式的构成与创新。在中国海冲突法或者海事国际私法的立法实践中，“指导我们的实践时始终坚持马克思主义法学为指导，在面对日益复杂的社会关系时，不断扩大法律的调整范围，使整体效果得到了提高”③。运用马克思主义的正确指导，对海事国际私法的调整对象、法律渊源等问题的研究具有极大的帮助。

① 中共中央马克思恩格斯列宁斯大林著作编译局．马克思恩格斯文集：第 1 卷［M］．北京：人民出版社，2009：8.

② 中共中央马克思恩格斯列宁斯大林著作编译局．马克思恩格斯全集：第 3 卷［M］．北京：人民出版社，1960：71.

③ 张丹．马克思主义法学对中国法律的启示［J］法制与社会，2021（13）：171-172.

法律渊源，亦称法源，一般是指法律规范的创制及其表现形式。海冲突法或者海事国际私法的法源即海事国际私法规范的存在及其表现形式。海冲突法或者海事国际私法的渊源具有两个明显的特点：一是由于海冲突法调整的涉外海事法律关系的复杂性与特殊性，决定了海事国际私法渊源的双重性，即既具有国内法渊源，又具有国际法渊源；二是由于各国立法者对国际私法的内容和范围认识不同，具体到一国立法中的哪些法律、国际条约中的哪些条约是国际私法的渊源，国家之间差别较大。①

一、海冲突法或者海事国际私法的国内法渊源

（一）国内立法、司法解释

国内立法是海事国际私法渊源的最早表现形式。② 海事国际私法在国内立法中的表现形式主要有：分散式形式、专编（章）式形式、单行法形式、法典式形式等。

中国采用的主要是分散式立法形式。如《中华人民共和国宪法》《中华人民共和国海商法》《中华人民共和国中外合资经营企业法》《中华人民共和国中外合资经营企业法实施条例》《中华人民共和国外资企业法》《中华人民共和国对外合作开采海洋石油资源条例》《中华人民共和国专利法》《中华人民共和国商标法》《中华人民共和国民事诉讼法》《中华人民共和国仲裁法》《中华人民共和国外交特权与豁免条例》《中华人民共和国领事特权与豁免条例》《中华人民共和国公司法》《中华人民共和国物权法》等各种相关规定，都是海事国际私法的重要立法。与此同时，中国还有大量的关于海事国际私法的司法解释存在，例如，2007 年 6 月 11 日最高人民法院通过，2007 年 8 月 8 日起施行的《最高人民法院关于审理涉外民事或商事合同纠纷案件法律适用若干问题的规定》等。

关于海事国际私法在我国法律体系和法学体系中的地位问题，一直是国内争论比较多的问题，这个问题直接涉及我国的海事国际私法立法模式。世界各国纷纷将国际私法独立，制定了单独的国际私法法典，而我国立法仍然主张将国际私法放在民法典中制定。究竟采用什么形式才能更好地制定出中国的国际私法来，理论上还需继续进行深入的研究。2000 年，中国国际私法学会按照单独国际私法法典的立法模式起草完成了《中华人民共和国国际私法示范法》，属于民间立法，共 166 条。2002 年 12 月，全国人民代表大会法律工作委员会下发

① 韩德培．国际私法［M］．北京：高等教育出版社，北京大学出版社，2003：20.

② 赵相林．国际私法［M］．北京：中国政法大学出版社，2002：26.

的《中华人民共和国民法典（草案）》中，还是将国际私法放在民法典中制定，该草案第九编规定了《中华人民共和国涉外民事关系法律适用法》，共94条。2010年通过的《中华人民共和国涉外民事关系法律适用法》以单行法的形式出现，是一次较大的突破，但没有包括海冲突法的内容。

马克思主义认为："程序法和实体法是形式和内容的关系……因为审判程序只是法律的生命形式，是法律的内部生命的表现，所以程序法和实体法应该具有同样的精神。"① 在海冲突法的性质问题上，虽然其不是实体法，但与实体法具有同样的精神。研究海冲突法，必须结合相关实体法进行。

（二）国内判例

关于国内判例，普通法系国家的判例直接是法源，其他国家的判例也是参考法源。

（三）学说

关于学说是否可以成为冲突法的渊源，在理论界有不同的看法。但在英美国家，法官在判决中援引权威学者的学说作为判决依据是十分普遍的事情。有的法官甚至通过援引权威学者的学说，推翻成文法或者判例法中的国际私法规则，而创立新的国际私法规则。②

（四）国际习惯

国际习惯也是冲突法的渊源，国内习惯也非常重要，特别是在人际冲突的解决上。比如，"《摩奴法典》同其他法经、法论一样，不是国家颁布的法典，而是婆罗门教祭司根据吠陀经典、累世传承和古来习惯编成的教律与法律结合为一的作品"③。"其所发挥的作用甚至是纯粹的法典难以比拟的。"④

（五）相近法律

关于其他国家的法律，也可以比照适用，2017年生效的《越南民法典》第六条规定："相近法律的适用：1. 属于民事法的调整范围，但各方某一协议、法律没有规定且没有习惯适用，可适用相近法律的规定调整民事关系。2. 如不能适用本条第一款所规定的相近法律的，则适用本法第三条所规定的基本原则、案例、公理。"⑤ 根据该条规定，相近法律优先于基本原则、案例、公理而得到适用。

---

① 付子堂．马克思主义法律思想研究［M］．北京：高等教育出版社，2005：16.

② 韩德培．国际私法［M］．北京：高等教育出版社，北京大学出版社，2000：26.

③ 迭郎善．摩奴法典［M］．马香雪，译．北京：商务印书馆，2012：1.

④ 迭郎善．摩奴法典［M］．马香雪，译．北京：商务印书馆，2012：2.

⑤ 越南民法典［M］．伍光红，黄氏惠，译．北京：商务印书馆，2018：3.

（六）关于冲突法渊源的外国立法规定

以下是外国的一些规定：

1. 一般原理作为渊源。《泰国国际私法》第三条规定："本法及其他泰国法未规定的法律冲突，依国际私法的一般原理。"①

2. 原则、习惯等作为渊源。关于原则、习惯等作为渊源，在一些国家的立法中是经常出现的。如《约旦民法典》第二条规定："1. 本法调整与其条款文字含义有关的一切问题。在有明文规定时，不得做任何解释。2. 在本法无明文规定时，法院得根据最符合本法条款的穆斯林法理之规范；或在无此种规范存在时，以穆斯林法律之原则裁决。3. 若无此种原则，则依习惯；无习惯，则依公平原则。此种习惯应是一般性的、原有的、一贯的以及连续不断的，而且不与法律规范、公共秩序或善良风俗抵触。如果某习惯只存在于某一国家，则它只适用于该国。4. 在所有这些情况下，只要法理与上款所述不相抵触，则应予遵循。"第三条规定："理解、说明、解释及领悟本法之规定，得参考穆斯林法的基本原则。"②

《美国第二次冲突法重述》第四条第一款规定："在本冲突法重述中，州的'本地法'，指除该州冲突法规则以外的、该州法院用以解决所受理的争议的一套标准、原则和规则。"③《秘鲁民法典》第二千零四十七条规定："与外国法律体系相关联的法律关系的准据法，依秘鲁批准的国际条约确定；国际条约不能确定的，依本法的规定。国家私法的原则和公认的准则可以补充适用。"④

3. 学派的解决办法作为渊源。一些国家规定本国承认的学派的解决办法可以作为渊源，《阿拉伯联合酋长国有关国际私法的规定》规定本法调整与本法文字及精神有关的一切问题。有明文规定时，排除任何解释。当本法没有明确规定时，法官应根据穆斯林法作出判决，并最好按照伊曼·马立克和伊曼·阿马德、伊宾·哈马尔学派所采取的解决办法……如果这些学派还没有办法，法官可以依靠习惯判决。穆斯林法应作为理解、解释和注释本法的参照。

4. 法律规范作为渊源。《葡萄牙民法典》第十五条规定："本冲突规范所指向的准据法，在其内容和作用上通常包括与冲突规范指向的内容有关的法律规

① 李双元，欧福永，熊之才．国际私法教学参考资料选编［M］．北京：北京大学出版社，2002：142.

② 李双元，欧福永，熊之才．国际私法教学参考资料选编［M］．北京：北京大学出版社，2002：152.

③ 李双元，欧福永，熊之才．国际私法教学参考资料选编［M］．北京：北京大学出版社，2002：444.

④ 李双元，欧福永，熊之才．国际私法教学参考资料选编［M］．北京：北京大学出版社，2002：157.

范。”第十六条规定：“除相反规定外，准据法为外国法的，只适用该外国的国内立法。”①

5. 类推法作为渊源。《委内瑞拉国际私法》第一条规定：“与外国法制有关的事实，依与争讼有关的国际私法规定，尤其是在委内瑞拉生效的国际条约中所确认的规定；否则适用《委内瑞拉国际私法》规定；若无此种规定，采用类推法；若无类推法，则适用普遍承认的国际私法原则。”②

二、海冲突法或者海事国际私法的国际法渊源

（一）国际条约

国际条约（Treaty）一般是指国家间缔结的协定。我国承认国际条约是冲突法的重要渊源，且给予优先适用。《中华人民共和国民法通则》第一百四十二条第一款规定：“中华人民共和国缔结或者参加的国际条约同中华人民共和国的民事法律有不同规定的，适用国际条约的规定，但中华人民共和国声明保留的条款除外。”③《联邦德国关于改革国际私法的立法》第三条第二款规定：“国际条约的效力高于本法的规定，它们可以直接适用于案件。欧洲共同体各机构制定的体例，其效力也高于本法的规定。”

理论上国际条约的范畴包括国际实体法条约、国际冲突法条约、国际程序法条约、国际证据法条约等。就本书而言，主要研究海冲突法条约。中国晚近加入或接受了大量属于冲突法的或与冲突法有关的国际条约（含双边条约），主要有：1965 年订于海牙的《关于向国外送达民事或商事司法文书和司法外文书公约》（1991 年批准），1952 年订于日内瓦的《世界版权公约》（1992 年加入），《中华人民共和国和泰王国引渡条约》（1993 年 8 月 26 日签署）等。

（二）国际惯例

国际惯例是指在国际交往中逐渐形成的、具有确定内容的、为世人所共知的行为规则。

在国际私法的理论与实践中，一般都认为国际惯例是国际私法的渊源之一。《中华人民共和国民法通则》第一百四十二条第三款规定：“中华人民共和国法律

---

① 李双元，欧福永，熊之才．国际私法教学参考资料选编［M］．北京：北京大学出版社，2002：358.

② 李双元，欧福永，熊之才．国际私法教学参考资料选编［M］．北京：北京大学出版社，2002：534.

③ 李双元，欧福永，熊之才．国际私法教学参考资料选编［M］．北京：北京大学出版社，2002：85.

和中华人民共和国缔结或者参加的国际条约没有规定的，可以适用国际惯例。”①

（三）海事国际私法原理与原则

法学理论通常认为，法由四要素构成：规范、原则、概念、技术。因此，原则本身即法律，海事国际私法原则也应该是海事国际私法的组成部分。

根据一些国家的传统或立法以及若干国际条约的规定，一般法律原理（或法理）、国际私法之原则等，在法无明文规定时，可作为国际私法解决实体问题争议的依据。早在 1939 年的《泰国国际私法》第一条就规定：“在法无规定时，允许适用国际私法的一般原理。” 1972 年的《美国第二部冲突法重述》第六条“法律选择的原则”也允许在宪法和本州成文法没有规定时，可根据该条提出的七项因素（多为国际私法的一般原则）来决定应适用的法律。

在国际商事仲裁中，一般法律原则（或法理）、国际私法之原则等更是比较常用的。1987 年颁布的瑞士《国际私法》第一百八十七条规定，在国际商事仲裁中，允许当事人授权依公平原则裁决实质问题。1976 年《联合国国际贸易法委员会仲裁规则》第三十三条规定，虽应依当事人协议选择的法律裁决案件，但在无此选择时，仲裁庭首先应适用冲突规则所指定的法律，但如仲裁庭有当事人双方的明确授权且适用于仲裁程序的法律允许这样做时，亦可运用友好仲裁和按公平与善良的原则就实质问题作出裁决。可见，海事国际私法原理与原则等可以成为海事国际私法的渊源，是完全没有疑义的。

（四）政策与道德

2017 年生效的《越南民法典》第七条规定：“国家关于民事关系的政策：1. 民事权利、义务的确立、实施、终止应保持越南各民族的民族特色，尊重、发挥各民族优秀的风俗、习惯、传统、团结情谊以及相亲相爱，个人为社会、社会为人人的高尚社会道德。2. 法律鼓励民事关系中的各方根据法律规定进行和解。”②

国内学者关于国际私法渊源的不同观点如表 2-1 所示。

① 李双元，欧福永，熊之才. 国际私法教学参考资料选编［M］. 北京：北京大学出版社，2002：85.

② 越南民法典［M］. 伍光红，黄氏惠，译. 北京：商务印书馆，2018：3.

表 2-1 我国学者关于国际私法渊源的不同观点

学者一	国际私法的国内渊源包括国内制定法、国内判例法和国内习惯法，国际渊源主要是双边和多边的国际条约。关于国际习惯，只有国际习惯法规则才具有法律约束力，才有可能成为法的渊源，一般国际习惯因不具有法律约束力而不能成为国际私法的渊源①
学者二	在我国现行法律体制下，司法判例不是我国法律的渊源。但由于国际私法是一门非常特殊的法律部门，无论是从国际私法的调整对象、基本任务和本质特征来看，还是从国际社会、国际私法立法与司法实践的趋势来看，或者从我国国际私法的现行规定和“一国两制”的需要来看，以及从有利于促进我国与世界各国或者地区友好的民事往来、充分发挥我国在涉外民商事领域的重要作用和影响等方面来看，将司法判例作为我国国际私法的渊源乃当务之急②
学者三	司法解释在我国调整涉外民事关系中扮演着重要的角色，但其作为国际私法渊源的地位却没有给予明确的规定。无论是从我国的实际和国际私法的立法特征来看，还是从法律规则发展来看，司法解释都应当成为我国国际私法的重要渊源，使其成为我国国际私法渊源结构中的重要组成部分③
学者四	在我国现行法律体制下，法理不是我国法律的渊源。但由于国际私法是一门非常特殊的法律部门，无论是从法理自身的性质、成文法的不足、各国的国际私法立法及司法实践，国际私法的产生与发展、国际私法的调整对象和学科特点，还是从有利于促进我国与世界各国或者地区友好的民事往来，充分发挥我国在涉外民商事领域的重要作用和影响等方面来看，将法理作为我国国际私法的渊源乃当务之急④
学者五	我国现行法律体制不承认学说为我国国际私法的渊源，学说在国际私法中占有非常重要的地位。从学说的定义和其作为国际私法的渊源的立法和理论分析，抑或考察学说作为我国国际私法法律渊源的可行性，将学说作为我国国际私法的辅助渊源未尝不可⑤

① 陈卫佐．比较法视野下的国际私法渊源：兼论一般国际惯例不是国际私法的渊源［J］．时代法学，2009，7（2）：81-89.

② 高宏贵．司法判例作为我国国际私法的渊源问题研究［J］．华中师范大学学报（人文社会科学版），2008（5）：32-35.

③ 刘卫国．论我国国际私法的渊源结构：司法解释应成为我国国际私法的渊源［J］．广西大学学报（哲学社会科学版），2006（3）：70-74.

④ 班阿慧．法理作为我国国际私法的法律渊源问题研究［J］．成都师范学院学报，2013，29（5）：33-37.

⑤ 马晓媛．学说作为我国国际私法渊源问题的研究［J］．法制与社会，2013（13）：19-20.

续表

学者六	学说或法理的国际私法渊源及地位一直备受争议，在实践中已有一些国家通过立法确定了国际私法渊源的地位并且在司法实践中取得了良好的效果。不论是从国际私法这一法律部门本身的特殊性来看，还是从国际私法的立法与司法实践的趋势来看，或者是从我国国际交往和“一国两制”的需要来看，将学说或法理作为我国国际私法的渊源不仅是必要的，而且是可行的①
学者七	《中华人民共和国民法通则》第一百四十二条是一条具有一般规定性质的冲突规范，该条以及其他法律的相关规定所指的国际惯例只是在一定条件下法院处理涉外民事关系的准据法，据此不能得出国际惯例是我国国际私法渊源的结论②

三、相关立法建议及中国范式的考量

我国海冲突法的国际法渊源包括国际条约③和国际惯例。具体规定如表 2-2 所示。

表 2-2 我国海冲突法的国际法渊源

名称	性质	内容
宪法的规定		我国宪法在第六十七条第十四项、第六十七条第十八项、第八十一条和第八十九条第九项对条约在我国的缔结作了概括性规定

① 刘冬坤．学说或法理的国际私法渊源及地位［J］．天津市经理学院学报，2013（4）：27-29.

② 李健男．论国际惯例在我国涉外民事关系中的适用：兼评《涉外民事关系法律适用法》［J］．太平洋学报，2011，19（6）：17-22.

③ 从 1978 年 12 月 31 日到 2004 年 12 月 9 日，我国关于：“直接适用条约”的法律法规一共七十九部一百一十七个条款。这些规定，根据适用前提或条件的不同，可以具体区分为以下三种：一是当国内法与国际条约规定不一致或条约另有规定，适用条约的规定，但我国声明保留的除外；二是在相关事项上规定直接适用条约；三是国内法没有规定时，才适用条约规定。参考王勇．条约在中国适用之基本理论问题研究［M］．北京：北京大学出版社，2007：146.

续表

名称	性质	内容
法律		1986 年的《中华人民共和国民法通则》第一百四十二条第二款规定："中华人民共和国缔结或者参加的国际条约同中华人民共和国的民事法律有不同规定的，适用国际条约的规定，但中华人民共和国声明保留的条款除外。中华人民共和国法律和中华人民共和国缔结或者参加的国际条约没有规定的，可以适用国际惯例。"第一百五十条规定："依照本章规定适用外国法律或者国际惯例的，不得违背中华人民共和国的社会公共利益。"我国《中华人民共和国海事诉讼特别程序法》《中华人民共和国海商法》《中华人民共和国民事诉讼法》《中华人民共和国行政诉讼法》《中华人民共和国外商投资企业和外国企业所得税法》等法律作出了类似的规定
行政法规		1990 年国务院发布的《中华人民共和国海上国际集装箱运输管理规定》第十二条规定："用于海上国际集装箱运输的集装箱，应当符合国际集装箱标准化组织规定的技术标准和有关国际集装箱公约的规定。"
司法解释		2012 年的《最高人民法院关于适用〈中华人民共和国涉外民事关系法律适用法〉若干问题的解释（一）》第九条规定："当事人在合同中援引尚未对中华人民共和国生效的国际条约的，人民法院可以根据该国际条约的内容确定当事人之间的权利义务，但违反中华人民共和国社会公共利益或中华人民共和国法律、行政法规强制性规定的除外。"《最高人民法院关于适用〈中华人民共和国涉外民事关系法律适用法〉若干问题的解释（一）》第五条规定："涉外民事关系的法律适用涉及适用国际惯例的，人民法院应当根据《中华人民共和国民法通则》第一百四十二条第三款以及《中华人民共和国票据法》第九十五条第二款、《中华人民共和国海商法》第二百六十八条第二款、《中华人民共和国民用航空法》第一百八十四条第二款等法律规定予以适用。"
其他	我国加入的国际条约、承认的国际惯例的规定等	例如，我国 1958 年加入的《华沙公约》等

值得注意的是，由于海事习惯法具有不确定性，举证上的困难往往使得该条款并不能得到充分的适用。为此，2006 年施行的《最高人民法院关于审理信用证纠纷案件若干问题的规定》第二条规定："人民法院审理信用证纠纷案件时，当事人约定适用相关国际惯例或者其他规定的，从其约定；当事人没有约定的，适用国际商会《跟单信用证统一惯例》或者其他相关国际惯例。"① 直接

① 屈广清．涉外民事关系法律适用法的科学立法［M］．北京：东方出版社，2019：44.

以司法解释的方式将成文海事国际惯例列为正式的法律依据，成为法律渊源之一。

从分类上看，国际条约和国际惯例都包括实体性质的、程序性质的、冲突法性质的三种类型，分别调整不同的法律问题。在国际条约方面，实体性质的、程序性质的、冲突法性质的国际条约都比较多；在国际惯例方面，实体性质的国际惯例比较多，其他性质的国际惯例比较少，特别是冲突法方面的国际惯例更加少。甚至有人认为："冲突法领域并无具体的国际惯例，国际上通行的冲突规范性质的国际惯例如'不动产依不动产所在地法原则''当事人意思自治原则'等都被我国或他国立法吸收而不再是国际惯例。"① 也有学者认为，对国际惯例应该作广义的解释，凡中国没有参加的国际条约、一切外国法律、一切国际民间团体编撰的规则都可以视为国际惯例，因此冲突法国际惯例在理论上和实践中都是存在的。②

但我国法律的相关规定是不明确的。如 1986 年《中华人民共和国民法通则》第一百四十二条第二款规定："中华人民共和国缔结或者参加的国际条约同中华人民共和国的民事法律有不同规定的，适用国际条约的规定，但中华人民共和国声明保留的条款除外。中华人民共和国法律和中华人民共和国缔结或者参加的国际条约没有规定的，可以适用国际惯例。"该条规定的国际惯例就没有明确是什么性质的国际惯例。③

从《中华人民共和国民法通则》来看，其第一百四十二条第一款规定："涉外民事关系的法律适用，依照本章的规定确定"，显然是指有关冲突法的法律适用问题。第二款规定："中华人民共和国缔结或者参加的国际条约同中华人民共和国的民事法律有不同规定的，适用国际条约的规定"，显然指的是实体方面的规定。第三款规定："中华人民共和国法律和中华人民共和国缔结或者参加的国

① 吴文汀．论我国立法中的冲突性国际惯例［J］．潍坊教育学院学报，2011，24（3）：38-41.

② 如上海海事法院在"美国梯·捷·斯蒂文逊公司与欧文信托公司诉利比里亚詹尼斯运输公司追索垫付船员工资、船舶费用纠纷及行使抵押权纠纷案"中，就援引国际惯例，判定适用船舶抵押权人优先权的准据法为船旗国法。由于我国没有关于船舶抵押贷款法律适用方面的规定，在确认抵押合同的效力方面，法院按照国际惯例"船舶抵押的效力问题，适用抵押登记国法"，在船舶抵押受偿的优先权方面，法院参照国际惯例，适用了船旗国法律。参见吴文汀．论我国立法中的冲突性国际惯例［J］．潍坊教育学院学报，2011，24（3）：38-41.

③ 学者关于此条规定的国际惯例有不同看法：有的认为仅指实体性质的国际惯例，有的认为仅指冲突性质的国际惯例，有的认为包括实体性和冲突性的国际惯例。参见吴文汀．论我国立法中的冲突性国际惯例［J］．潍坊教育学院学报，2011，24（3）：38-41.

际条约没有规定的，可以适用国际惯例”，又没有提及是实体性质规范还是冲突性质的规范，或者也可以说是包括了两者。可见，“该法律条文的规定有严重的逻辑错误，会造成理论和实践的混乱，必须予以修正”①。

我国相关立法对国际条约、国际惯例的适用问题有明确的规定。国内有关立法草案、立法建议案也有不少规定。

2000 年中国国际私法学会《中华人民共和国国际私法示范法》② 第六条规定：“中华人民共和国缔结或者参加的国际条约同本法有不同规定的，适用国际条约的规定，但中华人民共和国声明保留的条款除外。”第七条规定：“中华人民共和国法律和中华人民共和国缔结或者参加的国际条约对国际民商事关系的管辖权、法律适用和司法协助没有规定的，可以适用国际惯例。”第一百一十条规定：“中华人民共和国缔结或者参加的国际条约对与合同有关的问题有直接规定的，中华人民共和国的自然人、法人以及其他非法人组织和缔约国自然人、法人以及其他非法人组织订立的合同应适用该国际条约的有关规定。”第一百一十一条规定：“当事人在合同中可以选择适用国际惯例，也可以选择适用国际民商事公约。”

2002 年的我国《中华人民共和国民法典（草案）》第九编第三条规定：“中华人民共和国缔结或者参加的国际条约同中华人民共和国的民事法律有不同规定的，应适用国际条约的规定，但中华人民共和国声明保留的条款除外。中华人民共和国法律和中华人民共和国缔结或者参加的国际条约没有规定的，可以适用国际惯例。”第四条规定：“涉外民事关系的当事人可以经过协商一致以明示的方式选择适用国际惯例。依照本法规定应该适用的法律为中华人民共和国法律，而中华人民共和国法律对于该涉外民事关系的争议事项未作规定的，可以适用国际惯例。”

2010 年中国国际私法学会《中华人民共和国涉外民事关系法律适用法（建议稿）》第三条规定：“对中华人民共和国生效的国际条约就涉外民事关系有规定的，适用国际条约的规定，但中华人民共和国声明保留的条款除外。”③ 第四条规定：“依照本法规定适用中华人民共和国法律时，而中华人民共和国法律和

---

① 吴文汀．论我国立法中的冲突性国际惯例［J］．潍坊教育学院学报，2011，24（3）：38-41.

② 李双元，欧福永，熊之才．国际私法教学参考资料选编［M］．北京：北京大学出版社，2002：119.

③ 屈广清．涉外民事关系法律适用法的科学立法［M］．北京：东方出版社，2019：45.

对中华人民共和国生效的国际条约就涉外民事关系没有规定的，可以适用国际惯例。"① 第五十三条规定："合同当事人可以选择适用国际惯例。当事人可以选择适用对其所属国并未生效的国际条约。"②

在理论研究上学者们的观点与看法同以上相关立法建议基本一致。③

有学者认为，关于国际条约与国际惯例的立法条款还可以再详细作一些规定："中华人民共和国缔结或者参加的国际私法条约被转化为国内立法后，除非该国际条约与我国的立法不同，应当适用我国的法律。中华人民共和国缔结或者参加的国际统一实体法条约在转化为国内立法以前，对其调整范围内的缔约国当事人之间的关系具有直接优先适用的效力，中国声明保留的条款除外。如果当事人选择适用中华人民共和国没有参加的国际统一实体法条约，只要符合本编规定的关于当事人意思自治的条件，也可以适用该国际条约的规定。中华人民共和国缔结或者参加的国际统一程序法条约对该公约范围内的缔约国之间的事项具有直接优先适用的效力，中国声明保留的条款除外。如果条约本身规定其适用具有排他性，该条约具有排他的适用效力。中华人民共和国缔结或者参加的国际统一冲突法条约对公约范围内的缔约国之间的事项具有直接优先适用的效力，中国声明保留的条款除外。本条不适用于世界贸易组织协议在我国的适用。"④

有学者认为："涉外民事关系的法律适用，中华人民共和国缔结或者参加的国际条约同本法有不同规定的，适用国际条约的规定，但中华人民共和国声明保留的条款除外。中华人民共和国法律和中华人民共和国缔结或者参加的国际条约对国际民商事关系的管辖权、法律适用和司法协助没有规定的，可以适用国际惯例。在适用中华人民共和国民事法律时，优先适用中华人民共和国缔结或者参加的国际条约。两者都没有规定的，可以适用国际惯例。"⑤

有学者认为："中华人民共和国缔结或者参加的国际条约没有规定的，或者根据我国冲突规范应该适用的外国法没有规定，该外国缔结或者参加的国际条

---

① 屈广清．涉外民事关系法律适用法的科学立法［M］．北京：东方出版社，2019：44-45.

② 屈广清．涉外海事关系法律适用法立法研究：兼及海事冲突法哲学与海事立法文化的探赜［M］．北京：人民出版社，2016：189-388.

③ 王国华．我国海事法律适用法立法问题研究［J］．海大法律评论，2007（0）：190-201；毕道俊．中国海事冲突法的立法研究［D］．合肥：安徽大学，2007.

④ 肖永平．论《中华人民共和国国际民商事关系法律适用法》的立法体系［C］//中国国际私法学会 2004 年年会论文集．出版地：出版者，2004：148.

⑤ 吴文汀．论我国立法中的冲突性国际惯例［J］．潍坊教育学院学报，2011，24（3）：38-41.

约也没有规定，或者当事人依法选择国际惯例作为确定他们之间权利义务的依据，我国法院可以参照适用国际惯例。”①

有学者认为，《中华人民共和国民法通则》第一百四十二条应该这样修改：“涉外民事关系的法律适用，中华人民共和国缔结或者参加的国际条约同本法有不同规定的，适用国际条约的规定，但中华人民共和国声明保留的条款除外。中华人民共和国法律和中华人民共和国缔结或者参加的国际条约没有规定的，可以适用国际惯例。依本章规定在适用中华人民共和国民事法律时，优先适用中华人民共和国缔结或者参加的国际条约。两者都没有规定的，可以适用国际惯例。”②

综上所述，我国在制定海冲突法时，应该明确规定国际条约、国际惯例的适用问题。笔者认为，可以分如下几个层次考虑。

1. 原则性规定

原则性规定表明我国对待国际公约、国际惯例的基本态度。原则性规定的内容以在我国取得一致认识为前提，其内容为“中华人民共和国缔结或者参加的国际条约同本法有不同规定的，适用国际条约的规定；但是，中华人民共和国声明保留的条款除外。中华人民共和国法律和中华人民共和国缔结或者参加的国际条约没有规定的，可以适用国际惯例”。该规定与目前我国诸法律规定一致。但《中华人民共和国民法通则》所指的“本法”包括实体法也包括冲突法，规定又是在“法律适用”一章出现的，适用容易引起不同看法。而本建议中的“本法”指冲突法，不容易引起歧义。

2. 当事人意思自治的规定

国际条约、国际惯例通常应该比一国的国内法更有代表性和普遍性。如果允许当事人选择外国法，那么也就没有理由不允许当事人选择国际条约、国际惯例。因此，可以允许当事人选择适用国际条约或国际惯例。但违反中华人民共和国社会公共利益或中华人民共和国法律、行政法规强制性规定的除外。

当事人可以选择适用国际惯例，通常没有什么异议。当事人选择适用国际条约，在我国存在不同的认识。2010 年中国国际私法学会《中华人民共和国涉外民事关系法律适用法（建议稿）》第五十三条规定：“合同当事人可以选择适用国际惯例。当事人可以选择适用对其所属国并未生效的国际条约。”该建议

---

① 高宏贵，司珊．我国处理涉外民商事关系时对国际惯例的适用：以国际私法的渊源为视角［J］．华中师范大学学报（人文社会科学版），2010，49（3）：30-35.

② 吴文汀．论我国立法中的冲突性国际惯例［J］．潍坊教育学院学报，2011，24（3）：38-41.

稿考虑的是"对其所属国并未生效的国际条约"。2012年《最高人民法院关于适用〈中华人民共和国涉外民事关系法律适用法〉若干问题的解释（一）》规定："当事人在合同中援引尚未对中华人民共和国生效的国际条约的，人民法院可以根据该国际条约的内容确定当事人之间的权利义务，但违反中华人民共和国社会公共利益或中华人民共和国法律、行政法规强制性规定的除外。"《中华人民共和国涉外民事关系法律适用法（建议稿）》在当事人选择国际条约的问题上，没有限定适用的领域，《最高人民法院关于适用〈中华人民共和国涉外民事关系法律适用法〉若干问题的解释（一）》将之限定在合同领域。在条约范围内，《中华人民共和国涉外民事关系法律适用法（建议稿）》规定的是"对其所属国并未生效的国际条约"；《最高人民法院关于适用〈中华人民共和国涉外民事关系法律适用法〉若干问题的解释（一）》规定的是"尚未对中华人民共和国生效的国际条约"。对中国或当事人所属国而言，条约就两类：对中国或当事人所属国生效的条约和对中国或当事人所属国未生效的条约。既然允许选择对中国或当事人所属国未生效的条约，这实际上等于允许选择所有国际条约。因此，两者范围是等同的。

最高人民法院的司法解释将适用范围限定在合同领域，笔者认为可以放开领域，只要是允许当事人意思自治的领域，都可以适用之。从理论上讲，当事人选择国际惯例，选择对我国或者其所属国并未生效的"国际条约"比当事人选择其他法律更好一些，国际性也更强一些，应该允许。而且"违反中华人民共和国社会公共利益或中华人民共和国法律、行政法规强制性规定的除外"的规定又等于是增加了一个安全阀，对我国也不会产生副作用。

值得注意的是，"违反中华人民共和国社会公共利益或中华人民共和国法律、行政法规强制性规定的除外"条款不一定在法条中多处规定，主要在公共秩序保留条款中统一规定即可，作为总的原则统揽全局。即规定："依照本章的规定适用外国法律、国际惯例或者未对我国生效的国际条约，不得违背中华人民共和国的公共利益或中华人民共和国法律、行政法规强制性规定。"

第四节　马克思主义思想与海冲突法的范围研究

一、不同的立法范式

海冲突法或者海事国际私法的自身问题包括范围等是冲突法的基础问题，

由于在国际私法范围内存在着不同认识，各国在法律规定上就采取了不同的方法。

1. 不予说明。有的国家冲突法的立法就没有说明范围，如《秘鲁民法典》第十编国际私法部分就没有规定国际私法涉及什么内容范围。《美洲国家间关于国际私法一般规则的公约》规定："美洲国家组织各成员国渴望缔结一项关于国际私法一般规则的公约，兹约定如下……"该规定也没有说明冲突法的范围。《韩国国际私法》第一条规定："本法的目的是为韩国的外国人及在国外的韩国人的涉外生活关系确定应适用的法律。"这里规定只为"韩国的外国人及在国外的韩国人"，明显以己为中心，难道涉外案件必须涉及韩国人吗？而且，该法也没有规定法律的范围。

2. 规定最广。如《阿拉伯联合酋长国有关国际私法的规定》第一条规定："本法调整与本法文字及精神有关的一切问题。"①

3. 规定较广。有的国家规定在范围上，采用较广的规定。如捷克斯洛伐克《国际私法及国际民事诉讼法》第一条规定："本法的宗旨是规定适用于含有涉外因素的民法、家庭法、劳动法及其他类似法律关系的法律，规定外国人的法律地位并规定调整和审理这种关系的捷克斯洛伐克审判机关的诉讼程序，以加强各国之间的合作。"②（包括劳动法及其他，范围比较广）

《波兰国际私法》第一条第一款规定："本法是确定适用于民法、亲属法、监护法以及劳动法领域内人和物的涉外关系的法律。"③（包括劳动法及其他，范围比较广）

《匈牙利国际私法》第一条规定："本法令的目的是为发展和平的国际关系而解决——如果民法、家庭法或者劳动法的法律关系牵涉外国人、外国财产或者外国法律（以下简称涉外因素），在有几个国家的法律可能适用时适用何国法律——在包含涉外因素的法律争端中必须依照哪些管辖权和程序规则。"④（包括劳动法及其他，范围比较广）

《罗马尼亚关于调整国际私法法律关系的第一百零五号法》第一条规定：

① 李双元，欧福永，熊之才．国际私法教学参考资料选编［M］．北京：北京大学出版社，2002：157.

② 李双元，欧福永，熊之才．国际私法教学参考资料选编［M］．北京：北京大学出版社，2002：218.

③ 李双元，欧福永，熊之才．国际私法教学参考资料选编［M］．北京：北京大学出版社，2002：227.

④ 李双元，欧福永，熊之才．国际私法教学参考资料选编［M］．北京：北京大学出版社，2002：257.

“本法包括（a）确定某一国际私法法律关系应适用的法律的规范；（b）解决涉及国际私法法律关系的法律纠纷的诉讼程序规范。本法意义上的国际私法法律关系是指含有涉外因素的民事、商事、劳动和民事诉讼等类法律关系及其他私法法律关系。”①

以上法律在范围上都包括了劳动法领域。

4. 规定一般。《意大利国际私法制度改革法》第一条规定：“本法应决定意大利的管辖权、确立选定准据法的标准，并支配外国判决和裁定的效力。”（一般包括管辖权、准据法、外国判决和裁定的承认与执行三大块）

《瑞士联邦国际私法》第一条规定：“本法适用于下述具有国际因素的事项：（一）瑞士法院和主管机关的管辖权；（二）法律适用；（三）承认和执行外国法院判决的条件；（四）破产和清偿协议。”（一般包括管辖权、准据法、外国判决和裁定的承认与执行三大块）

《土耳其国际私法和国际诉讼程序法》的规定比较清晰，其第一条：“本法适用于具有涉外因素的行为和私法关系，以及法院管辖权和外国法院判决的承认与执行。”（一般包括管辖权、准据法、外国判决和裁定的承认与执行三大块）

《突尼斯国际私法典》第一条规定：“本法典各项规定旨在决定有关国际性私法关系的下列事项：1. 突尼斯司法机关的司法管辖权；2. 外国判决在突尼斯的效力；3. 司法管辖豁免与执行豁免；4. 准据法。”（一般包括管辖权、准据法、外国判决和裁定的承认与执行三大块）

另外，以上法律在范围上都包括了程序问题。

5. 范围较小。有的国家规定范围较小，比较原则性，如《马达加斯加国际私法》第二十六条规定：“本章的规范为法律适用规范，旨在援引涉外民事关系应适用的外国法或马达加斯加法。”该法仅规定了法律适用问题。

《中非国际私法》第三十八条第一款规定：“本章的规范为法律适用规范。”可见，国际私法只是名称，仅规定的是冲突法条款。

《阿尔及利亚民法典》第九条规定：“发生法律冲突应依阿尔及利亚冲突法来确定适用的法律。”该法典也仅规定了冲突法。

《美国第二次冲突法重述》第二条规定：“冲突法的主旨：冲突法是各国法律的一部分，它确定对有关事件可能与一个以上的国家具有重要联系这一事实赋予何种效力。”该重述只是规定了冲突法这一部分。

---

① 李双元，欧福永，熊之才．国际私法教学参考资料选编［M］. 北京：北京大学出版社，2002：270.

《美国路易斯安那州新的国际私法立法》规定："本法涉及民法典序则第三章的修正与重新制定，首先包括民法典第十四条和第十五条，将被包括在民法典第十四条至第四十九条之内……均与冲突法有关。"① 该法也只是规定了冲突法内容。

综上所述，各国关于冲突法案件的规定不一，在实践中也会产生冲突，在构建人类命运共同体的过程中，这一问题也是需要研究的，寻找共同之处，逐渐取得共识。

关于冲突法的范围，在理论上明显存在不同的看法。"国际私法规范之范围如何，究竟限于抵触法一种，抑或管辖法规范、外国人法及国籍法亦包括在内，至今仍属一种纯粹理论问题。综观各国学者之看法，可分为严格限制主义、限制主义及概括主义三种，而此三种不同见解，当是各依其对国际私法所作不同定义而建立者。"② 在以上理论中，严格限制主义认为国际私法就是抵触法（冲突法）；限制主义认为国际私法包括抵触法、管辖权规范、住所法规范；概括主义认为国际私法除包括抵触法、管辖权规范、住所法规范外，还包括外国人法、国籍法。另外，对冲突法的范围还可以做不同的理解，如它可以指冲突法在研究范围上的调整对象的范围，可以指冲突法学体系的自身范围，可以指冲突法所包含的在立法内容上的立法规范的范围，可以指实践中司法部门适用法律的一个部门范围，也可以指当事人在认识上的一个范围等。不同侧重点考虑的问题不同。因此，本书是从立法的角度看，主要讨论的是针对冲突法规范的范围。

关于冲突法规范的立法范围，同样是一个有分歧观点的问题，而且至今没有得到统一的解决。在构建人类命运共同体的过程中，该问题的解决是非常重要的。目前，普通法系的国家一般认为国际私法就是冲突法③，前面已经介绍了许多国家的冲突法立法范围，各不统一，这一切的理论基础也是不统一的。根据不同的观点，可以把理论上的观点总结为"大""中""小"的国际私法观点。这种情况在海冲突法、陆冲突法、空冲突法等领域均是一样的。

二、国外"大""中""小"国际私法的观点

关于国际私法的范围问题，在国内外学者中存在不同的看法，形成了"大"

---

① 李双元，欧福永，熊之才．国际私法教学参考资料选编［M］．北京：北京大学出版社，2002：515.

② 刘甲一．国际私法［M］．台北：三民书局，2001：9.

③ 韩德培．国际私法［M］．北京：高等教育出版社，北京大学出版社，2000：5.

"中""小"三种国际私法观点。不过国内外学者对于区分"大""中""小"国际私法观点的看法标准并不完全一致。基本相同的观点是：如果认为国际私法等于冲突法，则属于"小"国际私法的观点；如果认为国际私法除了冲突法还包括国际民事诉讼、商事仲裁，则属于"中"国际私法的观点；如果认为国际私法除了冲突法还包括统一实体法，则属于"大"国际私法的观点。

三、中国"大""中""小"国际私法的观点

中国的"小"国际私法的观点认为国际私法应该只包括冲突法，持该观点的学者基本上是从事国际经济法领域的学者，其出发点主要是为了争夺学科范围。如有学者认为，在现有国际私法的理论框架已基本定型的情况下应该深化原有内涵，继续研究法律适用问题，维持调整方法的特殊性，不宜扩大外延导致体系的庞杂。①

"中"国际私法的观点是中国大多数国际私法学者的观点。例如，董立坤教授认为，国际私法的范围包括冲突规范、外国人的民事地位规范、国际民事诉讼程序等。但是，国际私法不应该包括统一实体法。②

"大"国际私法的观点：例如，韩德培教授等坚持该观点，认为国际私法的范围包括冲突规范、外国人的民事地位规范、国际民事诉讼程序与商事仲裁规范、统一实体规范。李双元教授也认为，冲突规范与统一实体规范是相辅相成、互为补充的关系。把有关的统一实体规范和冲突规范一并放归入国际私法之中，并不是不合理的。③ 姚壮教授认为还应该包括国内非统一涉外实体规范。④ 也有学者认为，国际私法的范围包括：（1）外国人的民事法律地位规范；（2）冲突规范；（3）统一实体法规范；（4）各国国内的涉外民商事法律规范。国际民事诉讼法和国际商事仲裁法不应包含在国际私法的范围之内。⑤ 还有学者认为，国际私法自产生之初就以调整国际民商实体权利义务关系和维护国际民商秩序为己任，而解决法律冲突只不过是实现这一任务的一种方式而已。国际私法的范

① 沈洵．以国际私法与国际经济法的关系论国际私法的调整范围之回归［J］．法制与社会，2007（3）：676-677.

② 董立坤．国际私法论［M］．北京：法律出版社，2002：18.

③ 李双元．国际私法的名称、性质、定义和范围问题［J］．武汉大学学报（社会科学版），1983（1）：43-48.

④ 姚壮，仁继圣．国际私法基础［M］．北京：中国社会科学出版社，1981：3.

⑤ 余丙南．也谈国际私法的范围［J］．池州师专学报，2003（5）：21-23.

围应该包括冲突法、国际统一实体法和直接运用的法。①

“大”国际私法的观点在中国占主导地位，但反对者也不乏其人。有学者认为“大”国际私法观缺乏科学理论的支持，对其所负任务的认识也不够清晰，国际私法的范围应该从处理涉外民商事案件的过程进行判断或确定，“大”国际私法观应据此进行修正。②

四、本书的观点

本书的观点是，国际私法的范围包括冲突规范、外国人的民事地位规范、统一实体规范、程序规范、直接适用的法、可以适用冲突规范的公法、国内非统一涉外实体规范七部分。

关于国际私法的范围的争论直接影响到中国的司法考试等内容，使得矛盾随处可见。例如，《中法网》根据国家司法考试大纲编写的考试辅导资料在国际私法范围部分认为，国际私法的范围包括三部分：冲突法问题；外国人的民事地位问题；国际民事诉讼程序与商事仲裁程序问题。但是在论述国际私法规范的时候，又认为国际私法包括四种规范：冲突规范；统一实体规范；外国人的民事地位规范；国际民事诉讼程序与商事仲裁程序规范。③ 两者存在明显的不一致。

从冲突法到统一实体法的发展是客观需要，也是一个渐进的过程。在构建人类命运共同体的今天，在不能完全实现民事关系统一规定的情况下，冲突法与统一实体规范法是缺一不可的。但是，作为一门课程，国际私法如果包含了统一实体法，会与国际民法、国际商法、国际经济法存在重叠现象，这一问题已经对理论研究、课堂教学产生了影响，需要认真解决。④ 但从冲突法的角度

① 周辉斌，张辉．国际私法对象和范围的重新审视［J］．广西政法管理干部学院学报，2000（4）：44-46.

② 李万强．“大国际私法观”辩正［J］．法律科学（西北政法学院学报），2007（2）：109.

③ 周建海，杜新丽．国际法 国际经济法 国际私法基础课堂笔记［M］．北京：中国人民公安大学出版社，2003：481-483.

④ 由于关于国际私法的范围存在严重的争论，因此，在国内高校开设的国际私法课程中，讲授内容不同，课时也不同，从 36 学时至 144 学时都有，但是大多数学校的国际私法只讲授国际私法总论（基本理论）和冲突法。虽然国内许多国际私法教材体系上还包括统一实体法、国际民事诉讼与商事仲裁，但限于课时，国际私法的课程通常是不讲这些内容的。鉴于这种情况，笔者在本教材中只研究国际私法基本理论和冲突法两部分的内容，但这不代表笔者在国际私法范围上的观点。

看，海冲突法不存在与国际民法、国际商法、国际经济法重叠的现象。

五、相关立法建议

马克思主义思想对海冲突法的立法目的、适用范围等具有非常具体的指导作用。本书仅侧重海冲突法，所以不涉及程序法、统一实体法等具体的立法条款的设定。但从学科上看，程序法、统一实体法是可以包含在国际私法范畴中的。相关立法建议如下。

1.【立法目的】为了确定涉外海事关系的法律适用，妥善解决涉外海事争议。

说明：该条指明了中国海冲突法的立法目的，为构建中国范式指明方向。辩证唯物主义论者把实践放到第一位，将辩证法应用于认识论，创立了能动的革命的科学的反映论。“马克思主义哲学在人类认识发展史上第一次立足于科学的实践观来理解认识，从多种角度科学地揭示了认识的本质。”① 接下来具体法条的制定，要以海事实践及司法实践为认识论的基础，在科学的实践观的指导下进行。对海冲突法的实践问题进行深入的认识，是认识主体对认识客体的一种真实掌握，其不应是对客观的简单临摹，从而达到妥善解决涉外海事争议、构建“和谐冲突法”的目标。

2.【适用范围】涉外海事关系适用的法律，依照本法的规定确定。

马克思主义强调必须加强法制建设。“为了保障人民民主，必须加强法制……做到有法可依，有法必依，执法必严，违法必究。”② 马克思主义强调的法治建设思想，对海冲突法立法范式构建提出了明确的要求，有法可依要求法律不能有漏洞，海冲突法范式构建要具有内容的完整性，使得涉外海事关系适用的法律，都能够在本法中找到依据。

3.【涉外关系】海事关系具有下列情形之一的，可以认定为涉外海事关系。

（1）海事当事人一方或双方是外国公民、外国法人或者其他组织、无国籍人；

（2）海事当事人一方或双方的经常居所地在中华人民共和国领域外；

（3）海事标的物在中华人民共和国领域外；

（4）产生、变更或者消灭海事关系的法律事实发生在中华人民共和国领域外；

---

① 欧阳康．马克思主义认识论研究［M］．北京：北京师范大学出版社，2012：39.

② 邓小平．邓小平文选：第二卷［M］．北京：人民出版社，1994：146-147.

（5）其他情形。

4.【国际条约】中华人民共和国缔结或者参加的国际条约同本法有不同规定的，适用国际条约的规定，但中华人民共和国声明保留的条款除外。中华人民共和国法律和中华人民共和国缔结或者参加的国际条约没有规定的，可以适用国际惯例。

【理由说明】该条与《中华人民共和国海商法》第二百六十八条规定一致。该条规定的内容已经经过多年实践的检验，证明是可行的，故本建议予以保留。

【立法例】1999 年《俄罗斯联邦商船航运法典》第四百二十七条规定："如果俄罗斯联邦参加的国家公约与本法典的规定不同，适用国际公约的规定。"①

5.【未生效的国际条约】当事人可以选择适用国际惯例或未生效或未对中华人民共和国生效的国际条约。

【理由说明】我国立法对我国参加的生效的国际条约的采用有明确规定。对我国未参加的生效的国际条约的适用没有规定，当事人可以选择外国法，我国仍然承认选择外国法的效力，那么，当事人也可以选择我国未参加的生效的国际条约。至于未生效的国际条约，可以比照国际惯例来适用。

【立法例】《最高人民法院关于适用〈中华人民共和国涉外民事关系法律适用法〉若干问题的解释（一）》第九条规定："当事人在合同中援引尚未对中华人民共和国生效的国际条约的，人民法院可以根据该国际条约的内容确定当事人之间的权利义务，但违反中华人民共和国社会公共利益或中华人民共和国法律、行政法规强制性规定的除外。"②

综上，笔者的立法建议规定"当事人可以选择适用未生效或未对中华人民共和国生效的国际条约或国际惯例"，没有限制适用领域，如没有限制在合同领域等。

6.【判例的适用】当案件的准据法为判例法国家的法律时，可以适用该国的判例。

与其他建议案不同的是，增加了"当案件的准据法为判例法国家的法律时，可以适用该国的判例"这一规定。

7.【本法与其他法律】本法没有规定而其他法律有规定的，适用其他法律的规定。

---

① 屈广清．涉外海事关系法律适用法立法研究：兼及海事冲突法哲学与海事立法文化的探赜［M］．北京：人民出版社，2016：393.

② 屈广清．涉外海事关系法律适用法立法研究：兼及海事冲突法哲学与海事立法文化的探赜［M］．北京：人民出版社，2016：394.

说明：本法所称的“中华人民共和国法律（院）”“中华人民共和国领域内”，特指“中国内地（大陆）法律（院）”“中国内地（大陆）领域内”，不包括中华人民共和国的香港、澳门、台湾地区。内地（大陆）与港、澳、台地区的区际冲突，参照该法适用。

因为香港、澳门、台湾地区都属于中国，我国国内立法通常强调在“中华人民共和国领域内”适用，字面上“中华人民共和国领域内”应该包括香港、澳门、台湾地区，但事实上只是在内地（大陆）适用，因此有此条规定，以免产生政治上的误会。

值得说明的是，马克思主义认为，“法是人民意志的体现……为我们学习法学打开了新的视角。马克思主义法学是中国法律的基础，它深厚的理论根源是中国法律汲取营养的来源”①。因此，在判断立法范式、立法建议的时候，要以马克思主义的人民观作为最重要的评判标准，这个标准是不能改变的。

---

① 张丹．马克思主义法学对中国法律的启示［J］．法制与社会，2021（13）：171-172.

第三章

马克思主义思想与冲突规范的范式结构

范式是美国学者库恩（Thomas S. Kuhn）在《科学革命的结构》一书中所提出来的一个概念，指共同体所具有的共同标准和信念。实际上范式是一种模式，发展与创新在此模式上进行，但要解决好两个问题：一是继承与发展的问题；二是科学指导未来的问题。马克思主义基本理论范式的当代创新与构建，也要在坚持马克思主义基本理论观点的基础上，融入时代精神。发展与创新中国海冲突法的立法范式，同样要坚持以上两点。

事实上，马克思主义思想对冲突法范式的具体指导体现在以下五方面：一是关于继承和借鉴方面的指导。列宁强调，“保护劳动人民利益的东西一定要吸收进来”①。这里强调了以保护劳动人民利益为中心的主题思想。二是关于发展与创新创造方面的指导。如关于立法问题，“列宁认为，不要因袭陈旧的、资产阶级的民法概念，不要被昏庸的资产阶级旧法学家所愚弄，而要创造新的民法概念，制定新的民法，确定对契约的新的态度”②。三是关于文化的作用发挥及文化自信问题。文化对于法律范式非常重要，“列宁明确地指出，尽管在制定民法典中需要吸收外国法律文化中的有益成分，‘但不能仅限于此（这是最重要的）’；不要迎合欧洲，而要在加强国家对‘私法关系’和民事案件的干预方面有所突破”③。四是关于法律意识方面的强调与要求。“不是把罗马法典，而是把我们的革命的法律意识运用到‘民事法律关系’上去。”④ 五是关于范式构建中国家的重要性的问题。在不同的社会经济发展阶段，国家的作用都是举足轻重的，“在过渡时期，尽管存在着资本主义因素的影响，因而必须把商业作为

---

① 中共中央马克思恩格斯列宁斯大林著作编译局．列宁全集：第 42 卷［M］．北京：人民出版社，1987：444.

② 付子堂．马克思主义法律思想研究［M］．北京：高等教育出版社，2005：185.

③ 付子堂．马克思主义法律思想研究［M］．北京：高等教育出版社，2005：186.

④ 中共中央马克思恩格斯列宁斯大林著作编译局．列宁全集：第 42 卷［M］．北京：人民出版社，1987：427.

发展经济的中心环节，但是为了走向社会主义，又必须加强国家计划的指导，加强国家法律对经济活动的干预”①。如何平衡好发展经济这个中心环节与加强国家法律对经济活动的干预这个计划指导，也是海冲突法范式构建中必须考虑的问题。因此，以上的指导非常具体、实用，对海冲突法中国范式的构建具有极为重要的指导意义。

第一节 马克思主义思想与海事法律冲突

一、法律冲突释义

在现实生活中，法律是一个庞大的系统，由子系统，甚至子子系统组成。这些系统内部以及系统之间，经常存在冲突，包括国内冲突与国际冲突。国际私法理论认为，所谓“法律冲突”，就是对同一民商事法律关系或同一民商事问题因各国民商事法律规定不同而发生的法律适用上的冲突。

马克思主义认为，法律就是社会需求及平衡利益的产物。各国海事法律体现的是各国利益的平衡。而海冲突法立法的价值，在于平衡各国之间的利益。

解决海事法律冲突，需要制定好海冲突法。关于法律，马克思主义认为，“既不能从它们本身来理解，也不能从所谓人类精神的一般发展来理解，相反，它们根源于物质的生活关系”②。因此，冲突法的立法范式，应当与当代物质生活条件密切一致并予以科学反映。

二、法律冲突产生的条件

一般认为，法律冲突的产生必须具备下列条件，这些因素同时存在，同起作用，缺一不可。一是往来性所致。没有往来就没有冲突，例如，在 1630 年以前，英格兰、苏格兰就没有适用冲突规范的任何迹象，因为他们之间的大门是紧闭的。“In England，there is little trace of any attempt to apply conflict rules and principles before 1630. There could be little private law conflict between England and

① 付子堂. 马克思主义法律思想研究［M］. 北京：高等教育出版社，2005：186-187.

② 中共中央马克思恩格斯列宁斯大林著作编译局. 马克思恩格斯选集：第 2 卷［M］. 北京：人民出版社，1995：32.

Scotland because the gates were closed."[①]二是平等性所致。如果地位不平等，也不会平等适用法律。三是认同性所致，即相互承认各自法律的世界有效性。随着国际经济联系的加强和全球化的到来，在构建人类命运共同体的过程中，更是如此。但是，根据冲突规范的指引，在解决法律竞相适用的冲突过程中，给涉外法律适用增加了复杂性和不确定性。在构建人类命运共同体过程中，特别要注意法律适用的确定性问题的解决。四是差异性所致。差异性指各国法律规定存在差异，这一点是法律冲突产生的最根本因素，从中国与越南民事法律规定的内容看，差别也是比较大的，具体如下：

1. 关于年龄的规定上。2017 年生效的《越南民法典》第二十一条规定，未满六岁的未成年人的民事行为由其法定代理人实施。六至十五岁，可以实施民事行为，一般要得到法定代理人的同意，除非民事行为符合其年龄的日常生活需求。十五至十八岁，除涉及不动产外，可以独立进行民事行为。[②]《中华人民共和国民法通则》第十一条规定："十八周岁以上的公民是成年人，具有完全民事行为能力，可以独立进行民事活动，是完全民事行为能力人。十六周岁以上不满十八周岁的公民，以自己的劳动收入为主要生活来源的，视为完全民事行为能力人。"[③] 第十二条规定："十周岁以上的未成年人是限制民事行为能力人，可以进行与他的年龄、智力相适应的民事活动；其他民事活动由他的法定代理人代理，或者征得他的法定代理人的同意。不满十周岁的未成年人是无民事行为能力人，由他的法定代理人代理民事活动。"[④] 以上规定并不完全一致。

2. 关于姓名权。2017 年生效的《越南民法典》第二十六条规定，姓名的取得、各种情形下的命名规则，如规定取名不得侵犯他人合法权益及民法的基本原则，化名、笔名的使用也是如此。[⑤]《中华人民共和国民法通则》没有相关规定。

3. 关于性别变更。2017 年生效的《越南民法典》第三十七条规定："性别变更应根据法律规定进行。已进行性别变更的自然人有权利和义务根据法律关于户籍的相关规定，申报修改户籍登记；并根据本法与其他法律的相关规定，

---

① CRAWFORD E B, CARRUTHERS J M. International Private Law: A Scots Perspective [M]. Edinburgh: Thomson Reuters, 2015: 23.

② 越南民法典 [M]. 伍光红，黄氏惠，译. 北京：商务印书馆，2018：7.

③ 中华人民共和国常用法典 [M]. 北京：法律出版社，2013：63.

④ 中华人民共和国常用法典 [M]. 北京：法律出版社，2013：63.

⑤ 越南民法典 [M]. 伍光红，黄氏惠，译. 北京：商务印书馆，2018：9.

享有符合其变更后性别的人身权利。”①《中华人民共和国民法通则》没有相关规定。

4. 关于家庭秘密。2017年生效的《越南民法典》第三十八条规定：“家庭秘密不可侵犯，受法律保护。”②《中华人民共和国民法通则》没有相关规定。

5. 关于住所的规定。如关于夫妻住所，2017年生效的《越南民法典》第四十三条规定：“1. 夫妻的住所为夫妻经常共同生活地。2. 如夫妻另有协议，夫妻的住所可不一致。”③《中华人民共和国民法通则》没有相关规定。

6. 关于监护人的条件规定。2017年生效的《越南民法典》第四十八条规定，自然人、法人均可作为监护人。一个自然人、法人可以成为多个被监护人的监护人。④《中华人民共和国民法通则》第十六条规定：“未成年人的父母是未成年人的监护人。未成年人的父母已经死亡或者没有监护能力的，由下列人员中有监护能力的人担任监护人：（一）祖父母、外祖父母。（二）兄、姐。（三）关系密切的其他亲属、朋友愿意承担监护责任，经未成年人的父、母的所在单位或者未成年人住所地的居民委员会、村民委员会同意的。对担任监护人有争议的，由未成年人的父、母的所在单位或者未成年人住所地的居民委员会、村民委员会在近亲属中指定。对指定不服提起诉讼的，由人民法院裁决。没有第一款、第二款规定的监护人的，由未成年人的父、母的所在单位或者未成年人住所地的居民委员会、村民委员会或者民政部门担任监护人。”⑤ 该条规定居民委员会、村民委员会或者民政部门也可作为监护人。《越南民法典》没有这样的规定。

7. 关于寻人通告。2017年生效的《越南民法典》第六十四条规定：“如自然人下落不明满六个月的，其权利、利益关系人有权根据民事诉讼相关法律规定，要求法院发布寻找离开住所人员通告，并要求法院根据本法第六十五条的规定，对该人员财产的管理进行判决。”⑥《中华人民共和国民法通则》没有相关规定。

8. 关于宣告死亡。2017年生效的《越南民法典》第七十一条规定：“从法

① 越南民法典［M］. 伍光红，黄氏惠，译. 北京：商务印书馆，2018：15.
② 越南民法典［M］. 伍光红，黄氏惠，译. 北京：商务印书馆，2018：15-16.
③ 越南民法典［M］. 伍光红，黄氏惠，译. 北京：商务印书馆，2018：17.
④ 越南民法典［M］. 伍光红，黄氏惠，译. 北京：商务印书馆，2018：18.
⑤ 中华人民共和国常用法典［M］. 北京：法律出版社，2013：63.
⑥ 越南民法典［M］. 伍光红，黄氏惠，译. 北京：商务印书馆，2018：25.

院的失踪宣告生效之日起满三年；在战争期间下落不明，从战争结束之日起满五年。”①《中华人民共和国民法通则》第二十三条规定：“公民有下列情形之一的，利害关系人可以向人民法院申请宣告他死亡：（一）下落不明满四年的。（二）因意外事故下落不明，从事故发生之日起满二年的。战争期间下落不明的，下落不明的时间从战争结束之日起计算。”② 以上规定不尽相同。

9. 关于特殊主体。2017 年生效的《越南民法典》第九十七条规定：“越南社会主义共和国政府、中央及地方国家机关在参与民事关系时，与其他民事主体平等。”③《中华人民共和国民法通则》没有相关规定。

10. 关于财产赠与。关于财产赠与方面，两国的许多规定不同，如 2017 年生效的《越南民法典》规定了故意赠与不属于自己所有财产的责任与告知赠与财产缺陷的责任等。《中华人民共和国民法通则》没有相关规定。

此外，还有许多不同方面的规定，这些不同的规定，就是产生法律冲突的地方，因为不同的规定可能有利于不同的人，因此，如何适用法律就成为重中之重的问题了。在这种情况下，不同的冲突规范的规定就应运而生了。

三、法律冲突的类型

公法冲突和私法冲突。所谓公法冲突，是指发生在公法领域的冲突。私法冲突是指发生在私法领域的冲突

空间冲突、时际冲突和人际冲突。空间冲突（interspatial conflict of laws），是指不同地区法律之间的冲突。时际冲突（intertemporal conflict of laws ），是指前法与后法之间的冲突。人际冲突（interpersonal conflict of laws），是指适用于不同种族、宗教团体、部落以及不同阶级的人的法律之间的冲突。④

此外，根据其他标准，还可对法律冲突作出更多不同的分类。

综上，国际海事法律冲突是同一海事关系因所涉各国海事法律规定不同而发生的法律适用上的冲突，属于跨国的、空间的、平面的、私法的冲突。

国内学者关于法律冲突的研究存在不同的观点，如表 3-1 所示。

---

① 越南民法典［M］. 伍光红，黄氏惠，译 . 北京：商务印书馆，2018：25.
② 中华人民共和国常用法典［M］. 北京：法律出版社，2013：64.
③ 越南民法典［M］. 伍光红，黄氏惠，译 . 北京：商务印书馆，2018：35.
④ 韩德培 . 国际私法［M］. 北京：高等教育出版社，北京大学出版社，2000：86-87.

表 3-1 国内学者关于法律冲突的研究的不同观点

学者一	在各国应然法律不同条件下，法律冲突的存在是客观的必然，且无法用法律解决。国际私法尽管是与法律冲突相伴而生，但它的任务却并不是要解决法律冲突，而且事实上也解决不了法律冲突。法律冲突的解决只能依赖于各国“应然法律”的趋同，而国际私法的任务则是通过确定涉外关系当事人的权利义务，去建立并维护一个合理的、正当的国际民商交往秩序①
学者二	就解决区际法律冲突的途径来讲，正如解决国际法律冲突那样，不外乎两种途径：一种是通过统一实体法来解决，另一种是通过冲突法来解决②
学者三	国际私法中的法律冲突，同各国法律规定内容上的冲突在性质上是一致的，根本上反映的是相关国家之间国家利益和当事人利益的冲突。国际私法或冲突法是解决法律适用冲突问题的，而不是解决法律冲突内容问题的③
学者四	法律冲突的解决方法：一是冲突法解决方法，二是实体法解决方法④
学者五	无论对法律冲突的定义有多么不同，其核心含义是显而易见的：同一法律关系经由不同的规则调整而在这些规则之间形成的矛盾现象⑤

第二节 马克思主义思想与海事冲突规范

一、冲突规范的概念与特点

所谓冲突规范，又称为法律适用规范、法律选择规范，是规定海事法律关系应适用何种法律的规范。⑥ 冲突规范的特点表现在：1. 具有指引性。如《中

① 金明．法理学视野中的法律冲突与国际私法［J］．政法论丛，2007（4）：22-28.

② 韩德培．论我国的区际法律冲突问题：我国国际私法研究中的一个新课题［J］．中国法学，1988（6）：3-10.

③ 李冠群，唐春莉．论国际私法中法律冲突的性质［J］．辽宁师范大学学报，2006（4）：29-31.

④ 李婕妤．透析国际私法上的法律冲突［J］．湖北警官学院学报，2013，26（2）：116-118.

⑤ 刘红．法律冲突的概念辨析［J］．湖北社会科学，2009（1）：152-155.

⑥ 韩德培．国际私法［M］．北京：高等教育出版社，北京大学出版社，2000：93.

华人民共和国民法通则》第一百四十四条规定："不动产的所有权，适用不动产所在地法律。"2. 具有间接性。3. 具有独特性。4. 具有例外性。通常认为冲突规范是指引适用法律的，但证据问题或许例外，它不涉及权利义务关系，如证据效力适用法院地法等，不涉及证据的权利义务。事实上在证据领域，也存在一些不需要也不能够直接规定涉外民商事关系当事人证据方面的实体权利和义务，而只要指明其如何适用法律即可。"All questions as to the requirements, extent and sufficiency of evidence are determined by the lex fori alone, irrespective of the governing law of the substantive dispute."① 不过，一般认为，证据冲突规范不受准据法制约，只是适用法院地法。但在实践中，也是存在一些例外的，对于这些例外问题，值得进一步研究。

二、冲突规范的结构

冲突规范的结构通常是由范围、系属和连结点三部分组成的，现分别论述如下。

1. 范围。如关于海事侵权，在"侵权行为依侵权行为地法"这一冲突规范中，"侵权行为"就是"范围"，指要解决的法律关系。

2. 系属。如在"侵权行为依侵权行为地法"这一冲突规范中，"依侵权行为地法"就是"系属"，指要适用的法律。

3. 连结点。如在"侵权行为依侵权行为地法"这一冲突规范中，侵权行为地就是连结点，是连结范围与系属的桥梁。无论如何，连结点都是冲突规范的中心，也是形成"系属"的基础，值得重点研究。

三、系属公式

所谓系属公式，又被称为冲突原则、法律适用原则，是指在长期实践中已被公式化和固定化的系属。

常见的系属公式主要有：

1. 属人法。

2. 物之所在地法。如《中华人民共和国民法通则》（该法虽然已经失效，但其相关法律构成范式是符合冲突法要求的，因此仍然值得研究，本书中还涉及其他一些类似的法律研究方式，不一一说明了）第一百四十四条规定："不动

① CRAWFORD E B, ARRUTHERS J M. International Private Law: A Scots Perspective [M]. Edinburgh: Thomson Reuters, 2015: 239.

产的所有权，适用不动产所在地法。”第一百四十九条规定：“遗产的法定继承，动产适用被继承人死亡时住所地法律，不动产适用不动产所在地法律。”①

3. 行为地法。

4. 法院地法。

5. 当事人选择的法。

6. 最密切联系的法律。

7. 旗国法。

8. 恰当法。在冲突法领域，恰当法（Proper Law）一般被翻译为自体法。笔者将之译为恰当法，意指解决涉外案件最应该适用的那个法律。由于恰当法比较抽象，适用起来比较困难，实践中便产生了“主观论”和“客观论”两种理解恰当法的适用理论。

马克思主义认为，世界是相互联系的，包括物与物的联系、人与物的联系、人与人的联系。系属公式的确定，要充分考量本质与现象、整体与部分、必然与偶然、内容与形式等唯物辩证法的基本范畴，科学分析、正确运用并修订完善系属公式的相关规定，才能达到理想的目标。

四、冲突规范的类型

（一）单边冲突规范

单边冲突规范是指规定直接适用特定法律的规范。如《中华人民共和国合同法》第一百二十六条第二款规定：“在中华人民共和国境内履行的中外合资经营企业合同、中外合作经营企业合同、中外合作勘探开发自然资源合同，适用中华人民共和国法律。”②《中华人民共和国民法通则》第一百四十三条规定：“中华人民共和国公民定居国外的，他的民事行为能力可以适用定居国法律。”③这里“中华人民共和国法律”“定居国法律”就是单边冲突规范。

（二）双边冲突规范

双边冲突规范是指根据系属指示的法律。如 2017 年生效的《越南民法典》第六百七十六条第一款规定：“法人的国籍根据法人成立地点所在国家的法律来

---

① 李双元，欧福永，熊之才．国际私法教学参考资料选编［M］．北京：北京大学出版社，2002：85.

② 李双元，欧福永，熊之才．国际私法教学参考资料选编［M］．北京：北京大学出版社，2002：98.

③ 李双元，欧福永，熊之才．国际私法教学参考资料选编［M］．北京：北京大学出版社，2002：515.

确定。”《中华人民共和国民法通则》第一百四十四条规定：“不动产的所有权，适用不动产所在地法律。”这里“法人成立地点所在国家的法律”“不动产所在地法律”，就是双边冲突规范。

（三）选择冲突规范

选择冲突规范是指可以对法律进行选择的法律规定。如《中华人民共和国民法通则》第一百四十五条规定：“涉外合同的当事人可以选择处理合同争议所适用的法律，法律另有规定的除外。涉外合同的当事人没有选择的，适用与合同有最密切联系的国家的法律。”

（四）重叠冲突规范

重叠冲突规范是指同时适用法律的冲突规范。如 1902 年海牙《关于离婚与别居的法律冲突与管辖权冲突公约》第二条规定：“离婚之请求，若非依夫妇之本国法及法院地法皆有离婚之理由的，不得为之。”① 《中华人民共和国民法通则》第一百四十六条规定：“侵权行为的损害赔偿，适用侵权行为地法律。当事人双方国籍相同或者在同一国家有住所的，也可以适用当事人本国法律或者住所地法律。中华人民共和国法律不认为在中华人民共和国领域外发生的行为是侵权行为的，不作为侵权行为处理。”1926 年的《波兰国际私法》第二十八条规定：“继承依被继承人死亡时的本国法。但继承人的资格，他必须依继承的准据法及其本国法均有取得遗产的能力时，才能成为继承人。”②

值得注意的是，通常认为，根据冲突规范中系属的不同规定，冲突规范通常被分为四种类型：单边冲突规范、双边冲突规范、选择冲突规范、重叠冲突规范。但也有人认为，冲突规范最基本的类型应该只有两种，即单边冲突规范和双边冲突规范。选择冲突规范和重叠冲突规范也基本是属于双边冲突规范，不构成单独的规范表现形式。对以上冲突规范的构成，还要从构建人类命运共同体的角度进行重新审视，进行完善。如减少限制性的规定，扩大意思自治方面的规定，以和谐自由的姿态，构建冲突法命运共同体，妥善解决冲突法纠纷。

国内学者关于冲突规范的不同观点如表 3-2 所示。

---

① 李双元，欧福永，熊之才. 国际私法教学参考资料选编［M］. 北京：北京大学出版社，2002：625.

② 屈广清. 涉外民事关系法律适用法的科学立法［M］. 北京：东方出版社，2019：206.

表 3-2 国内学者关于冲突规范的不同观点

学者一	冲突规范的结构应分为“范围”和“系属”两部分，将系属部分表述为连结点或者准据法显然不够全面，也没有必要将关联词单列出来，而将关联词与“系属”并列也是不够恰当的①
学者二	冲突规范究竟应该采取何种结构是一个颇有争议的问题，国内外对此大致有两种不同的观点，即两部式结构和三部式结构。对此基本结构持同一态度的学者，在具体划分标准和名称上意见又有不同②

五、互联网时代冲突规范与构建人类命运共同体

互联网时代的冲突规范发展，为涉外海事纠纷的解决提供了许多便利。

一是便利了法律查明。因为当事人、法院、仲裁机构、研究机构通过运用互联网信息查询系统等网络方式就可以查清准据法，比之前查明外国法更加便利。该便利情形的出现，使不能查明外国法的机会减少，相互之间适用外国法的机会增多，各国关系更加融洽，法律的融合度自然得到增加，有利于构建人类命运共同体。

二是便利了结果选择。在互联网时代，便利了外国法查明。当事人在进行法律行为之前，就可以知道各相关准据法的内容，当事人肯定会选择更好的法律，各国法律比学赶超，有利于“结果选择”。

三是便利了立法完善。对立法机构而言，查询便利，有利于相互吸收、相互比较，有利于放宽冲突规范限制的规定，如海牙《关于遗嘱处分形式的法律冲突公约》第一条规定：“如果遗嘱的形式符合下列八个不同法律中的任一国内法，则该遗嘱之形式有效：立遗嘱地法；遗嘱人立遗嘱时或死亡时的国籍、住所、居住地法；对于不动产，则为不动产所在地。”③《秘鲁民法典》第二千零八十三条规定：“婚生子的确认由有利于婚生的婚姻举行地法或小孩出生时夫妻的住所地法调整。”④ 互联网时代能够便利地查明与比较外国法，能够通过比较而适用最能实质公正地解决涉外海事关系的法律，不仅有利于当事人更好地维护自己的权益，而且有利于各国在法律实质公正规定内容方面实现选择一致性

① 肖永平．国际私法中冲突规范的结构剖析［J］．现代法学，1994（4）：2.

② 谢昊．浅论国际私法的冲突规范［J］．湖北警官学院学报，2008（3）：35-38.

③ 李双元，欧福永，熊之才．国际私法教学参考资料选编［M］．北京：北京大学出版社，2002：687.

④ 李双元，欧福永，熊之才．国际私法教学参考资料选编［M］．北京：北京大学出版社，2002：511.

或趋同，实质公正是构建人类命运共同体的基础。当今国际社会经济发展的全球化，积极构建人类命运共同体，各国法律与法律文化相互交流、取长补短，加快了实体法与冲突法趋同化的发展。人类命运共同体要求各国不能只固守自己国家的法律制度，还要吸收人类共同的文明成果，最终实现法律的趋同与统一。互联网的出现，使各国立法质量的比较变得容易，有助于提高质量，具体表现是冲突规范将逐渐减少，统一实体规范、统一冲突法规范将逐渐增多，实现人类法律共同体或冲突法共同体，为构建人类命运共同体打下坚实的法治基础。

第三节　马克思主义思想与海事准据法

一、准据法的概念和特点

（一）准据法的概念

通常认为，准据法是通过冲突规范确定的实体法。何为准据法，“For example, the law governing the validity of a contract is the law chosen by the parties. So when deciding whether a contract between a French party and an English party is legally valid, the court will look to the law specified by the contract. If the contract states that all disputes should be regulated by French law, the English courts will apply French law. French law is the applicable law.”①（例如，支配合同效力的法律是当事人选择的法律，当需要决定英法两国当事人之间签订的合同的效力的时候，法庭会寻找合同指定的法律，如果合同显示所有争议应该适用法国法，英国法庭将会适用法国法，此时法国法就是准据法。）

（二）准据法的特点

一是方法间接性；二是内容实体性，准据法是确定民事关系的实体法；三是形式具体性。

二、准据法的选择方法

常见的准据法的选择方法有：

---

① HARDING M. Conflict of laws [M]. 4th ed. London: Routledge, 2014: 3.

1. 依法律的性质决定法律的选择

该方法起源于意大利法则区别说，要求根据法律规则的性质，如是属地法还是属人法，然后决定其的适用。①

2. 依法律关系的性质决定法律的选择

该方法从分析法律关系的性质入手，寻找适用于该法律关系的准据法。②

3. 依最密切联系原则决定法律的选择

依该方法形成了最密切联系原则。

4. 依当事人的意思自治决定法律的选择

依该方法形成了意思自治原则。

5. 依政府利益分析决定法律的选择

依该方法形成了利益分析说。

6. 依有利于判决在外国得到承认与执行决定法律的选择

依该方法有利于承认执行。

7. 依案件应取得的结果决定法律的选择

依该方法有利于比较法律规定。

8. 准据法的并行适用方法

准据法的并行适用是指多个准据法适用于同一涉外案件。因为"法律关系分为标的关系与非标的关系。就物权案件而言，物权本身为标的关系，'物权行为能力为非标的关系。就法律关系而言，并行适用乃谓对于标的关系及非标的关系分别适用该法律关系之准据法'"③。

有的国家规定简单，如 2017 年生效的《越南民法典》第六百四十四条规定："适用于涉外民事关系法律的确定。（1）适用于涉外民事关系的法律依据越南社会主义共和国作为成员国的国际公约或越南法律来确定。（2）越南社会主义共和国作为成员国的国际公约或越南法律规定在各方有权选择的情况下，则适用于涉外民事关系的法律由各方选择确定。（3）根据本条第一款和第二款规定无法确定适用法律的情况下，则适用的法律即为与此涉外民事关系具有最紧密关系的国家的法律。"④

---

① 韩德培．国际私法［M］．北京：高等教育出版社，北京大学出版社，2000：107.

② 韩德培．国际私法［M］．北京：高等教育出版社，北京大学出版社，2000：107.

③ 刘甲一．国际私法［M］．台北：三民书局，2001：143.

④ 越南民法典［M］．伍光红，黄氏惠，译．北京：商务印书馆，2018：189.

三、准据法的确定

准据法的确定主要涉及区际法律冲突、人际法律冲突、时际法律冲突等问题。

（一）区际法律冲突与准据法的确定

区际私法（Private Interregional Law，Private Interlocal Law）是一种特殊的冲突，这一名称在不同的国家和地区有不同的称谓，如“州际冲突法”（Interstate Conflicts Law）“省际私法”（Private Interprovincial Law）“准国际私法”（Quasi-Private International Law）等。“准国际私法者，谓虽并非国际私法而可准用国际私法的原则之法则也；换言之，即同一国家内部解决法律冲突之规则也。”① 尽管称谓不同，但含义却大同小异。中国也是一个多法域国家，目前适用国际冲突规则可以比照适用于其他法域。对于我国区际私法立法采用何种体例，我国学术界颇有争议，大致有如下观点：

第一，统一论。建议国家统一解决。

第二，分别论。建议各法域自己解决。

第三，类推论。建议类推现有规则适用。

第四，参照论。建议参照现有规则适用。

在解决区际私法问题的过程中，要注意解决以上方法存在的困难与问题。从长远来看，国家制定法律统一解决，是解决区际法律冲突的理想方向，也是构建人类命运共同体所期望的一种状态。

关于区际法律冲突的解决，各国没有统一的模式。我国《最高人民法院关于贯彻执行〈中华人民共和国民法通则〉若干问题的意见（试行）》第一百九十二条规定，依法应当适用外国法律，如果该外国不同地区实施不同的法律，依据该国法律关于调整国内法律冲突的规定确定应适用的法律。该国法律未作规定的，直接适用与该国民事关系有最密切联系的地区的法律。这表明我国在处理区际法律冲突上，首先采用的是以该外国的“区际冲突规范”来确定准据法，在缺乏“区际冲突规范”的情况下，则以最密切联系的地区的法律来确定准据法。

值得注意的是，在构建“区际海事冲突规范”范式的过程中，要深入分析“区际冲突”存在的客观性、普遍性，运用马克思主义基本原理进行正确解决。“即使经济基础在主要方面相同的国家也不例外。甚至在同一国家的不同地区也

---

① 陈顾远．国际私法总论：上册［M］．上海：上海法学编译社，1933：37-39.

存在法律冲突……像这些问题，靠运用一般系统论的概念、范畴和原则是无法求得解答的。而马克思主义历史唯物观的基本原理，却能引导我们对现有材料进行分析和综合，得出应有的结论。”①

（二）人际法律冲突与准据法的确定

人际法律冲突是指在一国之内不同成员适用不同法律形成的冲突。如中国公民甲在中国已经结婚，随着中国某建筑工程队援外到了信奉伊斯兰教的国家工作，后来又与当地女子结婚，甲国内的妻子在法院起诉甲，甲说国外那里可以娶多个妻子，自己娶多个妻子没错。这种情况，在亚洲和非洲的一些国家随处可见。如摩洛哥的《个人身份法》第三十条第一款规定，信奉伊斯兰教的男子可以娶四个妻子，而在摩洛哥的犹太人则受犹太法支配。所以，在摩洛哥不同宗教信仰的人之间通婚，也得适用人际私法。《泰国国际私法》第六条也规定，适用一国的地区法和教会法。

对于发生人际法律冲突时的准据法确定问题，我国没有明确的法律规定，按照一般的理论和实践，通常是依据该外国的人际冲突法来确定准据法。在该外国没有人际冲突法时，则依与当事人有最密切联系的法律来确定准据法。2002 年《中华人民共和国民法典（草案）》第九编没有相关规定。1999 年，中国国际私法学会的《中华人民共和国国际私法示范法》第十六条规定：“依照本法规定应适用外国法律时，而该国的不同区域实施不同的法律的，或者该国的人受不同的法律支配的，应当根据该国关于调整国内法律冲突的规定确定所应适用的法律。该国法律没有规定的，直接适用与国际民商事关系有最密切联系的法律。”2010 年中国国际私法学会的《中华人民共和国涉外民事关系法律适用法（建议稿）》第十六条关于区际法律冲突问题的规定与《中华人民共和国国际私法示范法》第十六条的规定完全一致。笔者所拟的冲突法（草案）第十九条规定：依照本法规定应适用外国法律时，而该国的不同地区实施不同的法律的，或者该国的不同的人受不同的法律支配的，应根据该国法律关于调整国内法律冲突的规定来确定应适用的法律。该国法律没有规定的，直接适用与国际民商事关系有最密切联系的法律。2010 年通过的《中华人民共和国涉外民事关系法律适用法》没有相关规定，应予补充。

（三）时际法律冲突与准据法的确定

时际法律冲突指一国的新法与旧法的冲突。时际私法这样的问题各国都会

---

① 刘慧珊．恩格斯晚期著作对国际私法研究的重要启示［J］．外交学院学报，1991（1）：64-70.

遇到。例如，我国分别于1950年和1980年颁布了《中华人民共和国婚姻法》（简称《婚姻法》），这两个婚姻法内容不同。关于结婚要件，1950年《婚姻法》规定五代以内旁系血亲间结婚依习惯，即不完全禁止。1980年《婚姻法》予以禁止。这样，在颁布两个《婚姻法》期间结婚的，涉及婚姻效力问题到底应该适用哪个法律？这涉及时际私法的规定。

2002年《中华人民共和国民法典（草案）》第九编第十条规定：依照本法规定应适用的法律发生变更的，变更的法律只能适用于在其实施后发生的涉外民事关系，但该法律规定其效力可以溯及既往的除外。1999年中国国际私法学会的《中华人民共和国国际私法示范法》第十七条规定：本法规定应适用的法律若发生变更的，不溯及既往，但法律另有规定的除外。2010年中国国际私法学会的《中华人民共和国涉外民事关系法律适用法（建议稿）》第十七条的规定与2002年《中华人民共和国民法典（草案）》第九编第十条的规定完全一致。笔者所拟的冲突法（草案）第二十条规定：本法规定应适用的法律若发生变更的，不溯及既往，但法律另有规定的除外。2010年通过的《中华人民共和国涉外民事关系法律适用法》没有相关规定，应予补充。

2012年《最高人民法院关于适用〈中华人民共和国涉外民事关系法律适用法〉若干问题的解释（一）》第二十条规定："涉外民事关系法律适用法施行后发生的涉外民事纠纷案件，本解释施行后尚未终审的，适用本解释；本解释施行前已经终审，当事人申请再审或者按照审判监督程序决定再审的，不适用本解释。"①

值得注意的是，世界各国国际私法立法及其司法实践以及各国国际私法学者，对何为准据法、应如何确定准据法等问题的理解和认知有着较大的差别，以至于在具体审理涉外民商事案件中，具体做法上形成了较大的差异。准据法有广义和狭义之分：所谓广义的准据法，是指解决涉外民商事争议所适用的一切标准和依据，既包括经冲突规范援引指示的某个国家的法，也包括用直接调整手段调整涉外民商事法律关系而应适用的统一实体法，即国际条约与国际惯例。在特定情况下，还将包括一个国家专门用以调整涉外民商事法律关系的强制性实体规范。甚至还有学者提出更广义的准据法，包括程序问题准据法、证据问题准据法等。所谓狭义的准据法，是指冲突规范指明的，能够具体确定某一涉外民商事法律关系中当事人实体权利和义务的某一国家的实体法，是一种

---

① 屈广清．涉外民事关系法律适用法的科学立法［M］．北京：东方出版社，2019：104-105.

对涉外民商事法律关系间接调整的结果。至于国际条约、国际惯例以及一个国家的强行法能否成为国际私法的准据法，取决于冲突规范援引指示的该国实体法的规定。也正由于此，准据法的确定只能是经由冲突规范的援引指示作用而为。

国内学者关于准据法的观点如表 3–3 所示。

表 3–3　国内学者关于准据法的观点

学者一	准据法的法应理解成某一适当的法律体系，即一国的全部法律规范的总和，而不是单部的、具体的法律或者法律条文①
学者二	统一实体国际条约可以成为涉外民事关系准据法的观点在国际私法学界盛行，但统一实体国际条约不满足准据法的两大构成要件，它的适用既无须冲突规范的指引，也无须缔约国的转化或者纳入行为而直接赋予涉外民事主体以权利义务。统一实体国际条约在仲裁实践中的适用只是作为裁决所需的实体规则，不能作为构成准据法的证据②
学者三	准据法是经过冲突规范援引的某种实体法，但它本身不属于冲突规范的构成部分。它与冲突规范结构中的系属是既有联系又有区别的两个概念③
学者四	根据某一特定涉外民事法律关系适用准据法的数量和种类，可以把准据法分为单一准据法和复合准据法两种形态。如合同适用合同履行地法这一冲突规范，如果合同有多个履行地，就会产生复合准据法问题④

我国相关立法及立法建议草案对准据法问题的规定内容有，1999 年《中华人民共和国国际私法示范法》第十一条规定：对准据法的解释，适用其所属国家的法律及其解释规则。2002 年《中华人民共和国民法典（草案）》第九编第六条规定：对于连结点的认定，除自然人和法人的国籍外，适用法院所在地法律。第七条规定：适用法律的解释，依照该法律所属国的解释规则解释。2010 年中国国际私法学会《中华人民共和国涉外民事关系法律适用法（建议稿）》第十一条与 1999 年《中华人民共和国国际私法示范法》第十一条规定完全一致。我国 2010 年《中华人民共和国涉外民事关系法律适用法》对之没有规定，

① 陈卫佐．论准据法与“适当准据法”[J]．清华法学，2009，3（4）：121–129.

② 张晓东，董金鑫．论统一实体国际条约不宜作为准据法［J］．海峡法学，2011，13（1）：67–74.

③ 吕岩峰．准据法及其理论与方法论纲［J］．吉林大学社会科学学报，2004（5）：80–92.

④ 王瀚．论冲突法中复合准据法的适用问题［J］．比较法研究，1997（3）：11.

应该补充这一规定，可以采用《中华人民共和国国际私法示范法》建议的内容，因为该法律所属国的解释规则才能够更加适宜该法律制定的特殊考虑。

四、相关立法建议

笔者的相关立法建议如下：

1.【意思自治原则】当事人可以依照法律规定选择适用的法律。

2.【最密切联系原则】本法或者其他法律对涉外海事关系的法律适用没有规定的，应当适用与该涉外海事关系有最密切联系的法律。

3.【船旗国法的限定】船旗国法是指有最密切联系的船旗国法律。一般情况下：

（1）船旗国法是指船舶的国籍登记国的法律，不包括因船舶光船租赁而取得的临时国籍所代表的船旗国法。

（2）在租赁期间船舶所有权发生变动的，发生变动后的船舶所有权问题，应适用新船旗国法。

4.【新法与旧法的关系】本法生效以前中华人民共和国制定的其他法律、法规与本法的规定不论抵触与否，都应以本法的规定为准。

5.【区际适用】中华人民共和国各法域之间的海事关系参照本法适用。

6.【人际冲突】人际冲突适用各自所属的法律。

7.【不溯及既往】本法不溯及既往，但未决事项或当时法律没有规定的事项除外。

马克思主义认为，自由是人的本质，是人类追求的终极目标。自由价值是法律的重要价值之一。因此，在构建海冲突法中国范式的过程中，意思自治原则是一个贯穿始终必须坚持的重要原则。但自由不能脱离法律而存在，海冲突法需要充分考量当事人的自由选择，尽量规定进去，否则，没规定进去的自由是无法实现的。

马克思主义还认为，法律就是社会需求及平衡利益的产物。海冲突法在范式构建过程中，对当事人自由等因素的考量，也要体现各冲突法主体利益的平衡，不能顾此失彼。

第四章

马克思主义思想与海冲突法基本原则与制度

马克思主义思想对于海冲突法基本原则、基本制度的研究意义重大。“在整个法学中，国际私法是一门高难度的边缘学科……马克思主义唯物史观基本原理对我们这门学科的研究具有不可替代的方法论指导意义。”① 在研究海冲突法基本原则、基本制度的时候，必须坚持马克思主义的具体指导。

值得注意的是，海冲突法的基本原则、基本制度，许多是冲突法的共性问题，通过比较、借鉴才能够吸收、统一。马克思主义认为，“法和法律有时也可能‘继承’”②。海冲突法的一些概念、术语逐渐形成了国际一致的通用，也是继承的历史。但“法的历史发展乃是不断由低级到高级、由野蛮到文明进行的”③。因此，以马克思主义的发展观为指导，逐渐完善冲突规范的内涵，也是完全符合历史发展客观规律的。

第一节　海冲突法基本原则

原则之于法律是非常重要的。“如果说原则是一个社会人们普遍认可的政治思想和道德观念的话，那么，它就是法律的精神，是制定和执行法律的指导思想。没有了它，法律规则就难以达到真正的统一，也会缺少弹性，难于应对不断变化的社会现实。”④

但是，“西方国际私法学者很少专门讨论国际私法的基本原则，因为在他们

---

① 刘慧珊．恩格斯晚期著作对国际私法研究的重要启示［J］．外交学院学报，1991（1）：67.

② 中共中央马克思恩格斯列宁斯大林著作编译局．马克思恩格斯全集：第 3 卷［M］．北京：人民出版社，1960：379.

③ 付子堂．马克思主义法律思想研究［M］．北京：高等教育出版社，2005：57.

④ 严存生．西方法哲学问题史研究［M］．北京：中国法制出版社，2013：18.

那里，适用外国法的理论或指导法律选择的原则，已起到基本原则的作用。但现代国际私法的范围已超出传统冲突法的范围，要解决的问题已经大大超出了适用外国法或进行法律选择的范围。因而，需要对国际私法各个领域进行通盘考虑，从中抽象出据以指导解决上述种种问题的基本原则，供立法机关或司法（仲裁）机关遵循”①。

在我国的理论研究中，有一些冲突法教材或者著作总结了国际私法的基本原则，但更多的冲突法教材或者著作没有研究冲突法的基本原则问题。冲突法教材或者著作研究的国际私法的基本原则主要是：主权原则、平等互利原则、法律协调与法律合作原则、保护弱方当事人合法权益的原则。② 也有学者认为：“国际私法的立法原则有：法典化原则、吸收性原则、借鉴性原则、超前原则、国际社会利益原则。”③

在关于冲突法基本原则论文研究方面，成果不多。主要有：袁成第、邓正来的《论国际私法的基本原则》，载《现代法学》1983 年第 2 期；袁泉的《互联网对传统国际私法基本原则的冲击与影响》，载《河南省政法管理干部学院学报》2006 年第 21 卷第 5 期；彭丁带的《最密切联系原则应确立为国际私法的基本原则》，载《南昌大学学报（人文社会科学版）》2005 年第 4 期等。

在这些研究成果中，形成了一些一致的看法：

一是认为冲突法的原则具有重要地位。这些文章研究国际私法原则，同时也对冲突法的原则的地位有充分的认识与肯定。有人认为：“如果国际私法的主体不遵守这些原则，国际交往就无法进行，从而失去了国际私法赖以存在和发展的基础，国际私法的这种规范就失去了法律效力。”④

二是关于原则数量的研究。有学者认为国际私法有五个原则：国家主权原则、平等互利原则、维护国际经济新秩序的原则、保护当事人合法权利的原则、为国家对外政策服务的原则。关于保护当事人合法权利原则的意义是十分明显的，“在现代社会生活中，各国的经济在很大程度上是相互联系、互相依靠的，任何一个国家或国家集团在谋求自身发展时都不能置别国的利益于不顾，保护外国人的合法权利从实质上来讲，也包含有使本国人民得到利益的因素”⑤。

---

① 李双元，欧福永．国际私法［M］. 5 版．北京：北京大学出版社，2018：30.

② 李双元．国际私法［M］. 北京：北京大学出版社，2011：30-31.

③ 易国春．完善我国国际私法立法的若干构想［J］. 湖北经济学院学报（人文社会科学版），2007（12）：87-88.

④ 袁成第，邓正来．论国际私法的基本原则［J］. 现代法学，1983（2）：59-62.

⑤ 袁成第，邓正来．论国际私法的基本原则［J］. 现代法学，1983（2）：59-62.

三是关于原则内容的研究。如关于平等互利原则的内容与要求，有学者认为“平等互利原则意味着国际私法法律关系的双方在法律上真正平等，特别是法律地位的平等和在经济上的有利，要使经济力量比较弱的一方真正能够得到相应的实惠。平等是互利的保证，互利是平等的体现，二者密切地联系在一起，是不可分割的”①。在具体运用平等互利原则时，要强调平等地、相互地给予，如在订立和履行经济合同时，“要平等地、充分地协商，反映出双方的意志，不允许任何一方有欺骗、讹诈之举，而且还要注意使经济实力较弱的一方得到切实的利益。在法律适用上要在尊重国家主权的基础上，相互对等地给予方便；在诉讼程序上要平等地、相互地给予协助和配合”②。关于最密切联系原则，有人认为：“最密切联系原则是在国际私法规范的有限性和国际民商事交往随着经济社会发展具有的无限性的矛盾中，追求公正价值与秩序价值的平衡和协调的必然产物。它对传统冲突规则既僭越又调和，在内涵上具有极大的概括性，在外延上具有极广泛的包容性。最密切联系原则应确立为国际私法的一项基本原则。”③

四是关于互联网对冲突法原则影响的研究。有学者研究了互联网时代国际私法的基本原则的一些特征：“在互联网空间中，传统国际私法的基本原则将因互联网的全球性、虚拟性、开放性和管理非中心化而受到不同程度的冲击与影响。”④ 互联网时代国际私法除了一般的冲突法原则外，关于互联网对冲突法的影响问题，也是比较明显的，如“国家主权原则的影响力将被削弱；国际合作与协调将是互联网环境下国际私法发展的必经之路，国际协调与合作原则将在网络空间发挥重要作用；保护弱者合法权益原则在互联网环境下其地位必将得到提升而成为互联网冲突法立法的重心”⑤。关于网络化时代国际协调和合作原则，有学者认为，“在21世纪的互联网时代，国际私法中的国际协调和合作原则的地位不仅没有被弱化，反而大大地提升了”⑥。

---

① 袁成第，邓正来．论国际私法的基本原则［J］．现代法学，1983（2）：59-62.

② 袁成第，邓正来．论国际私法的基本原则［J］．现代法学，1983（2）：59-62.

③ 彭丁带．最密切联系原则应确立为国际私法的基本原则［J］．南昌大学学报（人文社会科学版），2005（4）：78-83.

④ 袁泉．互联网对传统国际私法基本原则的冲击与影响［J］．河南省政法管理干部学院学报，2006，21（5）：102-107.

⑤ 袁泉．互联网对传统国际私法基本原则的冲击与影响［J］．河南省政法管理干部学院学报，2006，21（5）：102-107.

⑥ 袁泉．互联网对传统国际私法基本原则的冲击与影响［J］．河南省政法管理干部学院学报，2006，21（5）：102-107.

五是关于弱者保护原则的研究。有学者认为，关于互联网对弱者保护原则的影响方面，是切切实实存在的，具有实质性的影响，是应该注意并解决的问题，“在网络时代中，经济和技术高度发展，国际经济贸易经验丰富、掌管国际经济贸易规则制定权以及最新互联网科技成果的发达国家与相对落后的发展中国家之间的不平等关系更为明显，甚至有进一步扩大的趋势”①。互联网时代当事人的不平等性问题，对弱者保护原则的影响也是实质性的。“这种不平等性不仅与传统的国际私法所追求的公平、正义的价值观念相违背，而且还极大地损害了弱者及其所属国家的利益，最终将会阻碍互联网健康有序发展。”② 在一些具体合同中，特别需要保护弱者。例如，“在电子商务 B2C 合同中，由于当事人所处地位不同，往往会出现权利义务不对等的情况，消费者经常处于被动选择和交易的地位，很容易损害作为弱者的消费者的合法权益。为此，在针对这类合同管辖权和法律适用上对消费者给予特别规定，并强调某些消费者保护法作为强行法的适用无疑对维护消费者的合法权益有着重要的作用 ”③。

以上关于冲突法原则的研究，各有特色，在基本原则的构成上，也未完全取得一致的看法。此外，法理学上也有概括的、一般的立法原则，这些立法原则对各法律部门都有普遍的指导意义，国际私法也概莫能外。这些原则有“宪法原则、法治原则、民主原则、科学原则”④。

冲突法的基本原则是贯穿在冲突法运用的整个过程之中的原则，包括贯穿在冲突法立法、司法、理论研究等的整个过程之中。以此为考量，笔者认为，命运共同体原则、系统性原则、公平正义原则、法律协调与合作原则、保护弱方当事人合法权益的原则是冲突法的基本原则。另外，法理学上概括的一般的立法原则也可以是冲突法的立法原则，但不是特有原则。

命运共同体原则、系统性原则、法律协调与合作原则、保护弱方当事人合法权益的原则是冲突法的基本原则，这是冲突法现代化发展所需要的。命运共同体原则是根本，系统性原则、法律协调与合作原则、保护弱方当事人合法权益的原则都是为构建命运共同体服务的。

---

① 袁泉．互联网对传统国际私法基本原则的冲击与影响［J］. 河南省政法管理干部学院学报，2006，21（5）：102-107.

② 袁泉．互联网对传统国际私法基本原则的冲击与影响［J］. 河南省政法管理干部学院学报，2006，21（5）：102-107.

③ 袁泉．互联网对传统国际私法基本原则的冲击与影响［J］. 河南省政法管理干部学院学报，2006，21（5）：102-107.

④ 张文显．马克思主义法理学［M］. 北京：高等教育出版社，2003：235-237.

系统性原则的要求是，应将冲突法作为一个独立的系统对待，冲突法立法内容本身应该是独立的、全面的、完整的。该原则与冲突法法典化要求异曲同工，但多了对立法内容的系统而协调的要求。

法律协调与合作原则是系统性原则的补充，“根据法律协调与合作原则，在处理涉外民商关系时，各国既要考虑各自的国情和民商事基本制度，同时也要顾及国际上的普遍实践或习惯做法”①。这是构建人类命运共同体的基本要求。“在国际交往的国家之间存在一个跨国性普通法（或共同法）的观点必将随着时间的推移得到广泛的共识。”② 这里的共同法就是法律协调与合作的结果，符合命运共同体的发展要求。“在这全球化的时代，更难设想，任何一个国家可以根本不考虑他国当事人的权益，任何一个国家立法和法院可以恣意扩大立法和司法管辖权的范围。因此，法律协调与合作的原则和国际社会本位的理念，必然会大大提升其地位。”③

保护弱方当事人合法权益的原则是构建命运共同体的前提与基础，“发达国家和发展中国家贫富的差距，资本和技术输出国与输入国经济实力的差距，每个国家富人和穷人的差距，雇主与劳动者的差距以及企业与消费者、男人与妇女、父母与子女之间的利益上的各种矛盾都还存在”④。因此，冲突法既要满足形式上的平等，更要达到实质的平等。公平正义原则也是为达到实质的平等保驾护航的。“如果只满足于形式上的平等互利，而不从国际私法制度上保障实质的平等互利，仍将不能推进国际民商事关系的发展。”⑤ 因此，公平正义是一种实质意义上的要求，而不是形式意义上的，保护弱者才能达到真正的公平正义。只有有效地保护弱者才能真正实现构建人类命运共同体这一伟大使命。

冲突法问题是非常复杂的。一直以来，在许多人的眼中，冲突法是一个非常奇怪或不易理解的学科。它奇怪是因为它和别的法学学科从体系到内容均不一样；它不易理解是因为它太过灵活。美国法官卡多佐曾说，国际私法之冲突法是很难掌握的，是法律科学中最令人困惑的问题之一。一般的法官，当面临一个冲突法问题的时候，会感到迷惘，而且像一个溺水的人，要去抓住一根稻

---

① 李双元，欧福永．国际私法［M］．5 版．北京：北京大学出版社，2018：32.

② 萨维尼．法律冲突与法律规则的地域和时间范围［M］．李双元，张茂，吕国民，等译．北京：法律出版社，1999：13-17.

③ 李双元，欧福永．国际私法：第五版［M］．北京：北京大学出版社，2018：33.

④ 李双元，欧福永．国际私法：第五版［M］．北京：北京大学出版社，2018：33.

⑤ 李双元，欧福永．国际私法：第五版［M］．北京：北京大学出版社，2018：33.

草。[1] 美国另一位学者曾经也形象地说，冲突法的领域，是一片沉闷的沼泽地，布满颤动的泥潭，居住在那里的是一些有学问但性情古怪的教授，他们用一些奇怪难懂的行话来建立关于神秘问题的理论。[2] 尽管如此，冲突法的作用是不可或缺的，是社会交往的客观需要。

关于冲突法制定规则的原因，有学者认为，冲突法“兹先分有关涉外关系之国家法权为‘制法权’及‘管辖权’。前者谓制定应适用于特定涉及关系之实体法之权；后者谓处理案件并依裁判及其他方式，创设足为他国所承认之权利之权。而与涉外关系有关之规范，不仅规定此两权，并约束其行使”[3]。

《美国第二次冲突法重述》第一条也规定：“冲突法规则的原因：世界（world）由拥有领土的国家（state）组成，其法律制度彼此独立，相互差异。事件和交易的发生，问题的产生，可能与一个以上的国家具有重要联系，因而需要有一套特别的规则和方法加以调整和确定。”这是冲突法的使命与任务，冲突法案件都与一个以上的国家具有重要联系，这当然比其他社会关系更加复杂，更会导致实践中的错综复杂。例如，有一个中国人死亡时在日本东京设有住所，并在东京留下了若干动产，未立遗嘱，其继承人因析产不均诉诸中国法院。中国法院受理该案件后，便要适用《中华人民共和国民法通则》第一百四十九条的规定：“遗产的法定继承，动产适用被继承人死亡时住所地法律，不动产适用不动产所在地法律。”所以，应适用日本法律。按照日本法律，只有子女是第一顺序继承人。在该案中，死者的配偶、父母都希望得到继承权。于是，有法律专家建议他们到日本去起诉，因为日本法院处理案件会适用日本《法例》的规定，《法例》规定：继承依被继承人的本国法。被继承人的本国法即中国法，按照中国法律，配偶、父母、子女均是第一顺序继承人。那么法律专家的建议是否正确？事实上，且不论法律专家的建议是否正确，至少相关当事人多了一个选择。这也是冲突法“错综复杂”的原因。上述的冲突法案件，在实践中大量存在，冲突法虽然是重要的法律，但其本身不具有实体规定性，“法是通过规定人们的权利和义务为机制，影响人们的行为动机，指引人们的行为，调整社会关系的”[4]。由于冲突法不规定人们的权利和义务，或者说是间接规定的人们的权利和义务，人有时对这种间接的权利和义务是茫然的。因此，完善冲突法的规定，

---

① 莫里斯．法律冲突法［M］．李东来，等译．北京：中国对外翻译出版公司，1990：7.

② 莫里斯．法律冲突法［M］．李东来，等译．北京：中国对外翻译出版公司，1990：8.

③ 刘甲一．国际私法［M］．台北：三民书局，2001：1-2.

④ 张文显．法理学：第三版［M］．北京：高等教育出版社，2007：77.

首先要使当事人对权利义务的规定，包括间接的权利义务的规定认同且熟知于心。当然，法院地法的大量适用，虽然存在挑选法院的不合理问题，但对权利义务的明了，是有积极作用的。冲突法的现代化发展，只是要克服诸如挑选法院的不合理问题。

在中国的司法实践中，也是大量存在海冲突法案件的。对于涉外案件，可以适用外国法，或者说在规定的情况下必须适用外国法，但由于各种原因未能适用外国法，也可能转而适用国内法。在中国法院处理的涉外案件中，适用的法律大多是法院地法，即中国的国内法。这种情况是值得研究的，因为冲突法案件不宜大量适用法院地法，除非迫不得已，但也有案件法律适用是处理得比较好的。如原告福建华禧进出口有限责任公司诉被告泛亚班拿国际运输代理（中国）有限公司厦门分公司、泛亚班拿国际运输代理（中国）有限公司海上货运代理合同纠纷一案。① 原告华禧公司诉称，其与德国客商 DEPROC 公司存在长期贸易往来，该公司指定所有货物均通过泛亚班拿中国公司代理运输。DEPROC 公司于 2015 年 7 月 13 日向原告订购一批防寒夹克，原告备货后与泛亚班拿中国公司的分支机构泛亚班拿厦门公司联系，办理托运事宜并支付了代理费。该公司向原告交付了正本提单一式三份，提单抬头印刷有 PANTAINER，载明：发货人为原告，收货人为 DEPROC 公司，船名 CARL SCHULTE，装运港福州，目的港汉堡。该票货物运抵目的港后，经原告询问，泛亚班拿厦门公司于 2015 年 10 月 13 日告知货物已被无单放货，后又表示会为原告解决此事，但最终并未解决。原告认为其遭受的损失是两被告未尽谨慎义务所致，为此诉请：判令被告泛亚班拿厦门公司赔偿原告货款损失 36348. 5 美元（或按 2015 年 9 月 1 日美元对人民币汇率 1：6. 37 计算折合人民币 231539. 94 元）及该款自 2015 年 9 月 1 日起至实际支付之日止按银行同期贷款利率计算的利息，不足部分由泛亚班拿中国公司承担补充责任。

被告泛亚班拿中国公司、泛亚班拿厦门公司辩称：第一，泛亚班拿中国公司与本案无关，并非本案适格的被告。第二，泛亚班拿厦门公司是本案的货运代理人，在履行货运代理合同过程中没有任何过失，其与原告之间的法律关系并非海上货物运输合同关系，不应对货物在目的港被无单放行承担责任。第三，即便泛亚班拿厦门公司应该承担法律责任，原告的起诉也已超过法定诉讼时效，丧失胜诉权。综上，原告的诉讼请求应予驳回。（以上原告、被告的诉称诉请均

① 该案来源：一审：厦门海商法院（2017）闽 72 民初 174 号（2017 年 11 月 23 日）二审：福建省高级人民法院（2018）闽民终 529 号（2018 年 12 月 1 日）。

未说明依据的法律为何，如被告认为已经超过法定诉讼时效，没有说明超过的是何国时效，因为时效问题各国规定不一，连国际公约也不统一，因此，需明确这一前提。)

法院经审理查明：华禧公司与德国客商 DEPROC 公司存在长期贸易往来，双方形成了货到目的港后，DEPROC 公司先付款，然后华禧公司以书面或电子邮件通知该公司指定货代泛亚班拿厦门公司电放货物的交易习惯。泛亚班拿厦门公司是泛亚班拿中国公司在厦门设立的分支机构，二者与案涉提单所载的目的港代理泛亚班拿柏林公司同属泛亚班拿物流集团的下属机构。

2015 年 7 月 13 日，DEPROC 公司向华禧公司订购一批 FOB 总价为 36348.5 美元的防寒夹克，结汇方式为电汇。华禧公司备货后通过电子邮件向 DEPROC 公司指定货代泛亚班拿厦门公司联系办理托运事宜。该公司接受委托后，将案涉货物与非华禧公司托运但收货人同为 DEPROC 公司的其他两票货物拼在一个集装箱内发运，并于 2015 年 7 月底向华禧公司交付了编号为 XMN761659 的一式三份正本提单，提单载明：发货人华禧公司，收货人 DEPROC 公司，装运港福州，目的港汉堡，运费到付；货物装在编号 MRKU9069275 集装箱内。提单右下角签章栏显示：泛亚班拿厦门公司作为承运人磐泰香港公司的代理人签发。华禧公司于 2015 年 8 月 27 日支付了案涉货物的货运代理费合计 2809.03 元。

2015 年 10 月 8 日，华禧公司因未如期收到货款而询问泛亚班拿厦门公司。该司于当月 13 日发邮件回复华禧公司称："我国外公司的业务回复说，此票货是跟另外两票货合拼在一个柜的。因为另外两票货当时都是已经电放了。但你的这票没有电放。我国外公司却将整个柜都放给国外客人了。我已经跟国外说了，正本提单还在贵司手上，贵司还在等客人付款。国外回复他们已经在联系收货人补救此后果。国外回复会在周末前告知结果。我这边也会加紧催国外去解决。非常抱歉我司国外如此不专业的行为给贵司带来的影响。"

2015 年 10 月 16 日，泛亚班拿厦门公司发邮件给华禧公司称："根据国外的信息。货物是在第 39 周的时候提走的。另外，我国外公司说就这事已经专门跟 DEPROC 开过会了，DEPROC 表示已支付了贵司部分的货款了，会尽快支付余下的款项。我会督促国外公司密切联系 DEPROC 尽快解决此事。有任何消息，我会马上告知你的。"在华禧公司明确否认曾收到收货人的部分货款后，泛亚班拿厦门公司又于当月 19 日发邮件给华禧公司称："上周此事已经报告我司大中国区和德国区的高层领导了。领导们已经先后跟我德国目的港的相关人员联系，请要密切联系国外收货人尽快按你们的要求在本周内支付相应款项。我下午晚些时候，会再催下国外。有什么消息会回复你。"

2015 年 11 月 17 日，泛亚班拿厦门公司发邮件给华禧公司，称其公司法务部已经参与解决此事，要求华禧公司提供此票货物国外清关用的清单发票。

2016 年 1 月 12 日，泛亚班拿厦门公司发邮件给华禧公司称："国外今天回复信息称，XMN761659 的货物收货人已经在圣诞节前就送回我们国外的仓库，等着收到你的提单后再放货给国外收货人。所以，请贵司尽快协调跟国外客人的提货事宜。以免之后在国外仓库产生仓储费，那将要由贵司承担了。"附件是货物的图片。华禧公司收到邮件后当即对收货人 9 月份提走货物后又于圣诞前将货物退回至仓库的可能性提出疑问。泛亚班拿厦门公司负责人遂于次日又发邮件给华禧公司称："……现在的主要问题就是，我们必须确保货物的完整。你们作为货物提单的持有者，需要确认我们怎么处理安排这些货物。你们有任何意见和需要，请告诉我们，我们会和国外讨论争取对你们最好的解决方案。请和你们的买家尽快商量并给我们意见。"

2016 年 1 月 22 日，泛亚班拿厦门公司发邮件给华禧公司称："我国外公司确认说现在 XMN761659 的货物还在泛亚班拿目的港的仓库。照片如附。因为提单还在贵司手上，所以贵司还是此票货物的法定持有方。请贵司给出指示此票货物现在该如何处理?"

2016 年 5 月 19 日，华禧公司发邮件询问国外催款的进度。泛亚班拿厦门公司于当月 26 日回复华禧公司称："国外没给什么新的消息了。只是上次给你的以下信息是国外给我的最后的消息"。

2016 年 10 月 27 日，华禧公司要求泛亚班拿厦门公司提供收货人退货清单。泛亚班拿厦门公司于次日发邮件回复称要和其国外公司确认后再回复。

2016 年 11 月 7 日，泛亚班拿厦门公司发邮件给华禧公司，提供了据称是其德国同事提供的货物照片。因照片无从判断是否案涉货物，华禧公司于同日要求提供尚在目的港仓库的货物具体清单和清晰的图片以供核对，又于 11 月 10 日再次要求提供货物详细清单。

2016 年 12 月 5 日，华禧公司要求退运货物并由泛亚班拿厦门公司支付相关费用。次日，泛亚班拿厦门公司发邮件回复称，剩下的货已经在 DEPROC 那里，要求华禧公司确认和告知要如何处理这票货，其会相应地跟国外公司跟进此事。邮件还附上据称的存货报告单，但内容与案涉货物的出口清单不相符。

因货物未能被安排退运，收货人 DEPROC 公司也未支付货款，华禧公司遂呈讼。

另查明，泛亚班拿中国公司、泛亚班拿厦门公司和案涉提单所载承运人磐泰香港公司均具有在中国大陆从事无船承运业务的资质。案涉提单与磐泰香港公司在中国交通运输部备案的提单格式相符。泛亚班拿厦门公司确认，案涉电子邮件中所涉的“我国外公司”是指PANTAINER公司和目的港公司。

厦门海商法院于2017年11月23日根据我国香港法律作出（2017）闽72民初174号民事判决，判令：一、被告泛亚班拿厦门公司于判决生效之日起十日内赔偿原告华禧公司货款损失7269.7美元及该款自2015年9月17日起至实际支付之日止按银行同期贷款利率计算的资金占用利息；二、被告泛亚班拿中国公司对泛亚班拿厦门公司的上列债务承担补充责任；三、驳回原告华禧公司其他诉讼请求。一审宣判后，泛亚班拿厦门公司提起上诉，福建省高级人民法院于2018年12月1日作出（2018）闽民终529号民事判决：驳回上诉，维持原判。

在上述案件中，就是适用了中国香港法律的案件。适用中国香港法律没有问题，是值得肯定的，但在法律适用的理由上没有特别或充分说明，是遗憾之处。在涉外案件中，法律适用是最重要的一个步骤，是当事人最为关心的问题，因此，应该有充分的法律适用的依据，并给予充分的甚至需要较大篇幅的说明。在该案中，“同一个国家的不同地区也存在法律冲突……而马克思主义历史唯物论的基本原理，却能引导我们对现有材料进行分析和综合，得出应有的结论”①。

第二节　海冲突法基本制度

一、先决

（一）先决问题的概念、构成要件

从字面上看，先决问题即先要解决的海事问题。在我国海事司法实践中也会经常遇到这样的问题。一般认为，先决的构成要件：一是涉外性，即准据法是外国的准据法；二是多样性，可以根据不同的实体法解决先决问题；三是独立性，先决是一个独立的问题。

（二）先决问题准据法的确定

关于先决问题的准据法，主要有法院地法、准据法等。由此可见，适用不同的方法解决先决问题，会使同一个先决问题具有不同的效力，从而影响主问题的解决。

---

① 刘慧珊．恩格斯晚期著作对国际私法研究的重要启示［J］．外交学院学报，1991（1）：64-70.

我国学者关于先决问题的观点如表 4-1 所示。

表 4-1 国内学者关于先决问题的观点

学者一	先决问题与主要问题的解决息息相关，如果当事人对先决问题未提出权利主张，不存在争议时，基于民事诉讼不告不理原则，法官无权主动去发掘这一业已存在的问题，而只需要通过对判决的承认与执行或者推定等方式，对先决问题所涉及的相关事实予以确认。此时，所谓的先决问题实为一般证据即可证明的客观事实，而非一个需要适用某种准据法予以解决的问题。仅在当事人对其存在权利主张与争议的情况下，法官才需要区分不同情况对该问题采取不同的处理方法。但当事人对所谓的先决问题、主要问题既然有明确的诉讼主张，先决与主要的对称也就毫无意义。因为主要问题即争讼问题，而先决问题这一概念就是作为非争讼问题、附带问题而提出的。既然当事人对先决问题亦有争议，是一个问题且属于争讼问题之一，其与主要问题有何本质区别？先决问题在此情形下也便失去了其立论的基本前提①
学者二	先决问题有独立于主要问题的法律地位。先决问题与主要问题之间不是一种从属关系，而是一种并列关系②
学者三	先决问题理论体系的不足，主要体现在对先决问题与案件前提问题两概念的混淆上。作为判定主要问题前提条件的实体问题，应称为前提问题。先决问题则是指判定前提问题可适用的冲突规范冲突合并准据法在矛盾情况下如何适用法律的法律选择问题，实际影响案件判决的应是前提问题③
学者四	认为先决问题是一个需要法院解决的问题的观点是不恰当的，因为当事人仅仅要求法院解决主要问题，而未要求法院解决先决问题，法官无权随意增加当事人的诉讼请求。认为先决问题的解决是主要问题的解决的前提条件的观点是一种主观臆断，法院对本问题作出判决之时并不对先决问题同时作出裁判，从而最终并未解决先决问题，但解决了本问题。先决问题只是一种证据构成④
学者五	先决问题是一个伪命题，不论是在学理还是在司法实践中都没有存在的价值⑤

① 向明．冲突法中“先决问题”的质疑［J］．黑龙江政法管理干部学院学报，2010（12）：124-126.

② 郭裔．论国际私法中的先决问题［J］．太原城市职业技术学院学报，2005（5）：32-33.

③ 俞蕾．论先决问题与前提问题［J］．法制与社会，2008（35）：35，39.

④ 王立志．先决问题的理论、实践与探索［J］．当代法学，2003（5）：83-86.

⑤ 朱一羽．先决问题是一个“伪命题”［J］．法制与社会，2009（31）：331-332.

续表

学者六	先决问题相对于主要问题既有附随性又有独立性。附随性主要体现在先决问题是由于存在需要解决的主要问题而被提出，只有在一个涉外民商事案件中至少存在两个以上争议时才有可能产生先决问题。独立性是先决问题的基本构成要件之一，这种独立性主要表现在先决问题能够被单独提出并有自己单独适用的冲突规则。认为先决问题实质上是一种证据构成并否定其独立性的观点是不符合客观事实的①
学者七	对先决问题适用主要问题准据法所属国家的冲突规则，或者援用主要问题受案法院自己的冲突规则都是有欠公平的。应该以确定先决问题的管辖法院为基础，援用应该对先决问题行使管辖权国家的冲突规则来确定准据法②
学者八	在适用国际统一冲突规范的时候，常常会遇到先决问题。对于此种先决问题的处理，首先要分析各条约的适用范围；其次要将先决问题区分为狭义的先决问题和广义的先决问题，对狭义的先决问题要根据准据法原则处理，而对广义的先决问题，还要进行区分：如果法院地法参加了另外一个国际私法条约，并且先决问题属于该条约的调整范围，这个条约中的冲突规范就可以作为法院地法的一部分适用。如果不具备上述条件，按照一般先决问题的规则处理③
学者九	无论是主张适用法院地法还是主要问题准据法所属国法，其实质都是妄图用一种简化的、机械的、空间性质的双边冲突规范去确定先决问题的准据法。在先决问题的法律适用问题上，我们没有必要抱残守缺，完全可以参照法律行为的法律适用方法，为先决问题寻找更加灵活的、富有弹性的法律适用方法④
学者十	先决问题的处理方法应以国际私法的根本任务为核心考量，应在适用对之有管辖权的冲突规范的原则下，综合运用当事人意思自治原则、最密切联系原则及公共秩序保留制度，以确保先决问题的解决得以对国际私法基本任务之实现有所助益⑤
学者十一	对于先决问题目前学界的两种方法都有弊端。应将先决问题视为证明主要问题的证据，通过诉讼法和证据法的相关规则来解决先决问题⑥

我国相关立法及立法建议草案对先决问题的规定内容有：

1999 年《中华人民共和国国际私法示范法》第十五条规定：在国际民商事

① 杨桦．先决问题的性质解析［J］．法制与社会，2008（22）：331.

② 刘卫国．论国际民事关系中“先决问题”的冲突法适用［J］．法商研究（中南政法学院学报），1998（1）：5.

③ 王葆莳．论国际冲突法条约中的先决问题［J］．时代法学，2007（1）：94-101.

④ 刘艳娜，陈胜，袁建刚．论国际私法上的先决问题［J］．燕山大学学报（哲学社会科学版），2007（3）：36-39.

⑤ 周江．论先决问题的处理方法［J］．江西社会科学，2007（1）：199-202.

⑥ 李鸿刚．先决问题解决方法新探［J］．法制与社会，2010（11）：12-13.

案件或者事项的主要问题的解决依赖另一先决问题的解决时，先决问题所涉及的民商事关系的法律适用应根据本法依照该民商事关系的性质加以确定。

2002 年《中华人民共和国民法典（草案）》第九编第八条规定："对于涉外民事争议的先决问题，应该根据该先决问题的自身性质确定其所应当适用的法律。"这一规定填补了我国立法目前没有规定先决问题的空白，但规定先决问题准据法的选择单一，过于机械。

综上所述，笔者认为该法条可以修改为：先决问题适用法院地的冲突法。但如果依法院地法不能解决的，可以适用当事人选择的法律。必要时由法官根据先决问题与争讼问题准据法所属国、法院地国以及对其有管辖权国家的关系来判断，适用与之有最密切联系的国家的冲突规则。

2012 年《最高人民法院关于适用〈中华人民共和国涉外民事关系法律适用法〉若干问题的解释（一）》第十二条规定："涉外民事争议的解决须以另一涉外民事关系的确认为前提时，人民法院应当根据该先决问题自身的性质确定其应当适用的法律。"① 与 2002 年《中华人民共和国民法典（草案）》第九编相比，如出一辙。

这一规定与其他建议比，可操作性强，但也存在问题，先规定了法院地法，后面的法律适用就变得困难了，因此，在具体顺序上需要调整。第一步是适用当事人选择的法律，第二步适用最密切联系原则，第三步是适用法院地法。

二、识别

（一）识别的概念及其法律意义

事实上所谓识别，就是对海事法律关系的认定。"Where a choice of law rule is inflexible, by pointing to a 'hard', single-contact connecting factor (such as nationality), the forum may chafe under its restrictions and may be tempted to reclassify the problem, by taking it out of its national category and placing it in another category, thereby delivering a different, more palatable result through operation of a different choice of law rule incorporating a different connecting factor. This is termed 'manipulative characterisation.'"②（法律适用规则一般具有灵活性，对于一些硬性的、单一的联结因素如国籍，法院会从严格意义上去识别，不一定适用本国的而可能是另外的国家关于分类的规定。所以根据相应的连结因素可能因适用不

① 屈广清．涉外民事关系法律适用法的科学立法［M］．北京：东方出版社，2019：112.

② CRAWFORD E B, CARRUTHERS J M. International Private Law: A Scots Perspective［M］. Edinburgh: Thomson Reuters, 2015: 59.

同的法律而导致不同的结果，该概念就是识别处理问题。）

长期以来，识别问题被许多大陆法系和某些英美法系学者看作是国际私法的一个基本问题。早在 1525 年，法国国际私法学者杜摩林在答复加内尔夫妇关于夫妻财产问题的咨询时，就已经接触到这个问题了，但对国际私法的一个理论问题进行专题研究，首推德国国际私法学者康恩（Franz Kahn），他在 1892 年①所著的《法律冲突论》中，称识别为“潜在的法律冲突”。1897 年，法国学者巴丹第一次用“定性冲突”这个名称，并在海牙国际私法学会的报告中进行了说明。1920 年和 1932 年分别由海伦岑、贝克特介绍到英美国家的法学界。②

我国学者在新中国成立前将识别翻译为“法律关系分类”或者“法律含义冲突”。新中国成立后，大部分学者称之为“识别”，但也有其他称谓，如“定性”“法律关系的定性”“归类”“鉴定”“品位”“法律关系性质的确定”“法律概念的意义和内容的确定”“分类鉴别”“命义”等。③

关于识别的定义，有学者认为，所谓法律关系的定性，就是指依据何国法律或者什么标准来解释冲突规范所调整的法律关系。简单地说，定性，就是依据什么标准来确定法律关系的性质。法院地国通常通过定性这个程序，排除对己不利的法律。④ 该观点认为识别的本质属性是一个程序，是排除外国法适用的一个制度。也有学者认为，识别是指法院在适用冲突规范时，依照一定的法律观念，对该冲突规范的范围指向的有关法律事实进行分析或者定性并赋予特定的法律含义。它是在涉外民事关系的过程中适用冲突规范时出现的法律思维活动，旨在合理地确定涉外民事关系属于何种性质或者范畴，进而准确援引所应适用的法律作为准据法，而不是排除适用外国法的制度。⑤ 该观点认为，识别是确定准据法的法律思维活动，并不是排除适用外国法的制度。也有学者认为，识别是在法院适用冲突规范的过程中，依一个特定的概念，对有关的人、物和行为进行法律上的分类和解释，赋予它以法律上的名称和给予它以法律上的地位，以便具体确定应适用的冲突规范及其所援引的某国实体法，这是冲突规范适用过程中出现的一个问题。该观点并没有指明识别的根本属性，只是认为它

---

① 也有学者提到康恩在 1891 年就提出了此问题。参见韩德培．国际私法［M］．武汉：武汉大学出版社，1983：63.

② 淡乐蓉，再登．“识别”之本质属性浅议［J］．青海民族学院学报，1997（4）：91-94.

③ 淡乐蓉，再登．“识别”之本质属性浅议［J］．青海民族学院学报，1997（4）：91-94.

④ 董立坤．国际私法学［M］．北京：中央广播电视大学出版社，1990：57.

⑤ 张仲伯．国际私法［M］．北京：中国政法大学出版社，1995：74.

是国际私法上的一个问题或者是法院在处理案件时的一些必须进行的工作。① 还有学者认为，识别问题就是解决同一物品或者同一事实构成因各国赋予其不同的法律概念而引起的冲突。在法院处理涉外民事案件的过程中，识别是必须进行的一项工作。②

关于识别的对象，我国学者看法不同，一是认为识别的对象是案件的事实构成；二是认为识别的对象是冲突规范；三是认为识别的对象是法律关系；四是认为识别的对象是事实构成和冲突规范（或其连结点）；五是认为识别的对象是事实构成和外国法的有关规则。③ 各国关于识别的范围，也缺乏统一的认识。有人认为识别的范围仅限于冲突规范中的"范围"；有人认为识别的范围包括冲突规范中的"范围"和连结点；还有人认为识别的范围包括冲突规范中的"范围"和系属，即包括"范围""连结点""准据法"。

关于识别的目的，有不同观点：一是排除或者限制外国法适用说，认为识别与公共秩序保留制度等一样，主要是限制外国法适用的手段；二是准据法选择前提说，认为识别是适用冲突规范选择准据法的前提。也有学者认为这两种观点都不妥当，因为把识别与公共秩序保留等制度并列作为限制适用外国法的手段是不恰当的。公共秩序保留制度不是所有案件中都必须实施的，只有在案件依冲突规范指引，按外国法处理，严重损害了本国利益时才适用，起到排除外国法适用的作用。而识别是法院在处理国际民商事纠纷的整个诉讼过程中，任何一个案件都必须经过的法律认识过程。把识别作为排除外国法适用的手段，本身就是一种不诚实的识别。另外，把识别的目的限于援引冲突规范确定准据法，也是过于狭义化了。识别从动态看是法官运用法律知识进行思维和认证的过程，是法官行为，静态看是法院处理案件必经程序。其主要目的是公正解决国际民商事纠纷，合理确定当事人的权利义务关系。④

关于产生识别冲突的原因，一般认为有四个：不同国家对同一事实赋予不同的法律性质；不同国家把具有相同内容的法律问题分配到不同的法律部门；不同国家对同一问题的冲突规范赋予不同含义；一国特有的概念是别国所没有的。也有学者认为，产生识别冲突的根本原因是各国法律概念的不同。⑤

---

① 章尚锦．国际私法［M］．北京：中国人民大学出版社，1992：59-60.

② 钱骅．国际私法讲义［M］．北京：中国政法大学出版社，1985：50.

③ 黄勇．论识别的对象和标准［J］．甘肃政法学院学报，1999（4）：55-59.

④ 宋伟莉．对国际私法识别问题的思考［J］．中山大学研究生学刊（社会科学版），1998，19（1）：88，90.

⑤ 宋伟莉．对国际私法识别问题的思考［J］．中山大学研究生学刊（社会科学版），1998，19（1）：88，90.

识别问题是冲突规范能否得到正确适用的前提条件，是各国法院在审理涉外民商事案件，决定适用准据法之前必须考虑和解决的问题。

（二）识别的准据法的确定

各国对于识别的准据法的规定不同，主要有以下八种。

1. 依法院地法进行识别

此学说虽然为各国实践所广泛采用，但主要是由于实践上之便利而无逻辑上之必要。该学说的缺陷为：一律以法院地法进行识别，有可能使有关法律关系本应适用的外国法得不到适用，而本不该适用的外国法却得到适用。尤其是当案件事实构成与法院地法所没有的外国法律制度有关，或者案件事实是由当事人根据法院地法所没有的外国法律规则提出要求而产生时，依法院地法识别必然出现麻烦。①

2. 依准据法进行识别

对于依准据法进行识别的观点，有些学者提出了反对，认为该种主张在强调准据法的重要性的同时，忽略了这样一个问题，即在依据准据法进行识别之前，必须首先确定冲突规范，因为只有确定了应适用的冲突规范，才能通过冲突规范的援引指示确立准据法。而识别的目的恰恰在于正确地确定冲突规范，从而正确地确定准据法，在冲突规范尚未确定之前，何为准据法是不得而知的，因此，依准据法作为标准进行识别也就无从谈起。所以说，该种主张是自相矛盾、违反逻辑的，因而也就无法实施。②

3. 依比较法和分析法进行识别

有学者认为，依比较法和分析法进行识别，这种理论模糊而且不切实际。首先，比较法的研究虽然能够发现各国法律的差异，但不能够因此而解决这些差异；其次，各国法律中具有普遍性的共同概念很少，而要完全消除各国法律上的分歧，当然是不可能的；最后，实际运用这种方法必然会大大增加法院的负担，这也是不现实的。③

4. 根据个案具体情况进行识别

根据个案具体情况进行识别具有一定的针对性，但该学说放弃了统一的识别标准，而根据正义性和合目的性等主观标准，这势必造成识别结果不稳定。正如匈牙利国际私法学者萨瑟所言："这种理论是一种相对主义、不可知论。使

---

① 黄勇．论识别的对象和标准［J］．甘肃政法学院学报，1999（4）：55-59.

② 当然，在识别之前，当事人已经根据意思自治选择了准据法的，依准据法作为标准进行识别是完全可能的。

③ 黄勇．论识别的对象和标准［J］．甘肃政法学院学报，1999（4）：55-59.

识别标准成为一种游移和捉摸不定的东西，也不利于识别冲突的解决。"①

5. 最重要牵连关系说或最密切联系原则说

该说强调发挥最密切联系原则的作用。

6. 分割说

该说认为，如果识别将问题复杂化，则将案件分割成若干争论点，分别适用不同的法律。

7. 新法院地法说（国际私法独立立场说）

该说主张以法院地法的冲突法特有概念来定性。

8. 二级识别说

此方法是法院地说和准据法说的折中主义②，是英国学者戚希尔和罗伯逊提出的。③

（三）"二级识别"问题

"二级识别"是指对识别结果的识别。该"二级识别"不仅没有必要，浪费司法资源，而且容易变相改变法律适用过程与方法，产生不利的后果，与构建人类命运共同体是格格不入的。

我国学者关于识别问题的观点如表 4-2 所示。

表 4-2 国内学者关于识别问题的观点

学者一	识别是准确确定准据法的法律思维活动，而不是排除适用外国法的制度④
学者二	识别的本质属性是一种对话，它既是识别者与案件事实之间的对话，也是识别者与相关规则之间的对话。识别不仅存在于法律适用过程中，而且在管辖权确定中及判决的承认与执行中都有生存空间。识别是人类思维活动的一种普遍现象，属于认识论范畴，为了更好地处理种种问题或现象，人们常常需要依据一定的观念或者标准，把他们所面对的问题或者现象进行鉴别、分类，并将它们归入一定的范畴，这一鉴别、定性、归类问题或者现象的思维活动就是识别。识别并非理论所言只是法律适用的前提，实际上，事实、案情、由案情引发的法律问题、提交法院解决的问题的性质、一个诉因、一切请求或辩护、一个法律关系、一条法律规则，所有这一切，都被列入识别的过程。识别存在于整个国际私法的流程中⑤

① 韩德培．国际私法新论［M］．武汉：武汉大学出版社，1997：173，178.

② 关于在法院地法与准据法之间寻求一种折中的方法，有学者称之为福尔肯布里奇的折中说。黄勇．论识别的对象和标准［J］．甘肃政法学院学报，1999（4）：55-59.

③ 宋伟莉．对国际私法识别问题的思考［J］．中山大学研究生学刊（社会科学版），1998，19（1）：88，90.

④ 淡乐蓉，再登．"识别"之本质属性浅议［J］．青海民族学院学报，1997（4）：91-94.

⑤ 刘再辉．本原与存在：再论识别问题［J］．河北法学，2008（2）：185，193.

续表

学者三	识别是将待处理的问题或者国际民商事事实情况进行分类或定性，把它归到一定的法律范畴中去。识别的对象只能是待处理的问题或者对国际民商事事实情况进行分类或定性，不应包括对冲突规范或准据法的解释（对一个国家法律规范的解释不能让外国法来解释内国法）。识别的目的既不能排除或者限制外国法的适用，也不是准据法选择的前提，其主要目的是公正解决国际民商事纠纷，合理确定当事人的权利义务关系。识别冲突的解决应分两步走：一为彻底的解决方法（采纳国际通行的法律性质归类方法，缩小各国法律概念、名词的差异，法律概念以条约为依据作统一解释）；二为缓和的办法（以法院地法为识别依据，但有以下例外：一是若该法律关系的适用涉及外国实体规则时，应以该外国法的含义适用，以该外国法对事实情况作认识以决定其适用；二是法院地法未作明确规定或者没有关于该法律关系的概念时，以与该案有密切联系的有关外国法进行识别；三是对专门的法律关系的识别，按已形成的惯例进行，如对物的识别依物之所在地法等）①
学者四	识别是指法院对案件的事实情况进行定性和分类，把它归到某一冲突规范的范围中去，以便能够根据该冲突规范的指定去适用法律。识别在有条约明确规定时缔约国法院必须依条约的规定进行识别。在没有条约时，一般可以依法院地法来识别，但有以下几个例外：一是当冲突规范的选择有赖于对位于外国的物来识别时；二是对本国法律未作明确规定的问题可以同时依法院地法和有关的外国法来进行②
学者五	目前关于识别问题的学说各有偏颇，建议以法院地法为基础，以其他观点中建议的法为辅助。至于起辅助作用的“其他标准”应如何运用，则根据具体案件的不同性质和不同情形来定夺③
学者六	不能将识别的对象、范围无限制扩大，所谓“二级识别”本质是对外国法的解释和适用问题，与其说是识别问题，不如说是外国法内容的查明问题。如果将识别限定在适用冲突规范的过程中，识别方面的理论分歧会小得多。建议对冲突规范的识别依冲突规范所属的法律体系，但对不动产的识别依不动产所在地法④
学者七	识别被认为是在适用冲突规范时⑤才出现的问题，即识别对于涉外案件的影响在于实体处理阶段，但事实上识别在案件进入正式审理之前也具有一定意义，这主要体现在对管辖权的影响上⑥

① 宋伟莉．对国际私法识别问题的思考［J］．中山大学研究生学刊，1998（1）：88，90，91.

② 张萍．关于国际私法的识别问题［J］．理论导刊，1999（12）：32，33.

③ 张茜．国际私法中识别问题之浅见［J］．法制与社会，2009（22）：371.

④ 肖永平，喻术红．国际私法中识别问题比较研究［J］．武汉大学学报（人文科学版），1994（6）：47，48.

⑤ 李双元．国际私法：冲突法篇［M］．武汉：武汉大学出版社，1987：164-165.

⑥ 孙烁犇．国际私法中的识别问题初探［J］．河南公安高等专科学校学报，2008，17（2）：102.

续表

学者八	识别的对象一是冲突规范的范围和案件所涉及的涉外民事法律关系或法律问题；二是冲突规范的系属①
学者九	学界对国际私法识别的观点没有完全揭示识别的全部内涵，表述不够周密。科学揭示识别的全部内涵，必须回答几个既独立又互相关联的问题，即谁识别？识别什么？什么时候识别？当事人和法院是识别的主体，法院的识别是主要的。识别仅仅存在于冲突规范的适用阶段是失之偏颇的。识别的定义为：一国法院在受理涉外民事案件并对案件进行审理的过程中，对有关事实构成（具体法律关系）的性质作定性或者分类，并纳入一定的法律范畴，目的是确定管辖权和应适用的冲突规范②
学者十	识别的第一个阶段是对法律事实的定性，第二个阶段是对连结点的解释。有人认为二级识别是对外国法的解释问题，其实二级识别是对连结点的解释。并且二级识别也不同于对外国法的查明。因此，二级识别中的二级识别是存在而且有必要的，必须对连结点进行解释，非此不能正确适用法律③
学者十一	解决识别冲突较为理想的做法是将最密切联系原则运用到识别标准中，依与案件有最密切联系的国家的法律对案件进行识别④
学者十二	把冲突规范连结点作为识别对象的观点是对识别的一种误解。把法律关系作为识别对象的观点也是不能接受的。只有案件的事实构成才是识别的唯一对象⑤
学者十三	当管辖权确定之后的识别与确定管辖权时的识别不一致时，依据不同的识别来解决法律适用问题，将导致对国际民商事争议的实体问题适用不同的冲突规则和不同的准据法。法院只能依管辖权确定之后的识别来援引争议实体所应适用的冲突规则和准据法。因为管辖权确定之前的识别，仅仅是法院根据原告的请求对有关事实构成性质作出的初步识别，这一阶段的识别，主要是为了解决法院能否对原告请求解决的争议行使管辖权，而不是为了解决当事人的实体权利义务应受何种实体法支配的问题。法院为了确定管辖权而对有关事实构成的性质作出的初步识别可能是不准确的。争议的有关事实构成究竟属于何种性质，或者可以被归入什么法律范畴，只有在管辖权确定之后，在受诉法院查明争议事实的基础上，才能作出准确的认定。所以，法院在决定援引哪一冲突规则来确定争议实体问题的准据法时，应当以管辖权确定之后的识别为依据⑥

① 刘想树．国际私法中的识别问题比较研究［J］．现代法学，1999（6）：137，138.

② 李为民．国际私法学中识别概念的内涵拓展［N］．湖北日报，2007-05-03（3）.

③ 张红．论“二级识别”［J］．山东大学学报（哲学社会科学版），2001（3）：69，72.

④ 唐颖菲．论识别的含义和标准［J］．广西政法管理干部学院学报，2007（6）：77.

⑤ 黄勇．论识别的对象和标准［J］．甘肃政法学院学报，1999（4）：55-59.

⑥ 赵生祥．论国际私法中识别的误差［J］．现代法学杂志，2003（6）：157.

续表

学者十四	识别的对象是案件有关事实或问题（包括某些外国独有的法律概念或制度）、冲突规范中的范围和连结点；识别的目的是确定冲突规范进而确定准据法，而不是解释准据法。目前解决识别冲突最合适的方法是合理限制法院地法，而解决识别冲突最理想的方法仍是制定国际统一实体法①
学者十五	对于识别问题，原则上采用事实构成或者事实情况发生地或者存在地法的方法，在一定的情况下补充使用最密切联系地法②

外国或者地区关于识别的规定，可以作为参考，并了解区别所在进行协调，为构建统一识别范式打下基础。

1.《澳门民法典》第十四条规定："赋予某法律准据法地位时，仅适用该法律之若干规定，该等规定须为基于其内容及在该法律中所具之功能而构成冲突规则所涉及范畴制度之规定。"强调了准据法的功能定位作用。

2. 也门人民民主共和国有关国际私法的规定，第二十六条规定："为寻找准据法，而对含有涉外因素的法律关系的范围的确定，适用也门人民民主共和国法律。"③ 强调本国法。

3.《罗马尼亚关于调整国际私法法律关系的第一百零五号法》第三条规定："如果对于所适用法律的确定取决于如何对某一司法制度或某一法律关系进行识别，则依罗马尼亚法律所作的识别为起决定作用的法律识别。"④ 强调本国法。

4.《白俄罗斯共和国民法典》第一千零九十四条规定："（1）在确定准据法时，如果立法文件未作其他规定，法院应对法律概念作出与法院地国家法律相一致的解释；（2）如果被识别的法律概念不为法院地国家法律所了解，或者在法院地国法律中有另外的表达方式或不同的内容，并且无法依照法院地法律确定，则可以适用外国的法律进行识别。"⑤ 强调法院地法同时可以适用外国法。

5.《葡萄牙民法典》第十五条规定："本冲突规范所指向的准据法，在其内

① 高琦. 论国际私法中的识别及识别冲突的解决［J］. 中国社会科学院研究生学报，2011（1）：90.

② 试论国际私法的识别［J］. 中山大学研究生学刊（社会科学版），2001，22（4）：67.

③ 李双元，欧福永，熊之才. 国际私法教学参考资料选编［M］. 北京：北京大学出版社，2002：154.

④ 李双元，欧福永，熊之才. 国际私法教学参考资料选编［M］. 北京：北京大学出版社，2002：270.

⑤ 李双元，欧福永，熊之才. 国际私法教学参考资料选编［M］. 北京：北京大学出版社，2002：297.

容和作用上通常包括与冲突规范所指向的内容有关的法律规范。"① 强调准据法。

6.《美国第二次冲突法重述》第七条规定："（1）在本冲突法重述中，识别问题涉及对法律概念和术语的分类和解释；（2）对冲突法概念和术语的分类和解释，除第八条的规定外，依法院地法；（3）对本地法概念和术语的分类和解释依支配有关问题的法律。"② 强调法院地法和准据法。

7.《秘鲁民法典》第二千零五十五条规定："对外国准据法的解释，依其所属的法律。"③ 强调准据法。

8. 加拿大《魁北克民法典》第三千零七十八条规定："识别依据法院所属的法律体系；但有关财产的识别，无论动产或不动产，均依财产所在地法进行。若法院不知道某项法律制度，或者只是经过某种提示或有明确的内容法院才知道该项制度，则可参考外国法律。"④ 强调法院地法、财产所在地法及外国法。

我国相关立法及立法建议草案对识别问题的规定内容有：

2010 年《中华人民共和国涉外民事关系法律适用法》第八条规定：涉外民事关系的定性，适用法院地法律。⑤

1999 年《中华人民共和国国际私法示范法》第九条规定：对国际民商事关系的定性，适用法院地法。但如果法院地法不能适当解决的，可以参照可能被选择适用的法律来解决。⑥

2002 年《中华人民共和国民法典（草案）》第九编第五条、第六条、第七条规定：涉外民事关系的分类和定性，以法院所在地法律为依据，也可以以该涉外民事关系应当适用的法律为依据。对于连结点的认定，除自然人和法人的国籍外，适用法院地法。适用法律的解释，依照该法律所属国的解释规则解释。⑦

---

① 李双元，欧福永，熊之才．国际私法教学参考资料选编［M］．北京：北京大学出版社，2002：358.

② 李双元，欧福永，熊之才．国际私法教学参考资料选编［M］．北京：北京大学出版社，2002：444.

③ 李双元，欧福永，熊之才．国际私法教学参考资料选编［M］．北京：北京大学出版社，2002：508.

④ 李双元，欧福永，熊之才．国际私法教学参考资料选编［M］．北京：北京大学出版社，2002：523.

⑤ 屈广清．涉外民事关系法律适用法的科学立法［M］．北京：东方出版社，2019：121.

⑥ 屈广清．涉外民事关系法律适用法的科学立法［M］．北京：东方出版社，2019：121.

⑦ 屈广清．涉外民事关系法律适用法的科学立法［M］．北京：东方出版社，2019：122.

2005 年笔者所拟的冲突法（草案）规定：先决问题适用法院地法。但如果依法院地法不能解决的，可以适用当事人选择的法律或者适用准据法。①

除当事人的国籍外，对于连结点的认定，适用法院所在地的法律。

外国法的解释，应该根据该外国法本身的解释和运用标准来决定。

三、反致

（一）反致的概念和类型

许多人认为冲突法是一门怪异的学科，而反致制度无疑是这个怪异学科中最不自然的一种制度。关于这一制度的合理性，研究者从来就没有真正地给出清晰的说明，但是这并不妨碍越来越多的国家采用它。②

一般认为，海事反致是指在法院国本要适用乙国海事法，最后却根据甲国的规定适用了法院地海事法的情形。

"Renvoi means a dismissal, a sending away, or sending back. The word denotes a mystery which lies at the heart of the conflict of laws. The problem springs from the dual meaning of the expression 'the law of a country'."③（反致事实上就是返回去。其指出了冲突法的一个核心问题，即如何理解"一国法律"的两种不同的含义。）我国学者一般认为，反致（renvoi、remission）有广义与狭义之分。广义的反致包括狭义的反致（remission、single renvoi、imperfect renvoi、partial renvoi、receptive renvoi）、转致（transmission）、间接反致（indirect remission）、双重反致（double renvoi、total renvoi、integral renvoi、true renvoi、perfect renvoi）。"The starting point is the lex fori in its wide sense from which the question is referred (envoi) to another law, the lex causae (usually the law of the domicile), which in turn may refer it back (renvoi) to the lex fori (usually que lex patrica). If the lex fori accepts the renvoi or reference back, at that stage the court applies its own law in its narrow sense."④（反致的前提是法院地法指向其他法律，然后又返回法院地法，接受反致，这样法院地接受这一反致。）与反致概念密切相关的，还有转致和间接反致，它们在实质上应该是反致制度的变异，是以反致制度为基础的。

① 屈广清．涉外民事关系法律适用法的科学立法［M］．北京：东方出版社，2019：122.

② 许光耀．论反致的不合理性［J］．时代法学，2007（4）：100.

③ CRAWFORD E B, CARRUTHERS E B. International Private Law: A Scots Perspective [M]. Edinburgh: Thomson Reuters, 2015: 69.

④ CRAWFORD E B, CARRUTHERS E B. International Private Law: A Scots Perspective [M]. Edinburgh: Thomson Reuters, 2015: 71.

除此之外，还有完全反致，在冲突法的理论和实践中，还存在一种双重反致，双重反致是英国的一项独特的冲突法制度。"At the outset an English forum endeavours to place itself notionally in the position of the foreign court and to decide the question as that court would decide it. The notional first reference is therefore from that foreign court applying its law in the wide sense, to the law thereby indicated . If the latter law notionally would refer the matter back to the law of the foreign court, the question is whether the foreign court will accept the renvoi. "① 指法官在处理特定涉外民事案件时，如果依英国的冲突法应适用某一外国法，法官应"设身处地"地将自己视为在外国审判，再依该外国对反致的态度决定应该适用的法律。如一英国妇女（依英国法规定在法国获得了住所，而依法国法却并未获得法国住所），生前立下遗嘱，该遗嘱依英国实体法实质有效，但违反了法国法关于遗产"必继份"的规定。拉赛尔法官（Russell J.）认为，首先，根据英国冲突规则规定是要适用被继承人住所地法，即法国法；其次，假设法国法官依法国冲突规则规定是要适用英国法，此时法国法官面临着英国冲突规则指引回至法国法的情形；最后，根据法国反致规则，"单一反致"在法国是允许的。这样假想中的法国法官将接受英国法对法国法的反致，从而适用法国实体法。拉赛尔法官"三渡英吉利海峡"，根据法国法官的选法方式，展现了"双重反致"的过程。"If the foreign court accepts the priciple of renvoi, it will accept (notionally) the reference back and the English forum will consider itself entitled to apply that foreign court's law in its narrow sence; but if it will not accept a renvoi, there can be no reference back. "② 如果法官所在国承认反致，就会出现"双重反致"，如果该国不承认反致，就会出现"单一反致"，如果该国还承认转致，就会出现"转致"的结果。通常认为反致理论包括了反致、转致等内容，所以"双重反致"也包括了反致、转致等内容。

（二）反致的产生条件

反致制度的存在至少需要具备以下三方面的条件：

其一，差异性。各国冲突规范的规定不同，在构建人类命运共同体的过程中，这种差异性会逐渐减少，反致制度存在的客观基础会得到削弱。

其二，整体性。

---

① CRAWFORD E B, CARRUTHERS E B. International Private Law: A Scots Perspective [M]. Edinburgh: Thomson Reuters, 2015: 72.

② CRAWFORD E B, CARRUTHERS E B. International Private Law: A Scots Perspective [M]. Edinburgh: Thomson Reuters, 2015: 69-70.

其三，接受性，法院国承认反致。如《韩国国际私法》第四条规定：“如果依当事人本国法应适用韩国法时，则予承认。”

（三）关于反致的实践

自“福尔果案”以后，一些国家开始研究并在立法上规定反致制度，具体各国关于反致的国外或者地区规定如下：

1.《澳门民法典》第十六条规定：“（1）然而，澳门冲突规范所指引之法律之冲突法援引另一法律时，而该法律认为本身为规范有关情况之准据法者，应适用该法律之国内法；（2）冲突规范所指定之法律之冲突法引用澳门域内法时，澳门域内法为适用之法律。”（承认反致）

2.《韩国国际私法》第四条规定：“如果应适用当事人本国法，而按照该当事人本国法应适用韩国法时，则适用韩国法。”①（承认反致）

3.《罗马尼亚关于调整国际私法法律关系的第一百零五号法》第四条规定：“如果根据以下规范所确定的外国法律反致回罗马尼亚法律，只要没有其他明确规定，则应该用罗马尼亚法律。外国法律对另一外国法律的转致无效。”②（承认对本国反致）

4.《白俄罗斯共和国民法典》第一千零九十六条第一款规定：“依照本编规定对外国法律的指引，除本条所提到的情况之外，均应被理解为是对实体法的指引而非各国家的冲突法。”③（不承认反致）

5.《葡萄牙民法典》第十七条第一款规定：“如果葡萄牙的冲突规范指向某一外国法，而该外国国际私法规范又指向第三国法律，第三国法律规定可适用于某一民事法律关系的，则可适用第三国的法律。”④ 第十八条第一款规定：“如果葡萄牙的冲突规范指向某一外国法，该外国法中的国际私法规范又指向葡萄牙国内立法的，适用葡萄牙的国内立法。”⑤（承认反致）

6.《瑞士联邦国际私法》第十四条规定：“当所用的外国法反致瑞士法或转

---

① 李双元，欧福永，熊之才．国际私法教学参考资料选编［M］．北京：北京大学出版社，2002：145.

② 李双元，欧福永，熊之才．国际私法教学参考资料选编［M］．北京：北京大学出版社，2002：270.

③ 李双元，欧福永，熊之才．国际私法教学参考资料选编［M］．北京：北京大学出版社，2002：298.

④ 李双元，欧福永，熊之才．国际私法教学参考资料选编［M］．北京：北京大学出版社，2002：358.

⑤ 李双元，欧福永，熊之才．国际私法教学参考资料选编［M］．北京：北京大学出版社，2002：358.

致另一国家的法律时，只有当本法有规定时，才考虑接受反致或转致。有关公民的身份问题，外国法的反致予以接受。”①（承认反致）

7.《列支敦士登关于国际私法的立法》第五条第一款规定：“如果应适用外国法，则应适用其实体规范。如果该外国法的反致规范指定适用列支敦士登法律，则以上规定不予适用；此时应适用列支敦士登的实体规范。”②（承认对本国反致）

8.《秘鲁民法典》第二千零四十八条规定：“法官依本法规定，适用外国的实体法规则。”③（不承认反致）

9.《美国路易斯安那州新的国际私法立法》第三千五百一十七条第一款规定：“除法律另有规定外，如果根据本编规定应适用另一州法律，该法律不包括该州的法律冲突法。”④（不承认反致）

10. 加拿大《魁北克民法典》第三千零八十条规定：“依照本卷规则适用外国法时，只适用其国内法规则，而不包括其冲突法规则。”⑤（不承认反致）

11.《委内瑞拉国际私法》第四条规定：“（1）若所指定的外国法声称适用某第三国法律，且该第三国法律声称自己可适用，则该第三国实体法须得以适用。（2）若所指定的外国法声称适用委内瑞拉法，则须适用本法。上述两款未作规定之情形，则适用委内瑞拉冲突规范指定的某国实体法。”⑥（承认反致）

总体来看，反致制度对构建人类命运共同体是有阻碍的，但也有其必要性，值得进一步研究，以求统一的认识。我国国际私法学者关于反致存在的理由问题存在不同看法，观点如表 4-3 所示。

---

① 李双元，欧福永，熊之才．国际私法教学参考资料选编［M］．北京：北京大学出版社，2002：411.

② 李双元，欧福永，熊之才．国际私法教学参考资料选编［M］．北京：北京大学出版社，2002：433.

③ 李双元，欧福永，熊之才．国际私法教学参考资料选编［M］．北京：北京大学出版社，2002：508.

④ 李双元，欧福永，熊之才．国际私法教学参考资料选编［M］．北京：北京大学出版社，2002：516.

⑤ 李双元，欧福永，熊之才．国际私法教学参考资料选编［M］．北京：北京大学出版社，2002：524.

⑥ 李双元，欧福永，熊之才．国际私法教学参考资料选编［M］．北京：北京大学出版社，2002：534.

表 4-3 国内学者关于反致存在理由问题的看法

赞成派	有人认为，为了保护本国人的利益才适用反致制度来达到尽量适用本国法的目的，对中国而言，中国国民在涉外交往中相对来说是弱者，适用熟悉的本国法有利于保护自己的利益；反致的采用校正了我国国际私法理论与实践的陈旧法理观念，即追求判决的确定性、一致性、可预见性，兼顾了追求判决的具体正义性，维护内国人和适当地维护外国人的利益。其增加了法律选择的多样性，设立反致制度更符合法学理论的新变化；反致为内国人从事涉外民事活动提供了制度保障，因此设置反致有利于中国的经济建设；许多国家采用反致，中国如果不采用，会导致内国人的利益受到采用反致国的侵犯之可能；进行反致立法，导致本国法的适用，以保障我国的主权独立性和制度独立性①
	有人认为，反致的价值有：扩大本国法的适用范围维护国家利益；追求判决结果的一致性；软化冲突规则，保护合理期望。② 有人认为，我国采纳反致制度的理由为：符合现代国际法的价值观念（保证案件公正合理解决）；采纳反致可在一定程度上增强判决的执行力；采纳反致可减轻国内法院的司法负担③
反对派	有人认为，从反致的本质看，其产生并不是从法律价值而来的，完全是人为的，导致恶性循环；从现在或将来看，反致存在的必要性都受到极大挑战；反致有违法律的稳定性；反致增加了法院和当事人的负担并影响案件的及时合理解决；反致是一个立法性很强的问题，需要法官的极高素质，各国法官素质不一，因此为公平起见，应取消反致；属人法连结点独立的逐渐协调使反致失去了存在的必要；意思自治原则与最密切联系原则的适用，在一定范围内排除了反致的适用；许多国家承认反致不是因为其合理性，而是为了扩大本国实体法的适用，各国纷纷承认反致，增加了反致问题的复杂性，受反致的弊端进一步暴露④
	有人认为，反致与国际私法价值目标不能契合：从效率看，反致无视一国深思熟虑的准据法选择而断然予以改变，增加当事人及法官的负担；从正义看，反致是民族主义的利益工具，而不是全人类的，因此是非正义的；从合理性看，当事人选择一国法院诉讼，一定基于对该国法制制度的信赖，如果该选定的准据法包括其冲突法，那么选择权就交给了该外国法律，与当事人的信赖相违背，所以也是一种不合理；从秩序看，反致制度不利于确定当事人权利义务的界限，不利于明晰当事人之间的法律关系，不利于顺利解决跨国民事法律关系中的纠纷，对社会秩序的良好发展有阻碍作用⑤

① 金彭年，汪江连．从反致制度的本质看我国关于反致制度的取舍［J］．浙江大学学报（人文社会科学版），2004，34（2）：51.

② 黄梓东，冯霞．冲突法域反致制度的价值考量及实现［J］．求索，2012（7）：244，245.

③ 王振友．反致制度刍议［J］．法制博览，2013（2）：195.

④ 高丽丽．反对反致新论［J］．黑龙江省政法管理干部学院学报，2003（5）：104.

⑤ 刘柏岩．反致制度何去何从［J］．辽宁经济职业技术学院学报，2007（2）：669.

（四）中国关于反致的规定

我国在海事立法上没有明确的关于反致的专门规定，但是相关问题在司法解释中有所涉及。

我国主要用来规定反致制度的是 1988 年《最高人民法院关于贯彻执行〈中华人民共和国民法通则〉若干问题的意见（试行）》第一百七十八条第二款的规定："人民法院在审理涉外民事案件时，应遵照《中华人民共和国民法通则》第八章的规定来确定适用的实体法。"

关于上述第一百七十八条第二款规定的理解，一般认为，如果我国冲突规范指示某种涉外民商事关系应适用外国法时，仅指该外国的实体法而不包括冲突法和程序法，不发生依据该外国的冲突规范进行反致或者转致的问题。这表明我国不承认反致，但对这一规定是否意味着排除反致制度，在理论界还有不同的看法。

在合同领域，2007 年 6 月 11 日通过的《最高人民法院关于审理涉外民事或商事合同纠纷案件法律适用若干问题的规定》第一条规定：涉外民事或商事合同应适用的法律是指有关国家或地区的实体法，不包括冲突法和程序法。

我国学者关于反致的观点不相一致，具体如表 4-4 所示。

表 4-4 国内学者关于反致的观点

赞成反致	有学者认为，反致是国际私法的一个重要制度，设立反致制度有利于维护国家利益，符合国际私法立法目的和宗旨。运用反致制度有利于涉外民事案件合法、公正和合理解决。运用反致制度有利于同一涉外民事案件在不同国家审理时判决取得一致。运用反致制度有利于当事国的承认和执行①
	有学者认为，采纳反致制度不仅能够满足传统国际私法的要求，也符合现代国际私法的价值观念。我国也应对反致制度进行改革并加以利用，从而更好地维护国家和当事人的合法权益②
	有学者认为，反致制度有着其他国际私法制度不可替代的作用，是一项十分有用的制度。我国国际私法立法可作如下规定：依本法规定应适用外国法而该外国法指定适用中华人民共和国法律或另一外国法律，或另一外国法律又指定适用中华人民共和国法律时，只要该法律关系是公平合理的，就承认反致、转致和间接反致，适用中华人民共和国内国法或另一外国的内国法③

① 刘炼．关于国际私法中反致制度的几点思考［J］．当代法学，2003（10）：116.

② 刘喜平．国际私法上反致制度研究［J］．福建政法管理干部学院学报，2004（4）：66.

③ 周黎明．论反致问题［J］．河南大学学报（社会科学版），2002（6）：83，88.

续表

赞成反致	有学者认为，反致是国际私法上一项十分有用的制度。我国立法应设专门的反致条款，承认这一制度，包括一级反致、转致、间接反致。因为既然肯定反致制度，就不应限制其种类。我国可以这样规定：对于外国法律的指定，除依当事人协议选择法律或依最密切联系原则选择法律者外，包括其冲突规范。如果外国法冲突规范反致时，可以适用中华人民共和国国内法。如果外国法冲突规范规定适用第三国法律，可以适用第三国国内法，亦可对该第三国冲突规范的进一步指定给予尊重。但以适用第一次受到反致时的国家的国内法或未指定任何其他法律的某外国国内法为限①
	有学者认为，反致是国际私法中特有的一个重要制度，它是在适用冲突规范选择准据法的过程中产生的，也是冲突规范本身之冲突的一种表现形式②
	有学者认为，我国未来的反致制度条款可作如下规定：依照本法规定应当适用外国法时，也包括它的冲突规范在内，如果外国法反致时，则适用中华人民共和国实体法；如果外国法转致时，则适用第三国法律，并承认该第三国冲突规范的进一步指引。当某一国法律被别国的冲突规范首次反致时，则适用该国的实体法。以上过程必须考虑实际可行性及判决结果的公正、合理，且不违反我国的公共政策及公共利益，在合同、侵权领域，对外国法的指定仅指外国的实体法，不包括冲突规范③
	有学者认为，在各国国际私法趋于一致之前，反致制度仍然有其存在的价值，我国应该采纳反致制度和转致制度，并适当扩大其适用范围，但应以必要和不造成无限循环为限④
	有学者认为，我国冲突法立法主要以传统的冲突法规范为主，而反致作为缓和冲突规范僵硬性、求得判决一致和达到特定结果的手段，是完全有必要存在的。在香港、澳门、台湾地区都承认反致的情况下，承认反致有利于缓和区际法律冲突，故我国的国际私法立法再也不能回避反致的立法问题或采取含糊的规定了⑤

① 金宁．论反致与我国国际私法立法［J］．安徽大学学报（哲学社会科学版），1988（3）：140，142-143.

② 杜纤茹．论反致制度的存在合理性［J］．法制与社会，2010（2）：28.

③ 赵明珠．论反致制度在我国涉外民事法律关系中的适用［J］．经济研究导刊，2008（7）：185.

④ 许楚敬．论我国民法典应当采纳反致和转致制度［J］．甘肃政法学院学报，2005（3）：71.

⑤ 谢晓彬．现代国际私法理念下反致制度的发展前景评析［J］．政法论坛，2008（4）：190，191.

续表

赞成反致	有学者认为，中国在立法上应当在适当范围内采纳反致制度。为了避免法官通过反致制度限制法院地法律适用规范所指引的外域实体法的适用而扩大法院地法实体法的适用，可以对反致制度进行必要的限制：（1）如因反致而使原为有效或产生效力的法律行为变为非有效或不产生效力，或使原为正当身份状况变为不正当状况时，不适用反致制度；（2）如果法院地法律适用规范允许当事人选择法律，而当事人选择法律中的法律使适用规范发生反致情况，也不应该接受这种反致制度，而应直接适用当事人所选择的实体法；（3）如果通过反致制度所援引的法律适用后的结果，将损害当事人的正当权益，则此时不采用反致制度；（4）限制反致制度适用的领域，规定在传统的身份能力、婚姻家庭和继承领域适用，而在合同、侵权等领域不采用反致制度①
	有学者认为，我国国际私法关于反致制度可作如下规定：本法规定应适用的法律，是指有效的民商事实体法律，而不包括冲突规范，但本法另有规定的除外。在民事身份领域，冲突法指定的外国法包括其冲突规范。如果外国法冲突规范反致时，可以适用中华人民共和国实体法。如果外国法冲突规范规定适用第三国法律，可以适用第三国国内实体法。但当某国内国法未指定任何别的法律，或在它被别的法律首次反致时，则应当依该外国的内国法②
	有学者认为，在一定范围内限制反致的适用是必要的，可以扩大内国法的适用，有利于案件的公正解决，有利于维护我国立法的价值取向，如对于安乐死的申请，采用反致制度，可以避免直接使用外国实体法导致在我国安乐死可以通过法律规避的方式被合法进行而有违我国立法的初衷。另外在婚姻、继承等属人法事项中适用反致条款也有其合理性③
	有学者认为，反致制度不仅符合解决国际法律冲突的需要，也可以解决我国的区际法律冲突，因此，我们既不能全盘否定，也不能丝毫不加以限制，应该充分考虑我国的现状，根据我国的实际国情，考虑到我国国际私法发展的需要，并借鉴其他国家的立法经验，可作如下规定：本法规定应适用的法律是指现行有效的民商事实体法，而不包括冲突规范，但本法另有规定的除外，在民事身份领域，冲突法指定的外国法包括其冲突规范。如果外国法冲突规范反致时，可以适用中华人民共和国实体法。如果外国法冲突规范规定适用第三国法律，可以适用第三国国内实体法，但当某国国内法未指定任何别的法律，或在它被别的法律首次反致时，则应当依该外国的内国法④

① 冯霞．中国区际私法中的反致制度研究［J］．河南师范大学学报（哲学社会科学版），2008（6）：155.

② 王思思．反致制度的发展趋势及我国应采取的对策［J］．湖北行政学院学报，2007（2）：58.

③ 陶然．反致制度的思考和分析［J］．贵阳学院学报（社会科学版），2008（3）：50.

④ 张程．反致制度的价值取向及中国的立法选择［J］．湖南科技学院学报，2009（6）：146，182.

续表

赞成反致	有学者认为，反致应当成为我国国际私法中的一项基本制度，并在实践中大胆利用，使其价值得以充分体现，才具有更现实的意义①
	有学者认为，我国应当肯定反致、接受反致。反致能够扩大国内法的适用，从而更好地维护内国利益。随着我国对外交往的日益频繁和扩大，我国国民的涉外民商事纠纷日益增多，由于我国是发展中国家，我国国民在涉外民商事交往中往往是弱者，信息的不对称使我们无法了解到外国法的本质内涵，而适用熟悉的本国法更有利于维护我国国民的利益②
反对反致制度	有学者认为，反致制度在逻辑上有严重缺陷，它基本不考虑受致送国对于反致的态度，因此并不能体现对于外国法的尊重，也不能保障判决结果的一致性。随着反致制度的成文化，其灵活性逐渐消失。由于当代国际私法的新发展，其所追求的目标大都可以通过其他方式实现，因此我国立法不必借鉴这一制度③
	有学者认为，我国排除反致的适用是具有合理性的。反致制度是一个不完美的制度，与其为了反致而去改变本身的立法模式，不如在已有的、更为先进的制度上进行改进，从而与现代国际私法立法趋势相符合④
	有学者认为，许多国家之所以承认或者有限地承认反致制度，并不是出于对反致制度本身的合理性及公平、正义价值的追求，而是出于对本国利益的考虑。各国纷纷承认反致制度，不但使反致问题更加复杂化，而且也使反致制度的弊端得到进一步的暴露。因此，当我们运用一些规则时，我们碰到的困难与其说是这些具体规则不好，还不如说是因为我们拥有这些规则，如果我们没有这些规则情况会更好。随着国际私法的发展，反致制度必将退出历史舞台⑤
	有学者认为，反致制度在逻辑上有严重缺陷，除了在一国接受反致而另一国不接受反致的情况下，反致的优越性可以体现出来以外，随着各国普遍采用反致制度，其优越性也越来越弱。我国立法不必借鉴这一制度⑥
	有学者认为，反致制度的本质决定了其与国际私法价值目标的背离，国际私法中其他制度对反致制度效用的削弱动摇了反致存在的意义。既然反致赖以扎根的土壤已经荒漠化，既然反致赖以呼吸的空气已经稀薄，既然反致已然失去了存在的基础和意义，那么反致制度为何不适时地退出国际私法的舞台呢⑦

① 梁丹妮．反致制度在我国国际私法中的法律价值再探［J］．广西政法管理干部学院学报，2000（4）：49.

② 姜斓．关于反致的几点思考［J］．合肥学院学报（社会科学版），2009（5）：96.

③ 许光耀．论反致的不合理性［J］．时代法学，2007（4）：100.

④ 李卓．论我国排除反致的合理性［J］．贵州大学学报（社会科学版），2010（3）：39，43.

⑤ 路慧婷，袁天亮．反致制度之存废［J］．河南公安高等专科学校学报，2007（4）：110.

⑥ 张海军．试析反致的逻辑缺陷［J］．学术前沿，2011（3）：263.

⑦ 刘柏岩．反致制度何去何从［J］．辽宁经济职业技术学院学报，2007（2）：75.

2005年笔者所拟的冲突法（草案）第十一条：【反致】在民事身份领域的反致（包括转致）应予接受。2010年《中华人民共和国涉外民事关系法律适用法》第九条规定："涉外民事关系适用的外国法律，不包括该国的法律适用法。"

四、公共秩序保留

（一）公共秩序保留的概念及其法律意义

公共秩序保留已经被各国冲突法采用，如2017年生效的《越南民法典》第六百七十条规定："国外法律不适用的情况 1. 下列情况不得参照国外的法律：（1）采用国外法律的后果即违反了越南法律的基本原则；（2）尽管已经根据诉讼法律的规定采取各项必要措施，仍不能确定国外法律的内容。2. 根据本条第一款的规定在不能适用国外法律的情况下则适用越南法律。"[①] 但在理论上，对公共秩序有不同认识。

公共秩序保留已经被各国国际私法普遍采用，但什么是公共秩序、如何认识公共秩序保留的实质，学者们看法不同，各国立法规定也不一致。如关于公共秩序的名称，就有公共政策、社会制度及法律原则、法律秩序、善良风俗、法之目的、宪法确认的社会制度的基础、公共秩序与善良风俗等，且没有含义解释。

关于"公共秩序"的概念，有人认为，公共秩序就是国家和公民的权利、国家的基本利益。如果适用外国法违反了这些，就是违反公共秩序，即不得适用。[②] 有人认为，当外国法的适用给自己的国家和公民权利带来损害时，使主权和平等原则受到威胁时，就可以运用公共秩序保留。公共秩序就是指自己国家和公民权利及主权和平等原则。[③] 有人认为，公共秩序就是立法的精神和目的。[④] 有人认为，公共秩序就是法律政策、道德规则、政治法律制度。[⑤] 有人认

---

① 越南民法典［M］. 伍光红，黄氏惠，译 . 北京：商务印书馆，2018：198.

② 该观点是胡伯的主张。参见：孟宪伟 . 略论公共秩序保留［J］. 西北政法学院学报，1985（2）：72.

③ 该观点是斯托雷的主张。参见：孟宪伟 . 略论公共秩序保留［J］. 西北政法学院学报，1985（2）：72.

④ 该观点是萨维尼的主张。参见：孟宪伟 . 略论公共秩序保留［J］. 西北政法学院学报，1985（2）：72.

⑤ 该观点是戴西的主张。参见：孟宪伟 . 略论公共秩序保留［J］. 西北政法学院学报，1985（2）：72.

为，刑法、行政法、不动产法、货币流通法、道德规范等属于公共秩序规范。①有人认为，公共秩序是社会和政治制度的基本原则。② 有人认为，公共秩序包括国际公共秩序和国内公共秩序。国内公共秩序只约束内国人，国际公共秩序既约束内国人也约束外国人。③ 有人认为，公共秩序即为公安，公安包括公共秩序与善良风俗。④

也有学者对公共秩序的可确定性问题抱怀疑态度，这些人认为确定公共秩序的规范是没有的，一切都由对公共观念的感觉和被这种感觉所经受的损失来决定，而解释这种感觉的是法院。⑤

公共秩序保留也是海冲突法的一项重要制度。一般认为，公共秩序保留是指法院国排除适用与本国公共秩序相抵触的外国海事法适用的一种制度。公共秩序保留比较复杂，如有人认为，由于国际私法上的公共秩序既具有排除外国法适用的否定作用，又具有直接适用内国法中强制性规定的肯定作用，即消极的公共秩序和积极的公共秩序。上述定义是我国多数学者采用的，但只是狭义消极的公共秩序，难以将所有公共秩序的含义（积极的公共秩序、国际公共秩序、区际公共秩序、广义的公共秩序等）涵盖其中，因此完整意义的国际私法上的公共秩序应指一国或者一区法院为了维护国际公共秩序，或自己国家或地区的重大利益、基本政策或法律和道德的基本原则，依内国或内区法律排除与之相抵触的外国法或外区法适用的一种保留制度。⑥

（二）关于关公共秩序保留制度的实践

纵观世界各国运用公共秩序保留制度对外国法的适用作出保留或限制，一般存在着三种不同的立法形式。

1. 直接否定他法。直接否定他法，如《日本法例》第三十条规定：“应依

---

① 该观点是法国学者皮耶的主张。参见：孟宪伟．略论公共秩序保留［J］．西北政法学院学报，1985（2）：72.

② 该观点是前南斯拉夫学者卡提契奇的主张。参见：孟宪伟．略论公共秩序保留［J］．西北政法学院学报，1985（2）：72.

③ 该观点是瑞士学者卜罗希的主张。参见：孟宪伟．略论公共秩序保留［J］．西北政法学院学报，1985（2）：72.

④ 该观点是我国台湾学者陆东亚的主张。参见：孟宪伟．略论公共秩序保留［J］．西北政法学院学报，1985（2）：72.

⑤ 孟宪伟．略论公共秩序保留［J］．西北政法学院学报，1985（2）：72.

⑥ 孙建．对国际私法上公共秩序问题的探讨：兼评《中华人民共和国民法（草案）》第九编中的公共秩序问题［J］．南开学报（哲学社会科学版），2005（2）：99.

外国法时，如其规定违反公共秩序及善良风俗者，不适用之。”①

2. 直接肯定己法。直接肯定己法，如 1804 年《法国民法典》第三条第一款规定：“有关警察与公共治安的法律，对于居住在法国境内的居民均有强行力。”②

3. 一方面否定他法，另一方面直接肯定己法。如 1942 年《意大利民法典》第二十八条规定：“刑法、警察法和公共安全法，对在意大利领土上的一切人均有强行力。”③ 第三十一条规定：“在任何情况下，外国的法律和法规，一个组织或法人的章程和规定，以及私人间的协议和规定，如果违反公共秩序或善良风俗，则在意大利领土上无效。”④ 第二十八条的规定是肯定己法，第三十一条的规定是否定他法。

有人认为，公共秩序与直接适用的法关系密切：直接适用的法强调某些国内法的强制性，其适用是无条件的，并不关注外国法的内容或者适用的结果；排除外国法的途径不同（公共秩序对外国法排除前，法院地的冲突规范已经在法律选择中发挥了作用，而直接适用的法中无任何冲突规范的作用）；用公共秩序排除外国法以后，通常会用法院地法代替被排除的外国法，但法院在拒绝采用外国直接适用的法后，可能会依法院地的冲突规范寻找准据法；立法的表现方式不同。⑤ 也有人认为，在援用公共秩序条款时，应区分外国法规定的内容违反法院地国的公共秩序，还是外国法适用的结果违反法院地国的公共秩序。如果仅仅是外国法在内容上违反法院地国的公共秩序，并不一定妨碍外国法的适用。只有外国法的适用结果危及法院地国的公共秩序时，才可以使用公共秩序保留排除该外国法的适用。⑥ 公共秩序保留是适用冲突规范一种制度，在构建人类命运共同体的过程中，应该逐渐弱化。因为，公共政策是一匹桀骜不驯的野马，一旦你骑上它便无法预知它将你载向何方。⑦ 尽管国际上有所强调与放松，但仍然要求执行公共秩序政策。如 1986 年《国际货物销售合同法律适用公约》第十六条规定：凡依本公约规定所适用的任何国家的法律，只有在其适用明显违背法院地国的公共秩序时，方可予以拒绝适用。1982 年《土耳其国际私法》

---

① 屈广清．涉外民事关系法律适用法的科学立法［M］．北京：东方出版社，2019：135.

② 屈广清．涉外民事关系法律适用法的科学立法［M］．北京：东方出版社，2019：136.

③ 屈广清．涉外民事关系法律适用法的科学立法［M］．北京：东方出版社，2019：136.

④ 屈广清．涉外民事关系法律适用法的科学立法［M］．北京：东方出版社，2019：136.

⑤ 冰青．“直接适用的法”与公共秩序保留［J］．辽宁公安司法管理干部学院学报，2002（1）：29.

⑥ 孙建．对国际私法上公共秩序问题的探讨：兼评《中华人民共和国民法（草案）》第九编中的公共秩序问题［J］．南开学报（哲学社会科学版），2005（2）：101，102.

⑦ 殷仁胜．论公共秩序保留制度的限制适用［J］．湖北社会科学，2006（10）：152-154.

第五条规定：应当适用于个别案件之外国法律条款明显违背土耳其之公共秩序时，不得适用。这些规定强调明显违背，但仍然肯定这一制度。这一制度也是构建人类命运共同体的一个关键问题，而且排除外国法后，法院地法又得到适用，这也是不妥当的。在外国法被排除适用以后，规定不得将法院地法作为唯一可取代的法律，这会对法官适用公共秩序的积极性起到一定的抑制作用。因为立法上规定以法院地法取代被排除适用的外国法，势必会造成鼓励公共秩序保留的滥用，各国法官在适用法律上的向内性是很愿意响应这种鼓励的，他们不见得会主动地考虑结果的公正、合理与否，其结果无疑是对冲突法价值实现的大破坏。①

不过，在冲突法现代化发展过程中，法律趋同化的趋势也限制了公共秩序保留的适用。法律趋同化使得各国民事法律不能相容的内容减少，自然公共秩序适用的机会减少。② 因此，构建人类命运共同体，有利于公共秩序保留制度的限制与完善。

（三）中国关于公共秩序保留的规定

我国早在1950年，中央人民政府法制委员会发布的《关于中国人与外侨、外侨与外侨婚姻问题的意见》中就有了公共秩序保留的规定，其中指出，中国人与外侨、外侨与外侨在中国结婚或离婚，不仅适用中国的婚姻法，而且在适当限度内照顾当事人本国的婚姻法，但适用当事人本国的婚姻法以不违背中国的公共秩序、公共利益和目前的基本政策为限度。

1985年颁布的《中华人民共和国涉外经济合同法》第四条规定：订立合同，必须遵守中华人民共和国法律，并不得损害中华人民共和国的社会公共利益。第五条第二款规定：在中华人民共和国境内履行的中外合资经营企业合同、中外合作经营企业合同、中外合作勘探开发自然资源合同，适用中华人民共和国法律。第九条第一款规定：违反中华人民共和国法律或者社会公共利益的合同无效。

1986年颁布的《中华人民共和国民法通则》第一百五十条规定："依照本章规定适用外国法律或者国际惯例的，不得违背中华人民共和国的社会公共利益。"依该条的规定，通过公共秩序保留排除的既可以是外国法律，也可以是国际惯例。这个规定是我国特有的。

《最高人民法院关于审理涉外民事或商事合同纠纷案件法律适用若干问题的

① 殷仁胜．论公共秩序保留制度的限制适用［J］．湖北社会科学，2006（10）：152-154.

② 殷仁胜．论公共秩序保留制度的限制适用［J］．湖北社会科学，2006（10）：152-154.

规定》第七条规定：适用外国法律违反中华人民共和国社会公共利益的，该外国法律不予适用，而应当适用中华人民共和国法律。

我国学者关于公共秩序保留相关立法问题观点不同，如表 4–5 所示。

表 4–5　国内学者关于公共秩序保留相关立法问题的观点

学者一	人们称公共秩序是国际私法中的安全阀，但从司法层面考虑，公共秩序显然只能处于例外地位，不可能具有基本原则的性质，因为如果法院动辄以公共秩序为由排除外国法的适用，国际私法的体系就会停止运转，平等互利的国际民事交往就会倒退，整个社会又回到属地原则时代①
学者二	传统国际私法理论认为，公共秩序保留制度作为一种安全阀，其功能就是要在立法所不能预见的情况下保护国内根本利益。因此它必须能够涵盖一切可能危及国内利益的特殊情况，才能发挥作用，这就决定了对这一制度的规定必须是模糊的。无论是从价值目标、功能还是从概念本身来看，公共秩序保留都缺乏一个客观的操作标准。以至于其自诞生之初就难以控制，制度本身不得不在很大程度上依赖于法官的主观判断，因此，关于公共秩序的适应，在理论和实践中往往存在诸多分歧②
学者三	公共秩序因各国自身因素不同而多有差异，但每个国家可以在可能的范围内明晰公共秩序的内涵，我国公共秩序包括有损于我国主权领土完整的；有损于国家统一和民族团结的；违反我国宪法、法律、部门法基本精神、基本原则的；违反四项基本原则的；违背我国参加或者缔结的条约的；应坚持明显违背和客观结果论③
学者四	我国对公共秩序的规定已经比较全面，但仍然存在不足：由于公共秩序保留制度的弊端，限制其适用已成为越来越多国家的共识，但我国现有立法没有体现这一精神；没有明确在排除外国法以后，应当适用什么法律，这不利于法官操作，导致公共秩序滥用；我国规定可以利用公共秩序条款排除国际惯例的适应，这利大于弊；对适用公共秩序的标准，我国立法存在矛盾，民法通则采用客观说，民事诉讼法采用主观说④

① 马德才，陈明 . 19 世纪国际私法中的公共秩序理论之评析［J］. 齐鲁师范学院学报，2012（6）：77.

② 朱工宇 . 刍论公共秩序保留制度之嬗变趋势［J］. 网络财富，2009（13）：128.

③ 李赛克 . 法律适用中公共秩序保留制度的合理适用［J］. 太原师范学院学报（社会科学版），2012（1）：53.

④ 刘萍，马慧珠 . 公共秩序保留制度及其在我国的运用［J］. 理论导刊，2003（7）：45，46.

续表

学者五	立法建议：依照本法应适用外国法时，如其适用结果明显与国际公共秩序或者中华人民共和国的公共秩序相抵触，则不予适用，可以适用中华人民共和国法律。但如果该法律关系与另一国家或地区的法律有更密切的联系，并且该国家或地区的法律适用结果不明显违反国际公共秩序或者中华人民共和国公共秩序，法院应适用该国家或地区的法律。中华人民共和国法律有强制性规定的，不适用本法指定的法律，必须直接适用强制性的规定①
学者六	立法建议：依照中国法律规定适用外国法或者国际惯例，其结果明显违反中华人民共和国法律的基本原则或社会公共利益，或中华人民共和国依国际法所承担的义务，则不得适用。如发生前款规定的情况，必要时应适用我国法律，除非案情表明应适用其他更适当的法律。如中华人民共和国现行法律中的有关规定根据其性质和目的应直接适用于所争议事项，则本法有关法律适用的其他规定不予适用②
学者七	立法建议：依照本法应适用外国法律时，如果适用结果明显违背中华人民共和国的重大公共利益的，则不予适用，必要时可以适用中华人民共和国相应的法律③
学者八	建议将我国的社会公共利益、国家主权、安全等表述，统一名称为公共秩序；以客观说作为公共秩序保留制度的适用标准；明确公共秩序的内涵和限制其适用范围（我国公共秩序内涵首先必须包括国家主权和领土完整，其次必须符合法律的基本原则、法律基本的公平、正义观念，最后包括社会的善良风俗）；区分国际公共秩序和区际公共秩序；完善排除外国法后的法律选择规定④
学者九	认为国际私法中的公共秩序的概念和公共秩序保留制度有鲜明的阶级性。从实质上看，公共秩序就是体现统治阶级意志的，符合统治阶级需要的经济、政治、法律制度及各个时期统治阶级的对内对外政策。至于其内容的解释，各有差异。公共秩序保留制度实际上是在调整涉外民法关系中，在冲突法指向外国法的情况下，从统治阶级利益出发，按照当时统治阶级的政策决定的拒绝或限制适用外国法的依据，是在各种不同形势下随机应变地排除外国法的适用以捍卫统治阶级利益的工具。公共秩序保留不仅法律上有意义，而且首先在于其政治上的意义⑤

① 孙建．对国际私法上公共秩序问题的探讨：兼评《中华人民共和国民法（草案）》第九编中的公共秩序问题［J］．南开学报（哲学社会科学版），2005（2）：106，107.

② 金振豹．国际私法上公共秩序保留制度之比较研究［J］．比较法研究，2004（6）：95、96.

③ 徐伟功．论公共秩序保留的功能与限制［J］．河北大学学报（哲学社会科学版），2004，29（5）：81.

④ 曾加，吕东锋．论港澳台地区公共秩序保留制度的适用及其对我国大陆的启示［J］．河南财经政法大学学报，2012，27（6）：87.

⑤ 孟宪伟．略论公共秩序保留［J］．西北政法学院学报，1985（2）：74.

以下是笔者草拟的冲突法（草案）对公共秩序保留的规定，以供比较参考。该草案第十八条规定：依照本法规定应适用外国法律，以及中国没有加入的国际条约时，如果适用结果明显违背中华人民共和国公共秩序或国际公共秩序的，其违背部分不予适用，可以适用最密切联系地的法律。2010 年《中华人民共和国涉外民事关系法律适用法》第五条规定："外国法律的适用将损害中华人民共和国社会公共利益的，适用中华人民共和国法律。"

五、法律规避

（一）法律规避的概念

关于海冲突法意义上的法律规避的概念学者之间的认识也不尽一致。在实践中经常会遇到这样的情况，当人们为一个问题争论不休以至面红耳赤时，会发现彼此虽然对此问题中的概念词语相同，但每个人对其定义的理解大相径庭。如果对这些概念不取得一致的理解，争论必将无休止，而且不会有任何结果。因此，许多争论都源于概念的定义之争。① 没有限定严格的专门概念，我们便不能清楚地、理性地思考法律问题。②

法律规避不是国际私法的特有概念，法律规避指当事人为了自己的利益，通过相互间的协议来解决他们之间纠纷的一种现象，民间俗称"私了"。③

目前国内学术界对法律规避概念的定义意见不统一，主要观点有：

"法律规避"一词主要用于国际私法，指涉外民事法律关系的当事人为利用某一冲突规范，故意制造某种连结点，以避开本应适用的法律，从而使对自己有利的法律得以适用的一种逃法或者脱法行为。④

国际私法中的法律规避指当事人故意制造某种连结点的构成要素，以避开本应适用的对其不利的法律，从而使对自己有利的法律得以适用的一种逃法或者脱法行为。⑤

法律规避指涉外民商事法律关系的当事人利用某一冲突规范，故意改变构

---

① 周江．国际私法中法律规避问题的再思考［J］．法律科学（西北政法学院学报），2007（4）：152.

② 博登海默．法理学：法律哲学与法律方法［M］．邓正来，译．北京：中国政法大学出版社，1999：486.

③ 喻名峰，蒋梅．法律规避的社会历史成因及其对策［J］．政法论坛，1998，16（3）：18.

④ 韩德培．国际私法新论［M］．武汉：武汉大学出版社，1997：194.

⑤ 周江．国际私法中法律规避问题的再思考［J］．法律科学（西北政法学院学报），2007（4）：153.

成冲突规范连结点的事实因素，以避开本应适用的强制性法律规范，从而使另一种对其有利的法律得以适用的行为。①

法律规避指当事人有意识地创造条件，利用冲突规范来逃避原应对其适用的法律规定的行为。②

法律规避是指涉外民事法律关系的当事人以利己为动机，利用这一出发点改变法院地国冲突规范连结点的具体事实，将法律条文忽视在一边，伪造真理，使其躲开了对自己有威胁的准据法，从而使对自己有利的法律得以适用的行为。法律规避具有趋利性和避害性两个特点。③

以上表述不同的地方在于：行为上有制造、利用与改变的不同表述；针对的是连结点还是构成连结点的事实因素认识不一。有人认为，连结点固然是由事实因素构成，但事实因素并不一定就是连结点。连结点存在于冲突规范的系属之中，制造或者改变连结点等于改变了冲突规范，与改变法律别无二致，当事人无权这样做。当事人所能改变的，只是构成连结点的事实因素。④

笔者认为，海冲突法中的法律规避，是当事人故意选用对其有利的海事法律的行为。

关于法律规避形成的原因为：人类具有趋利避害的本能；各国法律对同一事项的规定存在歧义；冲突规范为当事人选择法律提供了可能；一些国家对法律规避持宽容态度。⑤

法律规避就是导致本应适用的法与本不应适用的法以及对当事人有利的法与不利的法之间的错位。与此相对应，反法律规避具有这样两种功能：恢复原状（恢复本然法与实然法之间的错位）；遏制不当得利（抵消当事人规避法律谋取的法律体系间的差额利益，即一种不当得利）。值得注意的是，在规避者因对自己的规避行为产生不当得害的情况，没有相应的制度进行校正，规避者只能咎由自取。⑥

---

① 张潇剑．国际私法学［M］．北京：北京大学出版社，2000：200.

② 袁成第．国际私法原理［M］．北京：法律出版社，2003：130.

③ 张敬敏．当代中国法律规避研究［J］．商业文化（学术版），2011（12）：27.

④ 周江．国际私法中法律规避问题的再思考［J］．法律科学（西北政法学院学报），2007（4）：153.

⑤ 孙建．国际私法中的法律规避问题研究［J］．天津市政法管理干部学院学报，2002（4）：7.

⑥ 张春良．国际私法中反法律规避制度的功能评析［J］．法制与社会发展，2010（6）：43，44，47.

(二)构成法律规避的条件[①]

1. 主观条件：当事人必须有规避法律的直接故意。

2. 行为方式：通过改变连结点来实现（包括改变住所、所在地、行为地等事实情况及改变法律状况，如改变国籍等）。[②]

3. 规避对象：当事人本应适用的法律。

4. 客观结果：规避行为已经完成（学者之间多数主张法律规避必须是既遂，不存在未遂的法律规避，但也有人主张应着眼于行为的性质与特点，而不是它的效力）。

(三)法律规避的效力

关于法律规避存在的效力，有不同的认识。一是肯定，有学者认为，既然一些国家包括被规避的国家不加限制法律规避问题，其他国家就更不要管了。内国法的立法目的主要是为了保护当事人的私人利益，小部分才是保护第三人利益和公共利益。每个人都是自己利益的最好判断者，没有必要设立专门的法

---

① 学者们关于法律规避的构成要件，有不同的观点。二要件说认为法律规避的构成包括主观与客观两方面。三要件说认为法律规避的要件包括：1. 必须有行为人逃避某种法律的故意；2. 被逃避的法律必须是依冲突规则本可适用的法律，但是行为人通过虚构或者新设一个连结点的手段而达到的；3. 被规避的法律属于强行法的范畴。四要件说即本书的观点。五要件说包括：1. 从行为主体看，法律规避是当事人自己的行为造成的；2. 从主观上看，法律规避是当事人有目的、有意识造成的；3. 从规避的对象看，被规避的法律必须是依冲突规范本应适用的强制性或禁止性的法律；4. 从行为方式看，当事人是通过人为地制造或者改变一个或几个连结点来达到规避法律的目的的；5. 从客观结果看，当事人的规避行为已经完成。六要件说包括：1. 必须有当事人逃避某种法律的行为；2. 当事人主观上有逃避某种法律规定的动机；3. 被规避的法律必须是依法院地国冲突规范本应适用的实体法，并且必须是这个法律中的强制性规范；4. 必须是通过改变冲突规范连结点的具体事实来实现的；5. 必须是既遂的；6. 受诉国必须是其法律被规避的国家。参见周江．国际私法中法律规避问题的再思考［J］．法律科学（西北政法学院学报），2007（4）：152-158.

② 有学者认为，由于法律规避都是通过改变连结点来实现的，但现实生活中有时改变连结点是正常的，只有当事人具有故意规避法律的意图时才可能构成法律规避。这涉及对人的内心意识的侵入，而法律只涉及外部行为，关于意图是不能得到可靠结论的。为了解决这一问题，外国学者采用了列举方法并认为以下五种方法不应被视为法律规避：1. 当事人改变了国籍，但其在新国籍国连续居住，且该国籍是该当事人长期期望取得的；2. 当事人错误地规避不存在的某项实体规范的适用；3. 当事人改变连结点时选择了一个错误的连结点，如选择了一个并不指向其希望适用并对其有利的法律的连结点；4. 当事人拟改变连结点但事实上没有成功；5. 法人在特定国家有一个有效的住所，不论选择此住所的用意如何，都不是法律规避。参见荣玫．国际私法上的法律规避制度［J］．天水行政学院学报，2005（1）：55-58.

律规避制度来对私人利益作出特别保护，法律只用对公共利益作出特别保护，而这个目标公共秩序保留制度就可达到。① 德国学者萨维尼不赞成将法律规避行为视为违法行为，他认为，如果将法律规避行为视为违法行为的话，那将使不公平的法律不能废除，这不但妨碍了法律的进步，甚至有碍于经济与社会的进步。②

二是部分肯定。如 1972 年《塞内加尔家庭法》第八百五十一条规定：当事人利用冲突规则故意使塞内加尔法不适用时，塞内加尔法应取代应适用的外国法。也有人认为规避外国法无效。有人认为这难于操作，因为法官必须对每个涉外民事案件进行审查，以确定是否存在规避外国法的行为，这不但加大了法官的工作量，而且不利于保护国际民事交易的安全和善意以及无过失的相对人的利益。相对人不一定有能力事先知晓，也不一定有能力预先查明当事人有无法律规避行为，要求他承担查明对方当事人是否存在法律规避行为的义务也是不公平、不合理的。③ 有学者认为规避非特定的外国法有效。如果当事人的本国没有和某外国国家签订或者共同参加有关禁止或者限制法律规避的国际条约，则其规避该外国法的行为有效。值得注意的是，如果规避非特定外国法有效，那么依内国冲突规范该外国法可能就是本应适用的法律，如果规避了外国法，也就规避了内国的冲突规范。④

三是否定。如巴蒂福尔（Henri Batiffol）等认为，合法的目的不能使非法的行为合法，目的不能为手段辩护。但是，非法的目的却使本质上合法的行为无效。⑤《瑞士联邦国际私法》第十五条规定：如果本案与另一法律更密切，则可以适用这一法律，而不适用本法指定的法律。

但也有人认为，主张法律规避是一种欺诈行为，无非是认为实施规避行为的当事人的目的不一定是非法的，但至少是不道德的。其主观状态具有可归责性。法律规避实质上是当事人实施两个行为的结合，即改变构成连结点事实因素的行为和通过法律规避所要实施的行为。作为法律规避的两个行为都经过了法律的调整，法院依据什么来再次干预此事呢？仅仅是因为当事人具有主观故

① 罗美连．试论法律规避制度的终结［J］．法制与社会，2007（5）：57，58.

② 田曼莉．国际私法上当先规避问题之我见［J］．法学评论，2000，18（6）：90.

③ 孙建．国际私法中的法律规避问题研究［J］．天津市政法管理干部学院学报，2002（4）：9.

④ 孙建．国际私法中的法律规避问题研究［J］．天津市政法管理干部学院学报，2002（4）：9.

⑤ 巴蒂福尔，拉加德．国际私法总论［M］．陈洪武，等译．北京：中国对外翻译出版公司，1989：576.

意？如果仅因当事人主观意图而对其行为进行重新评价，会导致对当事人内心意志的侵入，有悖于法律调整社会的方式。当事人有目的地选择有利于自己的法律，是在维护私人利益，国家不能以公共利益为由判定其无效。所以，各国在强调对自己国家法律维护的同时，应该首先思考内国的法律是否为良法，是否做到了对人的自然权利的保护，而不应过分着眼于国家利益。①

（四）法律规避的对象

对于法律规避的对象，各国也有不同的主张：一种主张认为，法律规避只包括规避本国的法律；另一种主张认为，法律规避既包括规避本国法，又包括规避外国法。有人认为法律规避的对象只是实体法，也有人认为，法律规避的对象包括实体法和冲突法。②

关于法律规避的性质，有学者认为法律规避是公共秩序保留制度的一部分，其与公共秩序保留一样，是为了维护内国法的权威性和强制性，所以法律规避可以视为公共秩序保留问题的一个附带。也有学者认为，法律规避是一个独立问题，不应与公共秩序保留混为一谈。③ 有学者认为法律规避是一种法律欺诈，当事人变更连结点寻求适用更有利于自己的准据法行为是一种逃法、脱法行为，有欺诈嫌疑。但也有学者认为，法律规避在性质上并非一种欺诈的逃法行为，

① 芦丹．法律规避的效力：从法理学视角的思考［J］．法制与社会，2008（8）：25.

② 1985年法国最高法院维持了埃克斯法院1982年关于法律规避案的判决：案情为法院认定一个定居在维尔京群岛的人规避了法律。该人为避免法国法律适用于其财产继承，便将在法国的不动产转让给一个自己拥有三分之二股份的美国公司，通过不动产物权向动产物权的转变，导致继承法的变更。本案当事人故意改变的不是连结点，而是冲突规范结构中的范围。该案规避的目的不是冲突法，但冲突法作为法律规避的手段，应包括在法律规避的对象中。也有国家明确规定，对冲突法的规避是无效的。参见荣玫．国际私法上的法律规避制度［J］．天水行政学院学报，2005（1）：55-58.

③ 认为法律规避是附带问题的学者有贝特拉姆（Bertram）等学者；认为法律规避是独立问题的学者有巴蒂福尔等。参见李佳鸿．阐析国际私法之法律规避现象［J］．延边党校学报，2010，25（2）：55-56. 认为法律规避是独立问题的理由有：起因不同，法律规避是当事人故意改变连结点的行为造成的，公共秩序保留是由于冲突规范所指引的外国法内容与冲突规范所属国的公共秩序相抵触而引起的；保护的对象不同，法律规避既可以保护本国法也可以保护外国法，公共秩序保留保护的只是内国法且是基本原则，不一定是禁止性的法律规范；行为性质不同，法律规避是一种私人行为，公共秩序保留是一种国家机关行为；后果不同，否定法律规避行为不适用外国法时，当事人企图适用的法律目的达不到，还可能要承担法律责任，而公共秩序保留当事人不承担任何法律责任；地位和立法上的表现不同，公共秩序保留得到各国赞同，法律规避未被多数国家规定。参见孙建．国际私法中的法律规避问题研究［J］．天津市政法管理干部学院学报，2002（4）：7-10.

而是一种当事人主观能动的选法行为。①

（五）中国关于法律规避的规定

我国司法实践中经常遇到法律规避相关问题，如我国首例中国原告在美国起诉的国内空难案就是一个。②

在2001年最高人民法院审理的中国银行香港公司与中国长城工业总公司担保合同纠纷（上诉）案中，北京市高级人民法院审理时没有考虑合同约定受香港法律管辖并根据香港法律阐释的情况，而是判定担保合同无效，适用内地法律驳回请求。最高人民法院审理时认为，我国是实行外汇管制的国家，但根据国家有关规定，境内机构对外提供外汇担保，应履行审批及登记手续。但本案担保并未获得国家外汇管理部门的批准，也没有办理登记手续，双方当事人有关适用香港法律的约定违反了内地法律法规的强制性规定，属法律规避行为，

① 李佳鸿．阐析国际私法之法律规避现象［J］．延边党校学报，2010，25（2）：55-56.

② 该案案情是：2004年11月21日上午，一架从内蒙古包头直飞上海的东航小型客机起飞后不久，就坠入离机场不远的青海公园。事故造成55人伤亡。东航根据1993年国务院颁布的《国内航空运输旅客身体损害赔偿暂行规定》，伤亡赔偿最高限额为7万元人民币。加上其他各类赔偿，提出方案为赔偿每位遇难旅客21.1万元人民币。不愿接受这一赔偿标准的遇难者家属以中国民航总局为被告向北京市第二中级人民法院起诉，法院经过两审的审理后最终裁定不予受理。遇难者家属联名写信给全国人民代表大会法律工作委员会，最终促成了《国内航空运输承运人赔偿责任限额规定》的出台，该规定提高赔偿限额到40万元人民币，但法不溯及既往，包头案不能适用此标准。2005年10月，25名中国包头空难遇难者家属和1名印度尼西亚遇难者家属在美国加利福尼亚州法院起诉承运人东方航空公司、飞机制造商加拿大庞巴迪航天和飞机发动机制造商美国通用电气公司，案件由国内航空侵权案演变为涉外产品责任案。国际上类似案例还有：2006年7月9日，俄罗斯西伯利亚航空公司一架A310客机在伊尔库茨克机场降落时冲出跑道并撞上机场的建筑物而起火，造成重大人员伤亡，包括12名外国旅客。俄罗斯联邦法律规定，有俄罗斯国籍的基本赔偿金为5万卢布（约合人民币1.5万元），没有俄罗斯国籍的更少。若购买了保险，还可以赔偿1.2万卢布（约合人民币3600元），部分遇难者家属也选择了去美国起诉。有学者认为，从广义上讲，法律适用中的当事人意思自治即当事人直接选择法律的行为，就是一种法律规避，在包头空难和伊尔库茨克空难中，遇难者家属选择到美国诉讼，以及航空公司努力使案件移送国内审理，都是一种法律规避。参见王岩．从包头空难案看涉外航空损害赔偿的法律规避问题［J］．法制与社会，2010（19）：65-66.

不发生适用香港法律的效力，应适用内地有关法律法规处理。①

《最高人民法院关于贯彻执行〈中华人民共和国民法通则〉若干问题的意见（试行）》第一百九十四条明确规定："当事人规避我国强制性或者禁止性法律规范的行为，不发生适用外国法律的效力。"该意见在法律规避的对象上，只包括了我国的法律，没有规定规避外国法的效力问题。《最高人民法院关于审理涉外民事或商事合同纠纷案件法律适用若干问题的规定》第六条也规定：当事人规避中华人民共和国法律、行政法规的强制性规定的行为，不发生适用外国法律的效力，该合同争议应当适用中华人民共和国法律。2012 年通过的《最高人民法院关于适用〈中华人民共和国涉外民事关系法律适用法〉若干问题的解释（一）》第十一条规定："一方当事人故意制造涉外民事关系的连结点，规避中华人民共和国法律、行政法规的强制性规定的，人民法院应认定为不发生适用外国法律的效力。"

我国学者关于法律规避的观点不相一致，具体如表 4-6 所示。

表 4-6 国内学者关于法律规避的观点

学者一	在离岸金融交易中，应当适当允许法律规避，但为了防止个案对一国金融秩序的严重影响，公共秩序保留应当得到充分、合理的运用，并应以国际公共秩序为今后的发展方向②
学者二	立法建议：当事人故意规避本应对其适用的准据法中的强制性或者禁止性法律规定的，不得适用当事人企图适用的法律。这样的建议将规避的对象包括外国法在内的强制性、禁止性规定③

① 但也有学者认为，在本案中，最高人民法院适用我国法律规避制度排除香港法律适用的做法是错误的。因为法律规避至少需要具备两个条件：一是行为人有规避法律的主观故意；二是行为人所规避的法律是国际民商事法律关系唯一可适用的法律，且适用这一法律会对当事人产生不利的法律后果。但本案没有发现任何证据证明这两点。实际上担保合同的约定是当事人的选法行为，只是一不小心撞上了不能选法的情形，非故意而为之，不是法律规避行为。参见孔云龙．国际私法法律规避若干问题再思考［J］．长春理工大学学报（社会科学版），2012，25（3）：12-14.

② 离岸金融一般指不具有金融市场所在国国籍的当事人在金融市场上从事的货币或者证券交易行为。有关国家不能，也不愿完全禁止离岸金融交易中的法律规避，这最终归因于离岸金融适应了社会经济发展需要而显示出来的强大吸引力。参见罗国强．离岸金融交易争端中的法律规避和公共秩序保留［J］．财经科学，2011（8）：10-16.

③ 张黎，钟波．刍议国际私法中的法律规避［J］．海南大学学报（人文社会科学版），2004（1）：31-34.

续表

学者三	法律规避给所谓不违法的行为提供了私了的空间，同时国家法又不得不存在于大量民间法充斥的法律环境下，这在很大程度上使得国家法形同虚设，破坏了国家法的完整性和统一性，某些法律规避是合理的，但不代表合法①
学者四	认为法律规避问题主要分歧是定性问题和效力问题。定性问题上认为法律规避具有独立的性质；效力问题上认为应根据双方当事人身份及主观态度的不同进行考虑，以避免法律规避无效所带来不利影响。建议：在一中一外当事人参与的民商事法律关系中，双方当事人可以在中国法和外国法中选择适用；但一方当事人为善意时，主动权掌握在该善意一方当事人手中，只有他能主张双方行为无效，不发生另一方当事人原希望适用的法律之效果。此情形下，法律规避行为为可撤销行为，并非无效。在双方当事人都为中国人时，法律规避一般认定无效，一方当事人为善意时，故意一方当事人事后不能以法律规避为由向法院主张行为无效，只有善意一方有权主张不发生适用应作为连结点的外国国家或者地区的法律的效果②
学者五	立法建议：当事人规避我国法律的强制性或者禁止性规定无效；当事人规避外国法律的强制性或者禁止性规定原则上无效；当事人规避我国缔结或者参加的国际法强行规则无效；规避任意性法律规定者不予禁止；规避外国法中强制性、禁止性规定，如果被规避的该外国强制性禁止性法律规定违反了国际社会公认的民法一般法律原则，可以通过公共秩序保留制度对其加以认定，凡不违反我国社会公序良俗的，认定其有效，反之则无效③
学者六	认为构成法律规避的两个行为理应受到法律的评价，但法律不应在调整行为后又侵入当事人的内心意识。因此，作为一个整体的法律规避行为仅仅是一种行为，它是脱离于法律的调整范围的，存在于法外空间，法律无须对其效力进行定性，在国际私法的理论研究方面，应取消该制度④
学者七	认为只要当事人规避的法律是本应适用的强制性或禁止性规定，则不论其是实体法还是冲突法，也不论其是内国法还是外国法，都可构成法律规避。至于具体法律规避行为的制裁及制裁程度、方式问题，依法院地法的有关规定⑤

① 段娟．对法律规避说“不”［J］．法制与社会，2008（31）：107.

② 刘晓晶，程文帅．对法律规避问题的几点思考［J］．哈尔滨学院学报，2012（7）：62，63.

③ 何冬明．对法律规避效力的中性认识［J］．辽宁师范大学学报（社会科学版），2008，31（5）：28.

④ 芦丹．法律规避的效力：从法理学视角的思考［J］．法制与社会，2008（3）：25.

⑤ 荣玫．国际私法上的法律规避制度［J］．天水行政学院学报，2005（1）：55-58.

续表

学者八	建议：涉外民商事案件当事人规避我国法律行为一律无效；规避外国法行为，原则上不作审查，视为有效；但下列情况下例外：1. 我国与当事人本国签订或者共同参加了有关国际私法条约，或者按照互惠原则，人民法院可以对其是否规避其他缔约国法或有关外国法进行审查；2. 经另一方当事人请求，人民法院有权决定是否对法律规避问题进行审查，经审查认为有规避外国法情形的，并且该行为在被规避的外国法中亦加以限制或禁止的，可以裁定规避外国法无效①
学者九	完善我国禁止法律规避制度的建议为：当事人故意规避根据本法应当适用的强制性或者禁止性法律规定的行为，不发生适用另一个国家或者地区的法律的效力。当事人有前款规定的规避行为时，应当适用被规避的法律。上述禁止法律规避条款，最好置于公共秩序保留条款之前，这种安排的逻辑是：有法律规避行为时，首先禁止当事人的法律规避行为，并适用被规避的法律；如果被规避的法律是外国法，而该外国法的适用又违反我国公共秩序时，则根据公共秩序排除该外国法的适用。当然，在没有法律规避时，如果外国法的适用违反我国的公共秩序，仍然可以单独根据公共秩序条款排除外国法的适用②

中国立法对法律规避没有明文规定，但是《最高人民法院关于贯彻执行〈中华人民共和国民法通则〉若干问题的意见（试行）》第一百九十四条明确规定："当事人规避我国强制性或者禁止性法律规范的行为，不发生适用外国法律的效力。"该意见没有规定规避外国法的效力问题。在笔者所拟的冲突法（草案）中，第十七条规定：当事人故意规避中华人民共和国强制性或者禁止性法律规定的，不得适用当事人企图适用的法律。当事人故意规避外国强制性或者禁止性法律规定的，该外国强制性或者禁止性法律规定符合国际惯例的，不得适用当事人企图适用的法律。③

《最高人民法院关于适用〈中华人民共和国涉外民事关系法律适用法〉若干问题的解释（一）》第十一条规定："一方当事人故意制造涉外民事关系的连结点，规避中华人民共和国法律、行政法规的强制性规定的，人民法院应认定为不发生适用外国法律的效力。"④

值得说明的是，在冲突法的现代化发展中，不宜对法律规避作过多的限制。

---

① 田曼莉．国际私法上当先规避问题之我见［J］．法学评论，2000（6）：112.

② 赵生祥．禁止法律规避制度在中国国际私法中的地位［J］．现代法学，2004（5）：158，159.

③ 屈广清．屈氏国际私法讲义［M］．北京：法律出版社，2005：354.

④ 屈广清．涉外海事关系法律适用法立法研究：兼及海事冲突法哲学与海事立法文化的探赜［M］．北京：人民出版社，2016：318.

当然，这是一个系统工程，与各国对强制性规定的范围效力的作用认识有关。

六、外国海事法的查明

（一）外国海事法查明的概念

外国海事法查明，是指对外国海事法的查证。该问题是海冲突法适用过程中的一个难点问题，必须规定方法。从法律规定看，外国法查明的规定不一，因为有的国家把外国法看成事实，有的国家把外国法看成法律，有的国家把外国法看成证据，性质认识不一，所以在外国法的查明责任规定上，做法也不一。有的国家规定由当事人负责举证，有的国家规定法官也需要负责这一问题。如《奥地利联邦国际私法法规》第三条规定："外国法一经确定，应由法官依职权并按该法在原来的范围内那样予以适用。"[①] 第四条又规定："外国法应由法官依职权查明。可以允许的辅助方法中有：有关的人的参加，联邦司法部提供的资料以及专家的意见。"[②] 如果无法证明，再寻找其他准据法，如 1978 年《奥地利联邦国际私法法规》第四条第二款规定："如经充分努力，在适用时期内外国法仍不能查明，应适用奥地利法。"德国《民事诉讼法典》第二百九十三条规定，德国法院依职权确定外国法的内容，但也有权要求当事人双方提供有关外国法的证据，如果负责提供有关外国法证据的一方提供不出证据，法院则以证据不足驳回其诉讼请求或抗辩。[③] 在冲突法现代化发展过程中，各国规定不一，外国海事法应该得到加强，尽量能够保证查明每一个准据法的真实内容，不能因为自身的问题而影响涉外案件的正确处理。

（二）中国关于外国法查明的规定

中国立法没有明文规定外国法查明的方法。我国最高人民法院发布的《关于适用〈涉外经济合同法〉若干问题的解答》第二条第十一款，《最高人民法院关于贯彻执行〈中华人民共和国民法通则〉若干问题的意见（试行）》第一百九十三条规定，在人民法院不能确定外国法的内容时，外国法的查明方法有：（1）由当事人提供；（2）由我国驻该国的使领馆提供；（3）由该国驻华使领馆提供；（4）由中外法律专家提供；（5）由与中国订立司法协助协定的缔约对方的中央机关提供。

---

① 李双元，欧福永，熊之才．国际私法教学参考资料选编［M］．北京：北京大学出版社，2002：365.

② 李双元，欧福永，熊之才．国际私法教学参考资料选编［M］．北京：北京大学出版社，2002：365.

③ 屈广清．涉外民事关系法律适用法的科学立法［M］．北京：东方出版社，2019：155.

在外国法通过上述途径不能查明时，应适用我国法律。①

《最高人民法院关于审理涉外民事或商事合同纠纷案件法律适用若干问题的规定》第九条规定：当事人选择或者变更选择合同争议应适用的法律为外国法律时，由当事人提供或者证明该外国法律的相关内容。人民法院根据最密切联系原则确定合同争议应适用的法律为外国法律时，可以依职权查明该外国法律，亦可以要求当事人提供或者证明该外国法律的内容。当事人和人民法院通过适当的途径均不能查明外国法律的内容的，人民法院可以适用中华人民共和国法律。

我国学者关于外国法查明的观点不相一致，具体如表 4-7 所示。

表 4-7　国内学者关于外国法查明的观点

学者一	我国涉外民事关系法律适用法在规定外国法查明制度的规范方面存在一定的逻辑漏洞（第十条第一款应是指按照冲突规范适用的外国法律，这样才与当事人选择的法律相对应。而法律采用的涉外民事关系适用的法律这样的表述包括了当事人选择的法律，故不能与当事人选择适用外国法这样的表述进行并列）；对外国法查明制度的责任在法院、仲裁机构、行政机关之间的分配的规范语焉不详；与现行规定外国法查明的其他规范的内容不协调②
学者二	我国外国法查明制度与司法实践存在错位。通过 2013 年司法解释可以看到，虽然对不能查明的标准作出了规定，但极其概括和粗简。第十七条中两款规定都有法官回避查明责任的嫌疑。当事人选择适用的法律，当事人可能比较熟悉，但这不能成为法官直接规避法律查明责任的原因，更不能由于当事人无法提供而直接确认为无法查明情况。应由当事人提供外国法及可能由当事人提供外国法的情况，其所提供的外国法是否适格、是否全面，如何对上述提供的外国法进行判定及适用，都没有进一步的规制，这种不严密适用法律的情况为错误适用外国法提供了温床③

① 在审判实践中，是否需要穷尽全部查明途径的问题上，法官认识不一。经过调查，51%的法官表示需要穷尽全部查明途径后仍然无法查明时，才能适用中国法律，有 44%的法官表示只需要使用部分方式无法查明的，即可适用中国法。其他法官认为只需要使用一种方式无法查明的，即可适用中国法。与此同时，法官对什么情况下属于无法查明并没有明确的认识。对于在实践中查明外国法途径遇到的困难，有人建议应依托科研院所建立外国法查明的专门机构；建立外国法资料库查明外国法；建立广泛的外国法查明途径。参见马擎宇．从司法审判实践角度完善我国的外国法查明制度［J］．南阳师范学院学报，2011，10（7）：8-13.

② 张正怡．《涉外民事关系法律适用法》中的外国法查明制度［J］．长安大学学报（社会科学版），2011，13（2）：121.

③ 王骏頔．从司法实践视角浅析涉外民事关系中外国法查明制度：以 2013“涉外民事关系法律适用法最高院司法解释（一）”为视角［J］．法制与社会，2013（7）：57.

续表

学者三	受制于法官知法以及职权主义诉讼模式的思维，《中华人民共和国涉外民事关系法律适用法》在外国法的证明问题上的规定显得保守，较《最高人民法院关于审理涉外民事或商事合同纠纷案件法律适用若干问题的规定》在法律查明问题上的规定有所倒退。与《最高人民法院关于审理涉外民事或商事合同纠纷案件法律适用若干问题的规定》不同的是，当事人在选择适用法律的情形下，所承担的也仅仅是提供而非证明该国法律的义务。这使得法官等法律适用者承担了几乎不可能完成的查明责任。当他们没有条件完成这一任务或者为了理解、适用法律的便利而漠视当事人提供的外国法的证明材料时，往往会倾向法院地主义，扰乱法律选择的正常秩序①
学者四	在外国法内容确定过程中，如果经法院多次查证无法查明或者当事人也提不出有效证明或证明不充分时，我国法院在实践中的做法是直接适用中国法代替外国法，但这时就会出现一种情况，中国法中无此规定或者规定不符合实际情况无法适用。如果出现了这种情况，应该如何处理，我国现行法律没有规定。我们认为，如果出现了上述情况，可以分类进行处理，如果有一方当事人是内国人或者法律关系涉及的财产位于内国，则可以类推适用中国法或者适用一般法理。如果双方当事人不是内国人或者在法律关系中无任何一种关系涉及内国利益时，法院则应驳回当事人的诉讼请求。我们认为，在外国法无法查明时，直接适用中国法的法律规定尚欠完善，应该分析多种情况加以分别规定。这样，既完善了法律，也保护了当事人的合法利益，也使得法院在实践中操作方便了许多②
学者五	目前虽然最高人民法院的审判指导意见及有关的司法解释均要求由当事人承担外国法查明责任，但均未排除法院的同步查明责任，致使在司法实践中，许多当事人出于某些考虑，对于外国法的查明持消极观望态度：有的当事人为节省查明外国法所需人力、物力和财力，消极地等待对方当事人和法院查明；有的当事人在查明外国法后发现对己不利，便拒绝提供；有的当事人希望适用中国法律，因此直接或间接地抵制外国法律的查明——因为根据我国有关司法解释及司法实践，通过一定的努力仍然不能查明外国法的，法院会适用中国法律。解决这些消极被动问题的根本对策是，通过立法明确分配外国法查明责任及相应的法律后果。对于有责任查明却拒绝查明或抵制法院查明指令而导致相应的外国法无法查明的，可以驳回其相应的诉讼请求或拒绝其抗辩理由，在其他情况下，可以适用其他替代性的准据法③

① 董金鑫．国际私法视野下外国法的性质和证明：处于法律和事实之间［J］．海峡法学，2011（4）：94.

② 王威．简谈限制外国法适用的一项制度：外国法的查明［J］．广西政法管理干部学院学报，2001，16（4）：85.

③ 向明华．论外国法查明责任的分配：兼涉外海事审判视角［J］．武汉大学学报（哲学社会科学版），2009，62（3）：318.

续表

学者六	外国法查明程序的新发展对传统的单纯事实的冲击也是相当大的，英美法国家一贯坚持将外国法视为当事人引用来主张自己权利的事实，而不是看作法院主动适用的法律。现在这些国家已经改变了传统观点，尽管还是将外国法看作事实问题，但它是一个特殊种类的事实问题①
学者七	《中华人民共和国涉外民事关系法律适用法》的规定对我国关于外国法的查明有所创新：首先，该法首次明确规定了仲裁机构可以作为外国法查明的主体。其次，该法首次规定当事人可以自由协定选择适用的法律。存在的问题是：对外国法的性质界定不明，外国法是事实还是法律没有明确界定。这可能导致当事人与法院在外国法查明时产生冲突，也有可能导致法官在外国法查明时消极懈怠，走马观花，从而适用自己最为熟悉的国内法，致使外国法查明形同虚设。最后，我国外国法查明失败仅仅是指查不到外国法的情况，太过粗略，忽视了对外国法适用错误时的救济途径和方法。因此，我国应在立法上进行完善，使之囊括外国法查明的责任、外国法的查明方法、查明资料的审查核实、外国法查明失败的处理等问题②
学者八	我国涉外民事关系法律适用法将仲裁机构、行政机关纳入外国法查明的主体中，不乏创新性；规定当事人可以选择适用外国法，同时规定当事人应当提供该国法律。规定了法院、仲裁机构、行政机关查明外国法的职责，未涉及当事人的责任。规定了无法查明的救济措施即适用中国法律，这是以往法律中未涉及的领域，弥补了空白，有利于保护我国当事人的合法权益。存在的不足是：条文规定当事人选择适用外国法律的，应提供该国法律。规定了当事人应当承担依职权查明外国法的职责而不是赋予享有可以外国法查明的权利，法院、仲裁机构、行政机关无须履行外国法查明职责，直接将外国法查明任务完全转移到当事人身上，给当事人造成一定压力，建议将应当改为可以，让当事人的义务演变为赋予当事人的权利。条文规定不能查明外国法律或者该外国法律没有规定的，适用中国法律，这缩小了法律适用的范围，不利于涉外案件的公平公正解决。另外，只规定了外国法无法查明的救济方法，但对于人民法院、仲裁机构、行政机关自行适用外国法错误，或上述主体依据当事人查明的外国法的内容适用了错误的外国法，从而导致了审判结果不公正、不合理情况未作规定，即在适用外国法错误的补救上仍是立法空白③

① 唐卫华．论外国法的查明程序及其发展［J］．边疆经济与文化，2013（4）：189.

② 刘圣杰．浅论外国法查明制度及我国相关立法分析［J］．东方企业文化，2012（10）：124.

③ 姜绚丽．浅析《涉外民事关系法律适用法》中外国法查明的法律适用规则［J］．商业文化，2011（10）：16.

续表

学者九	我国涉外民事关系法律适用法没有对外国法的解释问题作出规定，外国法的解释问题主要是指法官依据何种法律对外国法的内容和性质进行解释。国际社会通行的做法有两种：一种是依外国法所属法律体系进行解释，另一种是依据法院地法进行解释。只有把外国法放在所属体系下进行解释，才能正确理解外国准据法的定义、原则和规定，法官应在外国准据法所属的法律体系内，用解释本国法的方法和原则解释外国法，才能正确适用外国准据法，保护当事人的合法权益①
学者十	我国《最高人民法院关于贯彻执行〈中华人民共和国民法通则〉若干问题的意见（试行）》及2007年《最高人民法院关于审理涉外民事或商事合同纠纷案件法律适用若干问题的规定》，前一个司法解释强调以人民法院为主查明，后一个司法解释强调当事人查明外国法的责任。我国涉外民事关系法律适用法规定的外国法查明不再是依职权必须由法院进行，但该法规定的当事人提供的外国法的说法有点模糊，如该外国法是不是真的存在，是不是与该外国的法律存在差异，对该外国法的证实由谁负责，当事人提供的外国法律能否作为法院审判的依据。我国涉外民事关系法律适用法规定，涉外民事关系适用的法律，其他法律有特别规定的，依照其规定。前面的两个司法解释应该不属于严格的“法律”和“特别法”。由于前面的两个司法解释和法律适用法的衔接出现了不少问题，可以停止适用这两个司法解释，或者由最高人民法院制定新的司法解释，指导司法实践②
学者十一	认为通过专家意见查明外国法是涉外民事审判最常用的手段，外国法内容的提供者本质上属于专家的一种，外国法专家因过错出具错误外国法意见并造成当事人损害的，应承担侵权责任，该侵权责任适用过错责任原则。专家的加害行为包括出具了客观上存在错误的外国法意见。外国法查明错误造成的损害既可能是财产性损害，也可能是非财产性损害，如果专家提供了错误的外国法意见，且法院以此依据作出不利于当事人的裁判，或者当事人基于错误的外国法意见作出重大决定，即在专家加害行为和当事人权益损失之间形成因果关系，只有外国法专家对损失的发生有过错时才承担责任。由法院指定出具外国法意见的专家，不得通过约定预先排除其过错责任。接受当事人委托的专家，可以通过约定免除过失责任，但不能免除因为故意的责任③
学者十二	认为外国法查明责任主体的确定不应只是局限于法院和当事人之间的严格区分，而应着眼于外国法查明的目的。一般情况下，法官较当事人拥有更专业的法律知识或获取外国法的途径，除个别情况外，更多时候法官查明外国法的责任更大。应采用广泛的外国法查明途径，并规定外国法无法查明时，适用与该外国法类似的法律。在外国法无法查明时，也可以适用一般法律④

① 白倩倩．浅议外国法查明的性质和方法［J］．法制与经济，2011（4）：20.

② 罗平．涉外民事关系法律适用法中外国法查明制度探析［J］．法制博览（名家讲坛，经典杂文），2012（8）：5，6.

③ 王葆莳．外国法查明中的专家侵权责任研究［J］．时代法学，2011，9（5）：94.

④ 黄保勇，马永梅．外国法查明中外国法“事实说”的质疑［J］．宁夏大学学报（人文社会科学版），2009，31（2）：111，112.

续表

学者十三	我国的法律规定过于原则、简单。如何确定外国法不能查明及其判断标准如何，是否要穷尽五种方法才能得出外国法无法查明的结论，冲突规范的适用是强制性的还是任意性的，查明的费用由谁承担，在法院地法没有规定或者规定不符合实际情况时如何适用法律等。对外国法的性质没有明确，会导致举证责任不明确。对于当事人所提供的外国法有效形式没有具体规定。立法建议：针对外国法无法查明问题应从查明的途径是否用尽来判断。在分配上以法官职权为主，当事人证明为辅①
学者十四	我国法院在实施关于外国法查明的立法和司法解释中最大的不足是在一些案件中经常倾向于滥用外国法无法查明制度。要避免这一问题应该从立法上对法官查明外国法的责任义务进行明确规定，在司法实践中对我国基层法院认定外国法无法查明的自由裁量权进行限制②
学者十五	法院是唯一查明外国法的公共机关，我国涉外民事关系法律适用法规定除法院外，还包括仲裁机构、行政机关，且其查明外国法的规则完全等同于法院查明外国法的规则。世界其他各国鲜有这样的规定。另外，应赋予当事人查明模式为基本的外国法查明模式，同时赋予法官自由裁量权，法官必要时可以逾越当事人所提供的外国法的信息范围，并对外国法的内容和解释享有最终决定权③
学者十六	应在域外法的查明过程中设立合理期限。确立域外法查明的确认程序，建立专家认证制，重视专家意见。明确法院依职权查明外国法的责任，由当事人提供外国法为首选途径，如果当事人拒绝提供或者未能提供的，法院依程序请求司法部、外交部予以协助查明。当外国法的专家提供的外国法真假难辨时，法官可以通过互联网等查阅。在不同法律专家意见不一致时，法院应允许法律专家以证人身份出庭作出说明。在对外国法确认过程中，查明的外国法难以直接适用的，可以参考适用专家证人的意见。在外国法查明不充分时，以准据法所属法域的法律基本原则作为补充。外国法不能查明时，一般适用我国法律解决④

① 黄真珍．外国法的查明及我国的相关立法分析［J］．郧阳师范高等专科学校学报，2011，31（5）：116，117.

② 肖芳．我国法院对“外国法无法查明”的滥用及其控制［J］．法学，2012（2）：109.

③ 焦燕．我国外国法查明新规之检视：评《涉外民事关系法律适用法》第10条［J］．清华法学，2013，7（2）：171，174.

④ 刘景景．我国域外法查明制度之反思与重构［J］．湘南学院学报，2011（3）：20-22.

续表

学者十七	1988年司法解释只是规定了外国法查明的五种方式，并没有解决对外国法的定性，对外国法查明的责任归属也没有明确规定，如什么情况属于外国法无法查明以及无法查明外国法时法院应如何救济，对于什么情况属于外国法的错误适用也没有规定。过于原则和简单，在实践中缺乏指导作用。建议将需要查明的外国法定性为事实，但同时规定它是一种不同于内国法的法律。在查明方式上采用当事人提供和法官依职权调查的方式，并由专家出具证据予以证明。对于中国香港、中国澳门、中国台湾地区的法律，借鉴英国做法，采取司法认知的方式予以确认。关于外国法无法查明的救济，直接适用中国法代替外国法不妥，应补充适用法院地法，如果法院地法没有相关规定或者规定不符合实际情况，无法适用的，可适用与该外国法相类似的国家的法律。关于外国法错误适用的补救，允许当事人上诉，不能驳回当事人的起诉。因为驳回起诉，相当于拒绝给予当事人司法救济，是非常不合理的①
学者十八	如果当事人就所争议问题选择适用某英美判例法，经各种途径都是无法查明的，解决当事人的纠纷就没有了法律依据，但当事人选择时的目的是解决纠纷，既然这个目的无法实现，那么该选择是无效的，其后果与没有选择一样，根据2007年《最高人民法院关于审理涉外民事或商事合同纠纷案件法律适用若干问题的规定》（当事人未选择合同争议应适用的法律的，适用与合同有最密切联系的国家或地区的法律），在当事人约定的英美法无法查明时，法院应对当事人的合同争议所适用的法律依最密切联系原则作一次法律选择，就同一问题能提供的其他连结因素而确定应适用的法律，避免过多适用中国法，体现对法律的公平选择②
学者十九	最高法院在国际私法上诉案件中，应否审查外国法的错误适用，不仅关乎对外国法适用的本质的理解，也关乎最高法院在一国司法体系中的地位及其透明的司法理念。无论是从最高法院的上诉裁判功能出发，还是从其发展法律的功能出发，其都应像审查国内法的适用那样，去审查外国法的适用，其中并不存在两国司法权威乃至国家主权的冲突。相反，最高法院在国际私法案件中解释和适用外国法，正可趁机深入外国法的机理，提起外国法的形式技艺和精神价值，将它们有机地融入本国法律体系中，丰富发展本国法律体系，这将有助于一国最高法院增进包容和开放的精神③

① 李研．英法两国关于外国法查明问题之比较及其启示［J］．郑州大学学报（哲学社会科学版），2005（3）：72.

② 顾丽琛．中国司法实践中英美判例法的查明［J］．法制与社会，2009（17）：183.

③ 宋晓．最高法院对外国法适用的上诉审查［J］．法律科学：西北政法大学学报，2013（3）：138.

续表

学者二十	当代美国立法与司法实践在查明外国法的问题上，已经大别于传统的普通立法与司法实践。如外国法被定性为法律而不再被视为事实。查明外国法的主体由传统的当事人一元制过渡到法官与当事人二元制，且法官正发挥着越来越主动的重要作用。为在个案中实现公正的审判结果，查明外国法的程序正在逐渐灵活化。随着国际人员交往的日益密切与网络技术的日益发达，查明外国法的难度逐渐降低，途径也随之增多。外国法事项属于完全审查范围，当事人可以以查明外国法事项存在错误为由提起上诉。美国上诉法院在确认原审法院在查明外国法发生错误时，通常会要求原审法院重新查明外国法，因外国法无法查明而假定外国法与法院地法相同，转而依照本地法裁判的情况逐渐减少。但我国近年来的国际私法教材在外国法查明问题上，对美国的介绍没能反映这些最新成果，还停留在20世纪中期以前的状态。如认为美国因循普通法的传统，将外国法视为事实，关于外国法查明的主体、途径、程序、查明错误的救济方法等，都与当代美国的立法与司法实践严重背离。其严重性不仅在于向学生与研究者传递了过时、错误的知识与信息，更从一个侧面反映出当代中国国际私法教学与研究的状况不容乐观，不利于培养出合格的涉外法律人才①

《中华人民共和国民法典（草案）》中，第十二条规定：依照本法规定应当适用的法律为某外国法律时，中华人民共和国法院、仲裁机构或者行政机关可以责成当事人提供该外国法律，也可以依职权查明该外国法律。当事人不能提供或者法院、仲裁机构、行政机关无法查明该外国法律，可以适用中华人民共和国法律。②

在笔者所拟的冲突法（草案）中，第十四条规定：中华人民共和国法院和仲裁机构审理国际民商事案件时，或者中华人民共和国行政机关处理国际民商事项时，对中国加入的国际条约或中国冲突规范指定的法律、国际惯例由法官负责查明，其他由当事人负责提供。不能查明或者经查明不存在有关法律规定的，由法官负责查明的，适用与该外国法律类似的法律或者中华人民共和国相应的法律。由当事人负责提供的，驳回起诉。2010年《中华人民共和国涉外民事关系法律适用法》第十条规定：“涉外民事关系适用的外国法律，由人民法院、仲裁机构或者行政机关查明。当事人选择适用外国法律的，应当提供该国法律。不能查明外国法律或者该国法律没有规定的，适用中华人民共和国法律。”2012年《最高人民法院关于适用〈中华人民共和国涉外民事关系法律适用法〉若干问题的解释（一）》第十七条规定：“人民法院通过由当事人提供、

---

① 霍政欣．美国法院查明外国法之考察［J］．北京科技大学学报（社会科学版），2007，23（4）：82.

② 屈广清．涉外民事关系法律适用法的科学立法［M］．北京：东方出版社，2019：163.

已对中华人民共和国生效的国际条约规定的途径、中外法律专家提供等合理途径仍不能获得外国法律的，可以认定为不能查明外国法律。根据涉外民事关系法律适用法第十条第一款的规定，当事人应当提供外国法律，其在人民法院指定的合理期限内无正当理由未提供该外国法律的，可以认定为不能查明外国法律。”第十八条规定：“人民法院应当听取各方当事人对应当适用的外国法律的内容及其理解与适用的意见，当事人对该外国法律的内容及其理解与适用均无异议的，人民法院可以予以确认；当事人有异议的，由人民法院审查认定。”

值得说明的是，科学研究海冲突法的立法范式，不能只是站在某一个国家的立场、需求与角度，马克思主义认为：“思考和研究不同地区、不同时代的法律问题，都是站在每个国家自身的条件和实际情况的角度上，把握社会现实……不能将不同国家的法学问题、社会情况和历史发展当成一般社会规律套用。”① 因此，研究海冲突法的范式问题，一定要在充分比较研究的基础上，以构建人类命运共同体的责任使命，确定采用最佳的解决方法。

七、关于海冲突法相关制度的立法建议

关于海冲突法的基本制度，理论上及立法上均较少涉及，但这些问题非常重要，否则只规定法律适用的具体方法，不规定法律适用的基本制度，则法律适用的方法不能得到法律适用基本制度的保护，可能会达不到立法的既定目标。因此，笔者的立法建议，补充了关于海冲突法基本制度规定方面的内容。

1.【公共秩序保留】依照本法的规定适用外国法律（包括外国强制性规定）、国际惯例或者未对中华人民共和国生效的国际条约，不得违背中华人民共和国的公共利益或中华人民共和国法律、行政法规强制性规定。

2.【先决问题】海事先决问题适用法院地的冲突法。但如果依法院地法不能解决的，可以适用当事人选择的法律。必要时由法官根据先决问题与争讼问题准据法所属国、法院地国、对其有管辖权国家的关系来判断，适用与之有最密切联系的国家的冲突规则。

3.【识别问题】海事识别问题适用法院地法。但如果依法院地法不能解决的，可以适用当事人选择的法律或者相关外国的法律。如果相关外国的法律之间规定有矛盾，则采用比较的方法，选择一种较好的规定进行适用。除当事人的国籍外，对于连结点的认定，适用法院所在地的法律。外国法的解释，应该

① 张健，周世虹．马克思的法学思想发展历程及新时代价值［J］．哈尔滨学院学报，2019，40（8）：28.

根据该外国法本身的解释和运用标准来决定。

4.【法律规避】当事人故意规避中华人民共和国强制性或者禁止性法律规定的，不得适用当事人企图适用的法律。当事人故意规避外国强制性或者禁止性法律规定的，该外国强制性或者禁止性法律规定符合国际惯例的，不得适用当事人企图适用的法律。

5.【外国法的查明】中华人民共和国法院和仲裁机构在审理海事案件时，或者中华人民共和国行政机关在处理海事事项时，对中国加入的国际条约或中国冲突规范指定的法律、国际惯例由法官负责查明，其他由当事人负责提供。不能查明或者经查明不存在有关法律规定的，由法官负责查明的，适用与该外国法律类似的法律或者中华人民共和国相应的法律。由当事人负责提供的，驳回起诉。

6.【反致问题】涉外海事关系适用的外国法律，不包括该国的法律适用法。

7.【国内强制性规定】中华人民共和国法律对涉外海事关系有强制性规定的，如案件与中华人民共和国具有密切联系，应直接适用该强制性规定。

【理由说明】与《中华人民共和国涉外民事关系法律适用法》的规定相比，增加了“如案件与中华人民共和国具有密切联系，应直接适用该强制性规定”的限定，因为如果案件与中华人民共和国没有密切联系，适用我国强制性规定实属没有必要。与此同时，笔者的规定也尊重了其他有管辖权的国家的法院在审理该案时的态度。

8.【外国强制性规定】外国强制性规定与案件有最密切联系的，可以得到适用。

【理由说明】该规定与前条的规定相辅相成，一方面适当限制本国的强制性规定，另一方面尊重外国强制性规定，才能在此问题上达成一致，产生和谐。

第五章

马克思主义思想与海冲突法主体研究

马克思主义思想是不断发展与完善的，“列宁找到了商业环节，但是他认为这是资本主义的东西，只是因为过渡时期兼有资本主义的特征才主张走商业之路而向社会主义过渡……现在，我们已经认识到，生产的商品化即市场经济是人类发展不可逾越的阶段，而不是资本主义社会的专有物，提出在社会主义初级阶段要发展市场经济。从这个意义上讲，列宁的思想得到了发展，是一个伟大的进步”①。因此，研究海冲突法或者海事国际私法主体的各种问题，要以发展的马克思主义思想为指导。

海冲突法研究的主体是涉外海事关系的主体。关于涉外海事关系，根据《最高人民法院关于适用〈中华人民共和国涉外民事关系法律适用法〉若干问题的解释（一）》规定，通常具有下列情况，可以认定为涉外海事关系：（1）涉外海事关系的主体方面，至少主体一方的国籍或者住所具有涉外因素，或者主体是无国籍人；（2）涉外海事关系的客体方面，作为海事关系的客体是位于外国国家或者地区的财产利益，或者是需要在外国国家或地区完成的行为；（3）涉外海事关系的法律事实方面，该法律事实发生在外国国家或者地区，其中包括行为事实和自然事实；（4）其他。

在《最高人民法院关于适用〈中华人民共和国涉外民事关系法律适用法〉若干问题的解释（一）》中，把涉外海事关系的主体方面作为判断涉外海事关系的第一个考虑因素，可见，研究涉外海事关系法律适用法的主体是非常必要的。

海冲突法或者海事国际私法的主体是海事法律关系的重要构成要素，是海事涉外案件进行的前提与基础，是正确认识与解决涉外海事案件的中心环节。在下面海上货物运输合同的无单放货和货损货差纠纷中，正确区分海事国际私法主体——海上货物运输过程中出现的各种“承运人”和“代理人”的法律地

---

① 付子堂. 马克思主义法律思想研究［M］. 北京：高等教育出版社，2005：187.

位，从而选择应当承担赔偿责任的承运人作为被告，是直接影响托运人最终胜诉权实现的关键环节。在司法实践中，如果提单签发人与提单抬头人不一致或提单记载内容的真实性存在某些瑕疵，法院就应该根据不同的法律关系和当事人的实际履行情况来推定契约承运人，这些问题十分重要。如原告东方国际创业浦东服装进出口有限公司诉被告北京华夏企业货运有限公司上海分公司、被告华夏货运有限公司海上货物运输合同纠纷案。①

2002年8月，原告东方国际创业浦东服装进出口有限公司（简称东方国际）将一批棉织物交付给被告北京华夏企业货运有限公司上海分公司（简称北京华夏）从上海运送到墨西哥。北京华夏收取了包干费，并交付给东方国际一套编号为SHHX02080402的正本指示提单，该提单抬头为华夏货运有限公司（简称华夏货运），托运人为东方国际，收货人凭指示，签单处盖有杨云和上海华夏货运有限公司的印章。后因与东方国际签订国际贸易合同的买方一直没有付款买单，东方国际在仍持有上述指示提单的情况下，货物在目的港已被提取。东方国际遂以两被告（北京华夏、华夏货运）无单放货为由提起诉讼。

经上海海事法院审理查明，签发上述提单的上海华夏货运有限公司根本不存在，且涉案提单为北京华夏、华夏货运在我国交通部运输各自报备的无船承运人提单。涉案货款已经外汇核销。在庭审过程中，华夏货运自认其是本案的无船承运人，且同北京华夏存在代理协议，并授权杨云签发提单。北京华夏也承认自己是无船承运人的代理人。东方国际、北京华夏、华夏货运对涉案货物在目的地被无单交付和上海华夏货运有限公司不存在的事实都无异议。

上海海事法院经审理认为，对无船承运人的识别主要看东方国际向谁订舱，涉案货物是谁向实际承运人订舱出运以及涉案无船承运人提单的签单人是谁等事实。东方国际未提供证据证明其向北京华夏订舱，也未证明北京华夏作为托运人向实际承运人订舱出运涉案货物。华夏货运自认是无船承运人，并提交证据证明授权杨云签发提单，与北京华夏存在代理关系。因此，认定华夏货运为本案的无船承运人，北京华夏为无船承运人华夏货运的代理人。本案提单为指示提单，华夏货运作为承运人在未收回正本提单的前提下将货物放行，违反了承运人凭正本提单交付货物的义务，理应

① （2003）沪海法商初字第266号。

承担违约赔偿的责任。北京华夏作为华夏货运的代理人，对本案海上货物运输合同纠纷不承担责任。但由于东方国际未能证明因承运人违约给自己带来损失，因此，判决对东方国际的诉讼请求不予支持。一审判决后，东方国际不服提起上诉，上海市高级人民法院经审理认为，原判决认定事实清楚，适用法律正确，遂判决驳回上诉，维持原判。

以上案例反映了涉外海事法律关系主体的复杂性，特别是在存在代理的情况下，主体的认定就更显得复杂。

在涉外海事法律关系中，涉外海事关系法律适用法的主体不仅包括人，也包括非人，主要包括以下几类。

第一节　自然人

马克思主义认为，人是自然界的一部分。“自然人”这一概念在马克思主义思想形成过程中极为重要。马克思通过对旧哲学的批判，阐明了人之存在的历史性。历史的前提是“现实中的个人”①。事实上，“马克思分析任何事物都始终把人作为研究的主体……这也是历史唯物主义的精髓”②。在研究海冲突法范式的时候，自然人仍然是研究的重要主体。

人类社会和自然界有所区别，其区别在于人类社会生活的一切领域及一切活动都是由人参与的、创造的。“在历史中活动的是无数的个人，每个人从事活动的目的往往是各不相同的，甚至是互相冲突的，历史就是这无数互相冲突的活动的总的结果。”③ 在海冲突法或者海事国际私法领域，每个人从事海事活动，形成海事法律关系的目的也是各不相同的，甚至是互相冲突的，海冲突法或者海事国际私法的历史就是这无数互相冲突的海事活动的总的结果。

自然人是海事国际私法中的重要主体。自然人经常会涉及海冲突法或者海事国际私法问题，如作为自然人的船舶所有人甲具有英国国籍，同时还具有加拿大国籍，但他的住所在加拿大，他在美国及加拿大都有一定的业务，中国法

---

① 中共中央马克思恩格斯列宁斯大林著作编译局．马克思恩格斯文集：第1卷［M］．北京：人民出版社，2009：524.

② 张健，周世虹．马克思的法学思想发展历程及新时代价值［J］．哈尔滨学院学报，2019，40（8）：28.

③ 肖前．马克思主义哲学原理：下册［M］．北京：中国人民大学出版社，2014：419.

院在审理案件时应该如何确定甲的本国法。这些问题涉及海事关系自然人的国籍冲突。1957 年《船舶所有人责任限制国际公约》规定的海事赔偿责任限制的责任主体许多都可以是自然人，如船舶所有人、承租人、管理人、经营人、船长、船员及其他雇员等。对不同主体规定了不同条件，船舶所有人、承租人、管理人、经营人实际过失或者参与所引起的事故，不能限制责任；其他人实际过失或者参与所引起的事故，可以限制责任。《韩国商法典·海商法》第八百六十一条规定的产生船舶优先权的海事请求涉及的即自然人：第一，船员及其他船舶雇佣人员，因雇佣合同而产生的债权；第二，对船员的生命或人身伤害。

1994 年《瑞典海商法》第三部分"责任部分"第一条规定："船舶所有人或经营人应当对船长、船员或引航员在履行职责的过程中由于过失造成的损失或损害负责。船舶所有人或经营人还应对依照船舶所有人、经营人或船长的指示，在船上服务的工作人员造成的损失或损害负责。船舶所有人或经营人已经赔偿了损失的，他有权向造成损失或损害的人追偿。"该规定也涉及了许多自然人的法律问题。

在法哲学理论上，关于主体相关问题认识不一。存在主客二分（subject-object dichotomy）、主客一体（subject-object integration）等不同范式（paradigm）。① 主客二分认为人始终是主体，不能成为客体，物始终是客体，不能成为主体。主客一体将"人与物（或人与自然）这两组不同性质的关系联系起来，进行综合考虑"②，认为主体不等于人，客体不等于物。因此，在各国的规定中自然产生不同。

（一）自然人的国籍和国籍冲突

1. 自然人的国籍在海冲突法或者海事国际私法上的意义

国籍是指自然人属于某国的法律证明。在冲突法上，国籍有两个功能：一是判断某一海事关系是不是涉外海事关系的根据之一；二是国籍是指引涉外海事关系准据法与管辖权的一个重要连结因素。《最高人民法院关于适用〈中华人民共和国涉外民事关系法律适用法〉若干问题的解释（一）》规定，通常具有下列情况，可以认定为涉外海事关系：（1）涉外海事关系的主体方面，至少主体一方的国籍或者住所具有涉外因素，或者主体是无国籍人；（2）涉外海

---

① 范式（paradigm）这一概念是美国哲学家托马斯·库恩提出的，指形成某种科学特色的基本观点。参见艾尔．社会研究方法基础：第八版［M］．邱泽奇，译．北京：华夏出版社，2002：31. 也有学者认为范式指一种世界观或者伦理观。参见格里芬．后现代精神［M］．王成兵，译．北京：中央编译出版社，1998：213.

② 蔡守秋．基于生态文明的法理学［M］．北京：中国法制出版社，2014：9.

事关系的客体方面，作为海事关系的客体是位于外国国家或者地区的财产利益，或者是需要在外国国家或地区完成的行为；（3）涉外海事关系的法律事实方面，该法律事实发生在外国国家或者地区，其中包括行为事实和自然事实；（4）其他。

2. 自然人国籍的冲突及其解决

自然人的国籍冲突分为积极的冲突和消极的冲突。在海事国际私法中，把一个人同时有两个或两个以上国籍的情况称为国籍的积极冲突，而国籍的消极冲突则是指一个人无任何国籍或国籍不明的情况。

一般而言，对于自然人国籍的积极冲突，应分不同情况采取不同方法加以解决。如一个人既具内国国籍，又具外国国籍时，无论是同时取得还是异时取得的，国际上通行的做法都是主张以内国国籍优先，以内国法为该人的本国法。如当事人具有的两个或两个以上的国籍均为外国国籍时，则各国的做法不一：

一是以最后取得的国籍优先。例如，1964 年捷克斯洛伐克《国际私法及国际民事诉讼法》第三十三条第二款规定："当事人同时具有几个外国国籍时，以最后取得国籍为优先。"① 但在实际生活中，有时一个人有两个以上国籍并非先后取得，而是同时取得的，针对这种情况，该法同条第三款又规定："不能确定最后取得的国籍时，应视为具有住所地国家之国籍。"《韩国国际私法》第二条也是承认最后取得的国籍。

二是以当事人住所或惯常居所所在地国国籍优先，以该国法律为其本国法。

三是采用最密切联系为标准，在国籍发生积极冲突时，以与其有最密切联系的国家的法律为其本国法。

1988 年我国《最高人民法院关于贯彻执行〈中华人民共和国民法通则〉若干问题的意见（试行）》第一百八十二项规定："有双重或多重国籍的外国人，以其有住所或者与其有密切联系的国家的法律为其本国法。"由于我国 1980 年的《中华人民共和国国籍法》不允许具有中国国籍的人同时具有外国国籍，所以未规定一个人兼具中国与外国国籍时的解决办法。

对于国籍的消极冲突，1988 年我国《最高人民法院关于贯彻执行〈中华人民共和国民法通则〉若干问题的意见（试行）》第一百八十一项规定："无国籍人的民事行为能力，一般适用其居住国法律；如未定居，适用其住所地国

---

① 李双元，欧福永，熊之才．国际私法教学参考资料选编［M］．北京：北京大学出版社，2002：221.

法律。”①

2010年《中华人民共和国涉外民事关系法律适用法》第十九条规定：“依照本法适用国籍国法律，自然人具有两个以上国籍的，适用有经常居所的国籍国法律；在所有国籍国均无经常居所的，适用与其有最密切联系的国籍国法律。自然人无国籍或者国籍不明的，适用其经常居所地法律。”②

值得注意的是，对于各种原因丧失国籍的人，一般还可以重新取得原来的国籍，即国籍的恢复。如《中华人民共和国国籍法》第十三条规定：曾有过中国国籍的外国人，具有正当理由，可以申请恢复中国国籍。③

（二）自然人的住所与住所冲突

在海事国际私法上，住所指常住的地方，表现为当事人与特定法域（territorial legal unit）之间的联系。每个人在法律上都有住所。“Every person sui-juris (the ‘propositus’ has a domicile).”④ 住所各有不同，有临时的，也有永久的。“Every person in the course of his life becomes concerned in matters with legal implications, some of which are transient or temporary, and others of a more permanent nature.”⑤ 各国一般认为，一个住所的确立需要同时具备两个重要条件，即主观有意思，客观有事实。笔者认为，后者更重要，因为不论是否有常居的意思，只要有常居的事实即可，否则，无法判断多久为常居，就无法统一适用该规定。⑥

1. 住所的冲突

（1）自然人的住所

住所在具体的量化上，各国又有不同的掌握。我国采用户籍、经常居住地的标准认定住所，《中华人民共和国民法通则》第十五条规定，公民以他的户籍所在地的居住地为住所，经常居住地与住所不一致的，经常居住地视为住所。

---

① 李双元，欧福永，熊之才．国际私法教学参考资料选编［M］．北京：北京大学出版社，2002：87.

② 屈广清．涉外民事关系法律适用法的科学立法［M］．北京：东方出版社，2019：69.

③ 屈广清．涉外海事关系法律适用法立法研究：兼及海事冲突法哲学与海事立法文化的探赜［M］．北京：人民出版社，2016：246.

④ CRAWFORD E B，CARRUTHERS E B. International Private Law：A Scots Perspective［M］. Edinburgh：Thomson Reuters，2015：89.

⑤ CRAWFORD E B，CARRUTHERS E B. International Private Law：A Scots Perspective［M］. Edinburgh：Thomson Reuters，2015：87.

⑥ 中华人民共和国常用法典［M］．北京：法律出版社，2013：63.

（2）自然人的居所

居所，即经常居住地。2010 年《中华人民共和国涉外民事关系法律适用法》使用了“经常居所地”这一概念。从字面看，住的地方即住所，居的地方即居所，住与居并无不同。但冲突法意义上的含义有些故弄玄虚，住所比较严格，要求常居，还要有主观认同这一住地。居所即居住的地方。在现代社会发展的今天，居所与住所都可以不那么严格认定，不那么严格区分。因为主观的因素无法判断，而且也不准确。在立法中，各国的规定也是不一致的，许多国家没有对之进行区分。关于中国的相关规定，2020 年通过的《中华人民共和国民法典》第二十五条规定：“自然人以户籍登记或者其他有效身份登记记载的居所为住所；经常居所与住所不一致的，经常居所视为住所。”该规定与《中华人民共和国民法通则》第十五条规定一致。1998 年修订的《德国民法典》规定了一般住所、非完全行为能力人的住所、军人的住所、儿童的住所等。关于一般住所，《德国民法典》第七条规定：“（1）持续居住于一地的人，即在该地设定其住所；（2）住所可同时存在于数地；（3）如果以废止的意思表示放弃其居所，其住所即被废止。”① 比较来看，我国首先强调自然人户籍登记或者其他有效身份登记记载的居所这一住所判断标准，与德国规定不同。但规定的“经常居所与住所不一致的，经常居所视为住所”，与德国规定的“持续居住于一地的人，即在该地设定其住所”基本相同，但我国没有规定住所可同时存在于数地及住所的废止问题，更没有规定非完全行为能力人的住所、军人的住所、儿童的住所等内容。就两国比较而言，规定不同，会带来自然人住所上的法律冲突。比较而言，德国的规定比较全面，值得借鉴，特别是关于儿童的住所，需要法律的明确规定，更有利于保护儿童。《德国民法典》第十一条规定：“未成年的儿童以其父母的住所为其住所；儿童不与无权照顾儿童本人的父亲或者母亲共其住所。父亲和母亲均无权照顾儿童本人的，该儿童与享有此项权利的人共其住所。儿童保有此住所，直到他在法律上有效地废止该住所为止。”② 该规定将各种可能性均考虑了，不留漏洞，值得借鉴。关于军人的住所，也明确好操作。《德国民法典》第九条第一款规定：“军人以其驻地为住所。国内无驻地的军人，以其在国内的最后驻地为其住所。”《匈牙利国际私法》第十二条规定：“（一）住所是个人永久居住或以永久居住的意思居住的地方；（二）惯常

① 德国民法典全文［EB/OL］. 道客巴巴，2015-01-10.

② 德国民法典全文［EB/OL］. 道客巴巴，2015-01-10.

居所是个人无永远居住的意思而较长居住的地方。"[①] 该规定比较妥当，只要二选一即可。

《瑞士联邦国际私法》第二十条规定："本法所指的住所，就是当事人的利益中心所在地。本法所指的习惯居所，就是当事人在某国居住有一定期限的处所，即使该期限极为短暂。"[②] 强调利益关系。

《列支敦士登关于国际私法的立法》第九条规定："在本法意义上，自然人拥有：a. 其住所，位于其久居意愿而居留之地；b. 其惯常居所，位于其在较长期间内生活之地，即使该期间自始便已设定。"[③] 没有清晰区分两者，前者强调意愿，或者强调期限。

《委内瑞拉国际私法》第一条规定："自然人的住所，位于其惯常居所地国境内。"[④] 将住所与惯常居所统一起来，便利执行。

以上各国的规定并不完全一致。在构建人类命运共同体的过程中，中国可以吸收各国的有益规定，各国也可取长补短，逐渐完善。

2. 自然人住所冲突的解决

对于住所的积极冲突，1988 年我国《最高人民法院关于贯彻执行〈中华人民共和国民法通则〉若干问题的意见（试行）》第一百八十三条规定，当事人有几个住所的，以与产生纠纷的民事关系有最密切联系的住所为住所。[⑤]

对于住所的消极冲突，各国也形成了一些解决的方法，如以当事人曾有过的最后住所为其住所，如无最后住所，则以其居所或者惯常居所代替其住所等。

1988 我国《最高人民法院关于贯彻执行〈中华人民共和国民法通则〉若干问题的意见（试行）》第一百八十三条规定，当事人的住所不明或不能确定的，以其经常居住地为住所。[⑥]

2010 年《中华人民共和国涉外民事关系法律适用法》第二十条规定："依

---

① 李双元，欧福永，熊之才．国际私法教学参考资料选编［M］．北京：北京大学出版社，2002：258.

② 李双元，欧福永，熊之才．国际私法教学参考资料选编［M］．北京：北京大学出版社，2002：412.

③ 李双元，欧福永，熊之才．国际私法教学参考资料选编［M］．北京：北京大学出版社，2002：434.

④ 李双元，欧福永，熊之才．国际私法教学参考资料选编［M］．北京：北京大学出版社，2002：534.

⑤ 李双元，欧福永，熊之才．国际私法教学参考资料选编［M］．北京：北京大学出版社，2002：87.

⑥ 李双元，欧福永，熊之才．国际私法教学参考资料选编［M］．北京：北京大学出版社，2002：87.

照本法适用经常居所地法律，自然人经常居所地不明的，适用其现在居所地法律。”①

值得说明的是，在海冲突法中，自然人的国籍与住所也是一个非常重要的联结因素。如在笔者所拟的海冲突法立法的中国范式中，第四十八条规定：除合同另有约定外，船员劳动合同，适用船旗国法、当事人住所地法中对船员保护有利的法律。第五十七条规定：前条的双方当事人具有同一国籍或者住所时，适用双方共同的本国法或住所地法及侵权行为地法中更有利于保护弱者的法律。

（三）构建人类命运共同体与自然人主体立法的思考

由于自然人主体的规定方面存在法律冲突，就难以避免挑选法院的现象存在，而且不利于民事法律关系的稳定性和确定性，难以实现任何一个法院审理案件都会取得一致性结果的目标。显然，这些情况与构建人类命运共同体的发展是相背离的。因此，只有逐渐加强冲突法规定的一致性，才能够妥善解决民事纠纷，稳定法律关系，构建和谐社会。

目前，各国关于自然人法律冲突的解决有着不同的规定，这些规定有共同之处，也有差异之处。在构建人类命运共同体的过程中，中国可以吸收各国的有益规定，各国也可求同存异、取长补短，逐渐完善。具体规定的情形如下：

1. 有的国家没有规定。如斯洛伐克共和国《关于国际私法与国际民事诉讼规则的法律》在法律冲突方面，就没有规定自然人法律冲突的解决。

2. 《泰国国际私法》的规定。第六条规定：“在应该适用的当事人本国法时，如当事人在不同时期取得两个以上国籍，则适用最后取得国籍所属国家的法律。在应适用本国法时，如当事人同时取得两个以上国籍，则适用住所所在地的本国法；如该当事人在别国又有住所，以诉讼开始时住所所在地法为其本国法；如不知其住所，以居所所在地法为其本国法。国籍冲突时，其中之一是泰国国籍的，以泰国法为其本国法。对无国籍的当事人依住所地法，不知其住所时依据居所地法。依本国法应适用该国地区法（the local law，the communal law）或教会法（the religious law）时，则予以适用。”② 强调国籍国的本国法。

3. 《韩国国际私法》的规定。关于本国法，第二条规定：“如应适用当事人本国法，而该当事人有一个以上国籍时，其本国法由最后取得的国籍确定。但如果其国籍之一是韩国，则适用韩国法。无国籍人，以其住所地法视为其本国

---

① 屈广清．涉外民事关系法律适用法的科学立法［M］．北京：东方出版社，2019：69.

② 李双元，欧福永，熊之才．国际私法教学参考资料选编［M］．北京：北京大学出版社，2002：142.

法。如其住所地无法确定，则适用其居所地法。当事人本国法因地区不同而不同时适用其所属地方的法律。”①

关于住所地法。第三条规定：“应适用当事人的住所地法，在其住所地无法确定时，适用其居所地法。应适用当事人住所地法时，准用前条第一、三两款的规定。”强调本国法、住所地法。

4.《土耳其国际私法和国际诉讼程序法》的规定。第四条规定：“国籍是确定准据法的基本标准，但下述情况除外：（1）无国籍人，依其住所地作为确定准据法的标准；没有住所的，依其居所；没有居所的，适用受理案件的国家的法律。（2）多重国籍人，同时具有土耳其国籍的，适用土耳其法律。（3）多重国籍人，不具有土耳其国籍的，则适用与之关系最为密切的国家的法律。”② 强调住所地法、最密切联系原则。

5.《越南民法典》的规定。第四十一条规定：“任何自然人都有权取得国籍。国籍的取得和变更、越南国籍的取得和放弃及其条件、程序和方式，依国籍法确定。”③ 强调本国法。

6.《波兰国际私法》的规定。第二条规定：“（一）应适用本国法时，波兰公民即使有外国承认的国籍，亦适用波兰法；（二）具有两个以上国籍的外国人，以同他关系最密切的国家的法律为其本国法。”④ 强调本国法、最密切联系原则。

7.《匈牙利国际私法》的规定。第十一条规定：“（一）人的国籍决定其属人法，国籍的变更不影响原有的个人身份和建立在原有国籍基础上的权利和义务。（二）如果一人具有几个国籍，而其中一个是匈牙利国籍，其属人法为匈牙利法。（三）如个人具有多重国籍，但都不是匈牙利国籍，或者无国籍，其属人法为其住所地法。对于有几个外国永久居所的个人，适用与其关系最密切的那个国家的法律。（四）如果按以上各规定不能决定人的属人法，而且他没有住所，其属人法以惯常居所决定。如个人的几个惯常居所中的一个在匈牙利，应

① 李双元，欧福永，熊之才．国际私法教学参考资料选编［M］．北京：北京大学出版社，2002：145.

② 李双元，欧福永，熊之才．国际私法教学参考资料选编［M］．北京：北京大学出版社，2002：160.

③ 李双元，欧福永，熊之才．国际私法教学参考资料选编［M］．北京：北京大学出版社，2002：172.

④ 李双元，欧福永，熊之才．国际私法教学参考资料选编［M］．北京：北京大学出版社，2002：227.

适用匈牙利法。”① 强调住所惯常居所。

8.《白俄罗斯共和国民法典》的规定。第十条规定：“1. 自然人国籍国法律为其属人法。如果某人有两个或两个以上的国籍，则以与该人有最密切的国家的法律为其属人法；2. 无国籍人的惯常居所所在地国法律为其属人法；3. 避难者的属人法为其提供避难的国家的法律。”② 强调属人法中的惯常居所。

9.《瑞士联邦国际私法》的规定。第二十二条规定：“对当事人的国籍产生疑问的，由产生疑问所涉及的国家的法律决定。”③ 该条只规定冲突法疑问，不规定具体内容。

第二十三条规定：“自然人取得瑞士国籍，同时又拥有外国国籍的，应以瑞士国籍作为确定法院管辖权的依据。当事人拥有几个国籍的，除本法另有规定外，以与当事人有最密切联系的国家的国籍作为确定所适用法律的依据。当事人拥有几个国籍的，当需要承认和执行外国法院判决时，只要其中任何一个国籍使承认条件得到满足，就可以得到瑞士法院的承认。”规定了最密切联系原则的应用。

第二十四条规定：“根据 1954 年 9 月 28 日《关于无国籍人地位的纽约公约》确定当事人为无国籍人的，或当事人与其本国关系中断的，即为无国籍人。根据 1979 年 10 月 5 日《关于难民地位的公约》被确认为难民的，即为难民。本法对无国籍人的法律适用，以当事人的住所作为连结因素。”

10.《列支敦士登关于国际私法的立法》的规定。第十条规定：“（1）自然人国籍法是该自然人所属国家的法律。如果一个人除了外国国籍外还具有列支敦士登国家公民权，则以列支敦士登法律为准；对于其他多国籍人，则以与其有最密切联系的国家的国籍为准。（2）如果一个人无国籍或者国籍无法确定，则以其惯常居所所在国法律为其国籍法。（3）对列支敦士登有效的国际公约意义上的流亡者或者由于比较严重的原因而与母国中断了联系的人，以其拥有住所，或者当缺乏此种住所时以其拥有惯常居所的国家的法律为其国籍法；该法对其母国法的反致无效。”④ 最密切联系原则、本国法。

---

① 李双元，欧福永，熊之才．国际私法教学参考资料选编［M］．北京：北京大学出版社，2002：258.

② 李双元，欧福永，熊之才．国际私法教学参考资料选编［M］．北京：北京大学出版社，2002：298-299.

③ 李双元，欧福永，熊之才．国际私法教学参考资料选编［M］．北京：北京大学出版社，2002：412.

④ 李双元，欧福永，熊之才．国际私法教学参考资料选编［M］．北京：北京大学出版社，2002：434.

11.《美国第二次冲突法重述》的规定。第十三条规定："法院在适用自己的冲突法规则时，依自己的标准确定住所。"① 适用法院地法的规定。

12.《阿根廷国际私法（草案）》的规定。第八条规定："自然人的住所依下述标准按指定顺序确定之：（1）以久居的意思设于一地的惯常居所。（2）无此种决定因素时，由配偶、未成年人和无行为能力的子女组成的家庭设于一地的惯常居所；或与其同居之配偶所设的惯常居所；或无配偶时，与其同居之未成年人和无行为能力的子女所设的惯常居所。（3）其主要营业地。（4）不存在所有这些情势时，仅有的居所视为住所。任何人不得没有住所，也不得同时有一处以上的上述住所。受父母监护的未成年人以其法定代理人的住所为住所。其他受监护的未成年人和已达法定年龄的被监护人得设有自己的住所。"② 强调属人法中的住所、惯常居所。

13. 加拿大《魁北克民法典》的规定。第三千零八十三条第一款规定："自然人的身份与能力由其住所地法支配。"③ 强调住所地。

14.《委内瑞拉国际私法》的规定。第十三条规定："处于亲权、监护或保佐下的未成年人或无行为能力人的住所，位于其惯常居所地国境内。"④ 强调属人法中的惯常居所。

15.《布斯塔曼特国际私法典》的规定。第九条规定："关于国籍如有争议，其中一个国籍所属的缔约一方，对于任何个人或法人的原有国籍以及这一国籍的取得、丧失和其后在该方领土内或领土外的回复等问题的确定，都可以适用其本国法。在一切其他情况下，应适用本章其他各条的规定。"⑤ 强调国籍国法。

（四）自然人权利能力与行为能力

1. 自然人权利能力的法律冲突

在法学理论上，对于"权利"的定义历来有"利益说""意志说""法力

① 李双元，欧福永，熊之才．国际私法教学参考资料选编［M］．北京：北京大学出版社，2002：445.

② 李双元，欧福永，熊之才．国际私法教学参考资料选编［M］．北京：北京大学出版社，2002：498.

③ 李双元，欧福永，熊之才．国际私法教学参考资料选编［M］．北京：北京大学出版社，2002：524.

④ 李双元，欧福永，熊之才．国际私法教学参考资料选编［M］．北京：北京大学出版社，2002：535.

⑤ 李双元，欧福永，熊之才．国际私法教学参考资料选编［M］．北京：北京大学出版社，2002：548.

说”“资格说”等学说，观点不一。[①] 关于权利能力，定义也有许多。有学者认为，权利能力指作为法律关系主体的能力，即充任权利享有者和法律义务承担者的能力；行为能力指从事法律上有效行为的能力，特别是指通过法律行为对自己和对他人产生法律后果的能力。[②] 有学者认为，权利能力指成为权利义务载体的能力；行为能力指理智地形成意思的能力。[③] 有学者认为，权利能力指成为权利主体之资格，包括一般权利能力与特殊权利能力，特殊权利能力指法人及外国人的权利能力；行为能力指依自己的意思活动，得引起法律上效果的能力。广义的行为能力包括法律行为能力、违法行为能力及单纯的适法行为能力。[④] 有学者认为，权利能力为享有权利之资格，而非人格权；行为能力广义上指合法行为能力与违法行为能力，狭义上仅指合法行为能力。[⑤] 有学者认为，权利能力即构成权利义务载体的能力，行为能力即法律所认可的个人进行法律行为的能力，行为能力要求有一定的意思能力，也称意思形成能力。[⑥] 在冲突法中权利能力问题是一法律冲突明显的领域，虽然各国都会规定自然人的民事权利能力与出生、死亡有关，如 2017 年修订的《日本民法典》第三条规定：“（一）私权的享有，始于出生；（二）除法令或者条约禁止的情形外，外国人享有私权。”但如何判定出生、死亡，存在较大差距。如美国 1981 年的“生命法案”就认为人的生命从受精瞬间开始，从这时起，胚胎就具有人权。罗马天主教会也认为，毁掉受精卵就像堕胎一样害死了未出生的人类生命。[⑦] 美国法院法官曾将“可存活性”定义为：尽管需要人工辅助，胎儿在此阶段有可能在母亲子宫之外生活，时间为第 24~28 周。[⑧]

在我国，胎儿是没有民事权利能力的，但为了保护他们出生后的利益，《中华人民共和国继承法》曾作出了特殊的规定。《中华人民共和国继承法》第二十八条规定：“遗产分割时，应当保留胎儿的继承份额。胎儿出生时是死体的，保留的份额按照法定继承办理。”这就是说，胎儿出生后，如果是活婴，即享有继

---

① 柯颖．民事权利能力若干研究［J］．法制博览，2013（2）：40.

② 拉伦茨．德国民法通论［M］．王晓晔，邵建东，程建英，等译．北京：法律出版社，2003：120.

③ 梅迪库斯．德国民法总论［M］．邵建东，译．北京：法律出版社，2001：409.

④ 史尚宽．民法总论［M］．北京：中国政法大学出版社，2000：108.

⑤ 胡长清．中国民法总论［M］．北京：中国政法大学出版社，1997：73.

⑥ 马旭红．自然人权利能力和行为能力关系研究［D］．北京：中国政法大学，2005：1.

⑦ 李婧．重症新生儿民事权利能力始期［J］．西南石油大学学报（社会科学版），2011，13（2）：27-30，42，10.

⑧ 刘国涛．未出生者和人［J］．山东大学法律评论，2003（0）：181.

承权，能够继承为其保留的继承份额；如果是死体，为其保留的继承份额，应由被继承人的法定继承人分割。

我国学者一般认为民事权利能力的取得以婴儿出生能够独立呼吸为开始。也有学者认为，对重症婴儿来说，独立呼吸说显露出不足（如借助呼吸机的帮助才能存活的婴儿无法获得权利能力）。因此，应该认为只要存在一定的生命体征，就应当认定其出生为人。①

胎儿不是民事主体，不具有民事权利能力，但各国都规定保护胎儿的继承权。有关胎儿保护，各国立法有不同的主张，比如，总括保护主义、个别保护主义、绝对主义。就保护胎儿利益而言，总括保护主义最强、绝对主义最弱。也有学者认为，不承认胎儿有权利能力却享有利益是难以自圆其说的。②

在权利能力终止方面，《法国民法典》第七百二十条至七百二十二条规定："互有继承权的数人，如在同一事故中死亡，何人死亡在先无法辨明时，死亡在后的推定，根据事实情况确定，如无此种情况，根据年龄或性别确定，如同时死亡的人不足 15 岁时，年龄最长的人为后死之人；如均在 60 岁以上时，年龄最小的人推定为后死之人；如同时死亡的数人，年龄均在 45 岁以上、60 岁以下年龄相等或相差不超过一岁时，男性应被推定为后死之人；如同时死亡之数人为同一性别时，死亡在后的推定，应使继承能按照自然的顺序开始，即年龄较幼者被推定为比年龄较长者死亡在后。"《德国民法典》第二十条则规定："数人因共同危难而死亡者推定同时死亡。"1985 年《最高人民法院关于贯彻执行〈中华人民共和国继承法〉若干问题的意见》中指出，凡相互有继承关系的数人于同一事件中死亡而不能确定其死亡先后时间的，首先可推定无继承人的人先死；而在均有继承人者之间，如辈分不同，可推定长辈先死；如辈分相同，推定同时死亡，彼此不发生继承关系，他们的财产即由他们各自的继承人继承。

有学者认为，自然人既然已经伤亡，其权利能力随之消失，为什么其生前的权利如一般人格权、著作人格权还能得到保护，对此，理论上有不同的学说：某些权利仍然存在说、遗族利益维护说、社会利益维护说、遗族利益与社会利益维护说、死者人格利益延伸说等。关于这些解释，也有人质疑："民事权利以权利能力为依据，而胎儿和死者没有权利能力，因此，权利无从谈起。原因是权利能力制度限制了自然人权利的完整保护，唯有对其加以废除，才能在理论

---

① 李婧．重症新生儿的民事权利能力始期［J］．西南石油大学学报（社会科学版），2011，13（2）：27-30，42，10.

② 秦伟，杨琳．民事权利能力质疑论［J］．山东大学学报（哲学社会科学版），2012（1）：95-102.

上理顺胎儿和死者利益保护问题。”①

2. 自然人行为能力的法律冲突

自然人的海事行为能力，是指法律确认公民通过自己的行为从事海事活动，参加海事法律关系，取得海事权利和承担海事义务的能力。海事行为能力有广义和狭义之分，广义的海事行为能力，不仅包括海事主体实施合法的海事行为，取得海事权利和承担海事义务的能力，还包括海事主体因实施违法行为而承担相应的海事责任的能力。狭义的海事行为能力，仅指海事主体以其合法行为取得海事权利和承担海事义务的能力。关于自然人行为能力的法律规定，各国不尽一致。

3. 我国学者对自然人权利能力、行为能力的不同认识

在我国理论界，关于自然人权利能力、行为能力有不同的认识。

（1）关于权利能力的定义方面

关于权利能力的定义，我国学者有不同的看法。有学者认为，“权利能力指作为法律关系主体的能力，即充任权利享有者和法律义务承担者的能力”②。该观点强调的是权利能力不仅指享有权利，也指承担义务。

有学者认为，“权利能力指成为权利义务载体的能力”③。该观点强调权利能力是权利主体的能力。国内也有学者照搬了该观点，认为“权利能力即构成权利义务载体的能力”④。

有学者认为，“权利能力为享有权利之资格，而非人格权”⑤。该观点强调权利能力是一种资格。

有学者认为，“权利能力指为权利主体之资格，包括一般权利能力与特殊权利能力，特殊权利能力指法人及外国人的权利能力”⑥。该观点强调权利能力的范围包括一般权利能力与特殊权利能力。

有学者认为，“民法不应将民事权利能力区分为一般权利能力和特殊权利能

---

① 秦伟，杨琳．民事权利能力质疑论［J］．山东大学学报（哲学社会科学版），2012（1）：95-102.

② 拉伦茨．德国民法通论［M］．王晓晔，邵建东，程建英，等译．北京：法律出版社，2003：120.

③ 梅迪库斯．德国民法总论［M］．邵建东，译．北京：法律出版社，2001：409.

④ 马旭红．自然人权利能力和行为能力关系研究［D］．北京：中国政法大学，2005：1.

⑤ 胡长清．中国民法总论［M］．北京：中国政法大学出版社，1997：73.

⑥ 史尚宽，张谷校．民法总论［M］．北京：中国政法大学出版社，2000：108.

力，而应树立民事主体权利能力一律平等的观念”①。该观点不赞成权利能力的范围包括一般权利能力与特殊权利能力。

有学者认为，权利能力通常就是民事权利能力，在其他部门法中没有权利能力这一概念。“权利能力是一个技术性观念性的概念。它仅仅表明了某一存在作为权利义务归属点的资格。权利义务停留在该点上，不再或者暂且不再进一步分解。”② 权利能力中的能力作为一种资格，有时也被作为一种权利。“日本、法国就没有权利能力的概念。我国一般区分权利能力和权利。权利能力与人格基本一致，但也有人认为有区别。事实上应该认为两者是一致的。”③ 该观点强调权利能力是一种资格，但权利能力与人格是基本一致的。

关于权利能力的终止问题，即死亡的标准问题，有学者提出了具体问题具体分析的标准，主张对于不同的主体应该适用不同的标准，例如，“一般自然人采用心跳（呼吸）停止说比较科学。对于特殊的自然人，如身体有先天缺陷的连体人，采用脑死亡说更有利于个体生命的救治和减轻家属负担，节省医疗资源”④。

（2）关于行为能力的定义方面

有学者认为，“行为能力指从事法律上有效行为的能力，特别是指通过法律行为对自己和对他人产生法律后果的能力”⑤。该观点强调行为能力要能够产生法律上的后果。

有学者认为，行为能力指“依自己的意思活动，得引起法律上效果的能力。广义的行为能力包括法律行为能力、违法行为能力及单纯的适法行为能力”⑥。该观点也认为行为能力要能够产生法律上的后果，包括违法的法律后果。

有学者认为，行为能力“广义上指合法行为能力与违法行为能力，狭义上仅指合法行为能力”⑦。该观点从两个角度对行为能力进行了认识。

有学者认为，“行为能力指理智地形成意思的能力”⑧。该观点强调行为能力要能够形成理智的意思，不要求产生法律上的后果。有学者认为，“行为能力

---

① 李昊．对《民法通则》中民事能力制度的反思［J］．南京大学法律评论，2010（1）：92.

② 张代恩．民事主体权利能力研究［D］．北京：中国政法大学，2001：28，29.

③ 张代恩．民事主体权利能力研究［D］．北京：中国政法大学，2001：31，32.

④ 柯颖．民事权利能力若干研究［J］．法制博览，2013（2）：40-41.

⑤ 拉伦茨．德国民法通论［M］．王晓晔，邵建东，程建英，等译．北京：法律出版社，2003：120.

⑥ 史尚宽，张公校．民法总论［M］．北京：中国政法大学出版社，2000：108.

⑦ 胡长清．中国民法总论［M］．北京：中国政法大学出版社，1997：73.

⑧ 梅迪库斯．德国民法总论［M］．邵建东，译．北京：法律出版社，2001：409.

即法律所认可的个人进行法律行为的能力，行为能力要求有一定的意思能力，也称意思形成能力”①。该观点也是强调行为能力要能够形成理智的意思。

（3）关于责任能力

有学者认为，“人的能力分为两种：被动承受的能力（权利能力）与主动行为的能力（行为能力）。为了使人人平等的权利主体最终能够实现对权利公平承载，法律又通过民事行为能力、民事责任能力等概念对这种人与人之间的差异予以表述和补正”②。在上述观点中，该学者提出了权利能力、行为能力外存在的民事责任能力问题，并认为民事行为能力、民事责任能力是两个不同的概念，虽然两者都是以意思能力为基础的，但是民事行为能力是从主体自主行为的角度，民事责任能力是从主体自负责任的角度来界定主体的差异性的。“民事权利能力、民事行为能力、民事责任能力都是主体能力的具体表述，只是角度不同。民事权利能力是从抽象的层面彰显主体的平等，是静态的、概括的；民事行为能力和民事责任能力是主体能力的相对补充，是动态的、具体的。但也存在享有权利能力的人不一定有行为能力的情形，这只是一种特殊状态。”③

关于民事行为能力与民事责任能力的关系，有学者认为，“民事行为能力是民事法律行为发生私法上效力的前提条件，而民事责任能力是行为人承担其违法行为和适法有责行为所引起责任的必要前提，但二者在判断标准上有抽象与具体之分，体现着不同的价值理念。总体上，有完全行为能力的人一般有责任能力，无行为能力人、限制行为能力人并非无责任能力”④。

有学者认为，“行为能力为自然人独立为法律行为的资格，是实现权利能力的基本条件。具备权利能力是具备行为能力的前提。法律将意思能力以行为能力制度全面定型化，更有利于交易秩序的维护。在我国对意思能力应采一般、抽象之理解，即有意思能力，始有行为能力；无意思能力，即无行为能力。而行为能力与责任能力是两种性质不同的资格，多数情形，二者相互合并，但在特殊情形，二者互相独立”⑤。该观点认为行为能力与责任能力都是资格，二者可以相互合并。

---

① 马旭红．自然人权利能力和行为能力关系研究［D］．北京：中国政法大学，2005：1.

② 柯颖．民事权利能力若干研究［J］．法制博览，2013（2）：40.

③ 柯颖．民事权利能力若干研究［J］．法制博览，2013（2）：40.

④ 李昊．对《民法通则》中民事能力制度的反思［J］．南京大学法律评论，2010（1）：92.

⑤ 尹田．自然人的行为能力、意思能力、责任能力辨析［J］．河南省政法管理干部学院学报，2001（6）：11.

（4）关于权利能力和行为能力的关系

有学者认为权利能力和行为能力的关系是："行为能力是权利能力的逻辑产物，没有权利能力这一概念就没有产生行为能力的必要性，行为能力维护着权利能力的抽象性、平等性。把法定代理替换该观点成行为能力也不存在逻辑问题，因为行为能力是建立在法定代理基础上的。"① 该观点认为，行为能力是权利能力产生的前提，行为能力是与法定代理关系密切甚至是可以相互替换的概念。

有学者认为，"人格和权利能力是两个表示权利主体资格的概念，人格来源于罗马法，民事权利能力来源于德国民法，民事行为能力制度的功能是随着民事主体制度的历史发展逐步显现的，三者之间密切联系又有区别"②。该观点认为人格、权利能力及行为能力关系密切，但又有一定的差别。

总之，以上对权利能力及行为能力的不同认识，反映出自然人权利能力与行为能力问题上的复杂性，暗示着其法律冲突存在的潜在基础是比较突出的。

关于自然人的行为能力，有年龄、心智的条件要求，但各国的规定也不一致。

下面具体比较中国与德国关于行为能力的不同规定：③

第一，关于无行为能力的规定。

《德国民法典》第一百零四条规定："无行为能力人为：①未满七岁者；②因精神错乱不能自由决定其意志者，但按其性质此种状态仅为暂时性的除外。"

《中华人民共和国民法通则》第十二条第二款规定："不满十周岁的未成年人是无民事行为能力人，由他的法定代理人代理民事活动。"第二十条规定："不满八周岁的未成年人为无民事行为能力人，由其法定代理人代理实施民事法律行为。"第二十一条规定："不能辨认自己行为的成年人为无民事行为能力人，由其法定代理人代理实施民事法律行为。八周岁以上的未成年人不能辨认自己

---

① 马旭红．自然人权利能力和行为能力关系研究：从人格与身份权关系出发［D］．北京：中国政法大学，2005：42.

② 马晶晶．浅谈人格、民事权利能力与民事行为能力关系［J］．今日南国（理论创新版），2009（5）：160.

③ 此处《德国民法典》的版本为：德国民法典［M］．郑冲，贾红梅，译．北京：法律出版社，1999.《德国民法典》后多有修订，如"台湾大学"法律学院与"台湾大学"法学基金会编译的《德国民法典》，效力到2016年。不过，《德国民法典》稳定性比较强，修订并不太多。所以本书采用了郑冲、贾红梅的《德国民法典》译本，一是内容变化不大，二是翻译的语言容易接受一些。当然，也可以结合新修订的版本进行比较，看民法典是否在走向融合。

行为的，适用前款规定。”以上关于年龄等的规定要求不同。

第二，关于限制行为能力

《德国民法典》第一百零六条规定：“根据第一百零七条至第一百一十三条的规定，已满七岁的未成年人，其行为能力为限制行为能力。”

《中华人民共和国民法通则》第十二条第一款规定：“十周岁以上的未成年人是限制民事行为能力人，可以进行与他的年龄、智力相适应的民事活动；其他民事活动由他的法定代理人代理，或者征得他的法定代理人的同意。”2020 年通过的《中华人民共和国民法典》第十九条规定：“八周岁以上的未成年人为限制民事行为能力人，实施民事法律行为由其法定代理人代理或者经其法定代理人同意、追认；但是，可以独立实施纯获利益的民事法律行为或者与其年龄、智力相适应的民事法律行为。”

第三，关于未成年人有效的行为能力。

《德国民法典》第一百一十三条规定：“法定代理人授权未成年人从事劳务或者劳动的，未成年人对于缔结或者废除获得许可的那种劳务或者劳动关系，或者为履行此种关系产生的义务的法律行为，具有完全行为能力。但法定代理人需取得监护法院许可始得订立的合同除外。此外，还有独立经营、零用钱条款等例外。”① 关于独立经营，其第一百一十二条规定：“如果法定代理人取得监护法院的许可，授权未成年人独立经营，未成年人对于其经营范围内的法律行为能力不受限制。”② 关于零用钱条款，第一百一十条规定：“如果未成年人以金钱履行合同中的给付义务，而其金钱是法定代理人为此目的或者为未成年人的自由处分而给与，或者是第三人经法定代理人同意而给予的，未成年人未经法定代理人同意而订立的合同自始有效。”③ 中国没有相同的规定。

4. 自然人权利能力与行为能力的法律适用

（1）自然人权利能力的法律适用

根据各国的立法和司法实践，解决自然人权利能力方面的法律冲突所应适用的法律大致上有三种：一是准据法的标准。如《瑞士联邦国际私法》第三十四条第二款规定：“自然人的权利能力的产生和终止，适用调整民事权利关系的法律。”④ 二是法院地法标准。三是属人法（Lex personalis）标准，具有确定性，

① 德国民法典全文［EB/OL］. 道客巴巴，2015-01-10.

② 德国民法典全文［EB/OL］. 道客巴巴，2015-01-10.

③ 德国民法典全文［EB/OL］. 道客巴巴，2015-01-10.

④ 李双元，欧福永，熊之才. 国际私法教学参考资料选编［M］. 北京：北京大学出版社，2002：413.

因此，有许多国家采用。如2017年生效的《越南民法典》第六百七十三条规定："1. 个人的民事权利能力根据此人所拥有国籍的国家法律来确定。2. 在越南的外国人具有与越南公民一样的民事权利能力，越南法律另有规定的情况除外。"① 第六百七十五条规定："确定个人失踪或死亡。1. 一个人失踪或死亡必须在有其最终消息前根据其所拥有国籍的国家法律来确定，本条第二款规定的情况除外。2. 在越南一个人失踪或死亡应根据越南法律来确定。"也门人民民主共和国有关国际私法的规定，第二十七条规定："1. 人之能力适用其本国法。但是，在也门人民民主共和国国内缔结的法律关系中的当事人的行为能力，依共和国法律确定。2. 有关法定管理、监护、保佐以及其他保护无能力人与失踪人制度的实质性问题，适用被保护人之本国法律。但是，如果外国法的适用会明显损害人权，则应适用也门人民民主共和国法律。"②（强调本国法、人权与弱者保护）

《法国民法典》第二千二百九十条规定："人和身份与能力由其本国法规定。"③《秘鲁民法典》第二千零七十条规定："自然人的身份和能力，依其住所地法。"④《加蓬民法典》第三十二条规定："个人的身份与能力依其本国法，但是，在加蓬设有住所五年以上的外国国民，得依加蓬法。"⑤

（2）自然人行为能力的法律适用

关于自然人行为能力的法律适用，属人法标准也是非常重要的。2017年生效的《越南民法典》第六百七十四条规定："1. 个人的民事行为能力根据此人所拥有国籍的国家法律来确定，除了本条第二款的规定；2. 在越南确立、实行各项民事行为的外国人，其民事行为能力依据越南的法律来确定；3. 在越南确定个人失去民事行为能力，辨认、控制自身行为有困难的民事行为能力则以越南法律为依据。"⑥

关于自然人权利、能力行为能力方面，各国实体法规定存在明显差异，在

① 越南民法典［M］. 伍光红，黄氏惠，译. 北京：商务印书馆，2018：198-199.

② 李双元，欧福永，熊之才. 国际私法教学参考资料选编［M］. 北京：北京大学出版社，2002：154.

③ 李双元，欧福永，熊之才. 国际私法教学参考资料选编［M］. 北京：北京大学出版社，2002：311.

④ 李双元，欧福永，熊之才. 国际私法教学参考资料选编［M］. 北京：北京大学出版社，2002：510.

⑤ 李双元，欧福永，熊之才. 国际私法教学参考资料选编［M］. 北京：北京大学出版社，2002：182.

⑥ 越南民法典［M］. 伍光红，黄氏惠，译. 北京：商务印书馆，2018：199.

构建人类命运共同体过程中，该领域是冲突比较明显的地方，需要对各国法律进行深入研究，在冲突法方面逐渐取得一致的看法，以减缓实体法冲突。

斯洛伐克共和国《关于国际私法与国际民事诉讼规则的法律》第三条规定："（一）人的权利能力和行为能力，由其国籍国法律支配，但本法另有规定的除外；（二）外国人在斯洛伐克共和国境内实施的法律行为，如果其依照斯洛伐克法律具有行为能力，即视为有行为能力，但本法另有规定的除外。"①（强调国籍法、行为地法）

《澳门民法典》第二十七条规定："一、如按属人法之准据法，在澳门作出法律行为之人为无能力人，但假使适用澳门域内法则认为该人有能力，则不得以其无能力为由，撤销该法律行为；二、他方当事人明知上款所指之人无能力，或有关之法律行为属单方法律行为、属亲属法或继承法范围或涉及处分位于澳门地区以外之不动产时，不适用上款例外规定；三、如无能力人在澳门以外作出法律行为，而该地之现行法律订定与上两款相同之规则，则须遵守作出法律行为地之法律。"②（强调行为地法）

也门人民民主共和国有关国际私法的规定，第二十七条规定："1. 人之能力适用其本国法。但是，在也门人民民主共和国国内缔结的法律关系中的当事人的行为能力，依共和国法律确定。2. 有关法定管理、监护、保佐以及其他保护无能力人与失踪人制度的实质性问题，适用被保护人之本国法律。但是，如果外国法的适用会明显损害人权，则应适用也门人民民主共和国法律。"③（强调本国法、人权与弱者保护）

《蒙古国民法典》第四百二十八条第一款规定："外国公民、无国籍人享有与蒙古国公民同样的民事权利能力。对其权利能力，蒙古国法律可进行限制。"第四百二十八条第二款规定："外国公民的行为能力，依其国籍所属国的法律确定。"④（强调国籍法）

《埃及民法典》第十一条规定："人的身份和能力，适用其本国法。但是，在一项在埃及订立并应在此产生效力的金钱交易中，如果当事人一方为外国无

① 李双元，欧福永，熊之才．国际私法教学参考资料选编［M］．北京：北京大学出版社，2002：218.

② 李双元，欧福永，熊之才．国际私法教学参考资料选编［M］．北京：北京大学出版社，2002：113.

③ 李双元，欧福永，熊之才．国际私法教学参考资料选编［M］．北京：北京大学出版社，2002：154.

④ 李双元，欧福永，熊之才．国际私法教学参考资料选编［M］．北京：北京大学出版社，2002：167.

能力人，其无能力是基于某种为第三人另一方所不易发觉的不明原因，该原因将不影响其能力。”①（强调本国法）

《马达加斯加国际私法》第二十八条规定：“自然人的权利能力和行为能力适用其本国法。居住在马达加斯加的无国籍人，其权利能力和行为能力适用马达加斯加法。”②（强调本国法）

《加蓬民法典》第三十二条规定：“个人的身份与能力依其本国法。但是，在加蓬设有住所五年以上的外国公民，依加蓬法。”第三十三条规定：“无国籍人，以其惯常居所地法为其本国法。”③（强调本国法）

《阿尔及利亚民法典》第十条规定：“阿尔及利亚有关自然人权利能力和行为能力的法律对居住在境外的阿尔及利亚人具有约束力。外国人依其本国法为无行为能力而依阿尔及利亚法为有行为能力的，他在阿尔及利亚的商业活动中应视为有行为能力。外国法人、公司、社团和基金组织在阿尔及利亚从事活动的，应适用阿尔及利亚法。”④（强调行为地法）

《布隆迪国际私法》第二条规定：“外国人的权利能力和行为能力以及他们的家庭关系适用其本国法。国籍无法确定的，适用布隆迪法。”⑤（强调本国法）

《突尼斯国际私法典》第四十条规定：“自然人的行为能力由其本国法决定，法人的行为能力由其业务执行地国法律支配。根据金钱交易的缔结地国法，该交易的一方当事人为有行为能力的，该当事人即不能依据其本国法或其出生地国法或其业务执行地国法，提出自己为无行为能力或限制行为能力的主张，除非缔结合同时对方当事人已经或应当知道此种情况。”第四十三条第一款规定：“自然人的权利由其本国法支配。”⑥（强调本国法）

《哈萨克斯坦冲突法与国际民事诉讼法》第五百五十九条规定：“外国人的民事行为能力依照其所属国法律确定。无国籍人的民事行为能力依照其住所地

---

① 李双元，欧福永，熊之才．国际私法教学参考资料选编［M］. 北京：北京大学出版社，2002：175.

② 李双元，欧福永，熊之才．国际私法教学参考资料选编［M］. 北京：北京大学出版社，2002：177.

③ 李双元，欧福永，熊之才．国际私法教学参考资料选编［M］. 北京：北京大学出版社，2002：182.

④ 李双元，欧福永，熊之才．国际私法教学参考资料选编［M］. 北京：北京大学出版社，2002：185.

⑤ 李双元，欧福永，熊之才．国际私法教学参考资料选编［M］. 北京：北京大学出版社，2002：187.

⑥ 李双元，欧福永，熊之才．国际私法教学参考资料选编［M］. 北京：北京大学出版社，2002：193.

国法律确定。外国人和无国籍人的民事行为能力，如果涉及在哈萨克斯坦境内实施的民事行为，以及基于哈萨克斯坦发生的损害而产生的债务，则依苏维埃法律确定。"①（强调本国法）

《波兰国际私法》第九条第一款规定："自然人的权利能力和行为能力，依其本国法。"②（强调本国法）

《匈牙利国际私法》第十条第一款规定："人的权利能力、行为能力、个人身份和人格权依其属人法决定。"③（强调属人法）

《罗马尼亚关于调整国际私法法律关系的第一百零五号法》第十一条规定："若无特别规定，自然人的婚姻状况、权利能力和行为能力及家庭关系受其本国法支配。"④（强调本国法）

《白俄罗斯共和国民法典》第一千一百零四条第一款规定："自然人的权利能力与行为能力根据其属人法确定。"⑤（强调属人法）

《德国民法施行法》第七条规定："人之行为能力，依其本国法。成年的外国人或具有成年法律地位的外国人取得德国国籍时，虽依德国法为未成年人，仍保留其成年人的法律地位。外国人依其本国法为无能力或限制能力的人，而依德国法为有能力者，就其在德国所为之法律行为视为有能力。但本款规定不适用于亲属法治法律行为及其外国不动产之法律行为。"⑥（强调本国法、行为地法）

《意大利民法典》第十七条第一款规定："人的身份与能力及家庭亲属关系适用其人的本国法。"⑦（强调本国法）

《希腊民法典》第五条规定："自然人的权利能力适用他的本国法。"第七

① 李双元，欧福永，熊之才．国际私法教学参考资料选编［M］．北京：北京大学出版社，2002：212.

② 李双元，欧福永，熊之才．国际私法教学参考资料选编［M］．北京：北京大学出版社，2002：227.

③ 李双元，欧福永，熊之才．国际私法教学参考资料选编［M］．北京：北京大学出版社，2002：258.

④ 李双元，欧福永，熊之才．国际私法教学参考资料选编［M］．北京：北京大学出版社，2002：272.

⑤ 李双元，欧福永，熊之才．国际私法教学参考资料选编［M］．北京：北京大学出版社，2002：299.

⑥ 李双元，欧福永，熊之才．国际私法教学参考资料选编［M］．北京：北京大学出版社，2002：318.

⑦ 李双元，欧福永，熊之才．国际私法教学参考资料选编［M］．北京：北京大学出版社，2002：341.

条规定："法律行为能力适用当事人的本国法。"①（强调本国法）

《奥地利联邦国际私法法规》第十二条规定："人的权利能力和行为能力，依其属人法。"②（强调属人法）

《瑞士联邦国际私法》第三十四条第一款规定："自然人的民事权利能力适用瑞士法。"③ 第三十五条规定："自然人的行为能力，适用自然人的住所地法律。自然人已经取得行为能力的，并不因其习惯居所地的变更而受影响。"（强调法院地法、住所地法）

《列支敦士登关于国际私法的立法》第十二条规定："（1）自然人的权利能力和行为能力依其国籍法确定。（2）法律行为实施者，尽管按照其国籍法为无行为能力，如果按照该法律行为实施地国家法律应有行为能力，则不得以无行为能力作为抗辩，除非对方当事人已经知道或者应当知道他无行为能力。本款规定不适用于家庭和继承法律行为以及其他涉及位于他国的不动产或者与此相同的权利的法律行为。"④（强调国籍法、行为地法）

《秘鲁民法典》第二千零七十条第一款规定："自然人的身份和能力，依其住所地法。"⑤（强调住所地法）

《巴拉圭国际私法》第十一条规定："居住在巴拉圭的外国人和巴拉圭人的民事权利和行为能力适用本法规定。"⑥（强调居住地法）

加拿大《魁北克民法典》第三千零八十三条第一款规定："自然人的身份与能力由其住所地法支配。"⑦（强调住所地法）

《布斯塔曼特私法典》第二十七条规定："自然人的能力，除本法典或当地

① 李双元，欧福永，熊之才．国际私法教学参考资料选编［M］．北京：北京大学出版社，2002：354.

② 李双元，欧福永，熊之才．国际私法教学参考资料选编［M］．北京：北京大学出版社，2002：366.

③ 李双元，欧福永，熊之才．国际私法教学参考资料选编［M］．北京：北京大学出版社，2002：413.

④ 李双元，欧福永，熊之才．国际私法教学参考资料选编［M］．北京：北京大学出版社，2002：434.

⑤ 李双元，欧福永，熊之才．国际私法教学参考资料选编［M］．北京：北京大学出版社，2002：510.

⑥ 李双元，欧福永，熊之才．国际私法教学参考资料选编［M］．北京：北京大学出版社，2002：514.

⑦ 李双元，欧福永，熊之才．国际私法教学参考资料选编［M］．北京：北京大学出版社，2002：524.

法律对其行使定有限制外，受属人法的支配。”[①]（强调属人法）

《罗马国际合同义务法律适用的公约》第十一条规定：“在同一国家的双方当事人之间订立的合同中，依该国法律应属具有行为能力的自然人不得依另一国家的法律主张其无行为能力，但合同的另一方，在订立合同时，明知或是由于过失而不知其无行为能力时，不在此限。”[②]（强调本国法）

中国立法对自然人民商事行为能力的法律适用也作了规定。1986 年《中华人民共和国民法通则》第一百四十三条规定：“中华人民共和国公民定居国外的，他的民事行为能力可以适用定居国法律。”[③] 1988 年《最高人民法院关于贯彻执行〈中华人民共和国民法通则〉若干问题的意见（试行）》又作了进一步的补充，其规定为：①定居国外的我国公民的民事行为能力，如其行为是在我国境内所为，适用我国法律；在定居国所为，可以适用定居国法律。②外国人在我国领域内进行民事活动，如依其本国法律为无民事行为能力，而依我国法律为有民事行为能力，应当认定有民事行为能力。③无国籍人的民事行为能力，一般适用其定居国法律，如未定居，适用其住所地国法律。[④]

根据以上规定，如其行为既不是在我国境内所为，也不是在定居国所为，以及没有定居国外的我国公民的民事行为能力如何适用法律呢？笔者认为，根据以上司法解释的精神，这些情况不能适用行为地法，而应该适用当事人的属人法。

关于自然人权利能力与行为能力的法律适用问题，我国有学者建议：我国《中华人民共和国民法典（草案）》第九编第二十条规定了自然人民事行为能力的法律适用，属人法适用住所地法或者经常居住地法，兼采行为地法，但关于婚姻、继承以及处分不动产的民事行为能力除外。第十八条解决了住所的积极冲突和消极冲突，但第四款是有关法人住所的冲突不宜纳入此条，应当单列一条或者并入第十九条。另外，最好能在第九编中用专条作出一个原则性的规定，对于区际私法问题，类推适用本编的规定。如果无法作出总体原则，那么

---

① 李双元，欧福永，熊之才．国际私法教学参考资料选编［M］．北京：北京大学出版社，2002：549.

② 李双元，欧福永，熊之才．国际私法教学参考资料选编［M］．北京：北京大学出版社，2002：601.

③ 屈广清．涉外海事关系法律适用法立法研究：兼及海事冲突法哲学与海事立法文化的探赜［M］．北京：人民出版社，2016：258.

④ 屈广清．涉外海事关系法律适用法立法研究：兼及海事冲突法哲学与海事立法文化的探赜［M］．北京：人民出版社，2016：258-259.

也应在各条中尽量予以兼顾。①

2010年通过的《中华人民共和国涉外民事关系法律适用法》对自然人权利能力与行为能力的法律适用问题进行了规定。该法第十一条规定："自然人的民事权利能力，适用经常居所地法律。"② 第十二条规定："自然人的民事行为能力，适用经常居所地法律。自然人从事民事活动，依照经常居所地法律为无民事行为能力，依照行为地法律为有民事行为能力的，适用行为地法律，但涉及婚姻家庭、继承的除外。"③ 第十三条规定："宣告失踪或者宣告死亡，适用自然人经常居所地法律。"④ 第十五条规定："人格权的内容，适用权利人经常居所地法律。"⑤ 由于我国没有专门规定海事权利能力、海事行为能力的法律适用问题，故上述法律关于民事权利能力、民事行为能力法律适用的规定，可以拓展适用于海事权利能力、海事行为能力。

第二节 法人

一、法人的国籍与住所

（一）法人国籍的确定

在法理上讲，一般认为凡依法定程序成立，具有一定的组织机构，拥有独立的财产，能够以自己的名义享受权利承担义务并能在法院起诉应诉的组织体，都是法人。但亦非无细致的差别。如法国、意大利等国均承认合伙也是法人，而英国、德国、瑞士等国，都不允许把单纯的合伙作为法人实体看待。各国对法人种类的划分也不一致，因而导致同类法人可能因划分不一致而具有不同的民事权利能力。加之，法人国籍的确定，既是决定其属人法的前提，也是决定

① 谢迟．自然人身份能力的区际法律冲突及属人法的确定：兼谈《民法典（草案）》第九编的属人法制度［J］．广西政法管理干部学院学报，2004（4）：77-79.

② 屈广清．涉外海事关系法律适用法立法研究：兼及海事冲突法哲学与海事立法文化的探赜［M］．北京：人民出版社，2016：259.

③ 屈广清．涉外海事关系法律适用法立法研究：兼及海事冲突法哲学与海事立法文化的探赜［M］．北京：人民出版社，2016：259.

④ 屈广清．涉外海事关系法律适用法立法研究：兼及海事冲突法哲学与海事立法文化的探赜［M］．北京：人民出版社，2016：258.

⑤ 屈广清．涉外海事关系法律适用法立法研究：兼及海事冲突法哲学与海事立法文化的探赜［M］．北京：人民出版社，2016：259.

其能否享有某种外国人待遇制度的条件。由于国际经济活动范围日益扩大，某一公司为甲国人集资所组成，但其登记注册地在乙国，董事会或管理中心设于丙国，而实际经营的业务却在丁国的情况屡见不鲜，特别是跨国公司的出现，导致确定法人的国籍十分必要，但确定法人的国籍很困难。① 关于法人国籍的确定国际上有五种不同的主张：

1. 法人成员国籍说，即依控制法人的自然人的国籍来确定法人的国籍。
2. 设立地说，即依法人的登记地国来确定法人的国籍。
3. 住所地说，即以法人的住所来确定法人的国籍。
4. 准据法说，即依法人设立时所依据的法律来确定。
5. 复合标准说，即法人设立地和住所地并用。

我国主张依法人的登记地来确定法人的国籍。1988 年《最高人民法院关于贯彻执行〈中华人民共和国民法通则〉若干问题的意见（试行）》第一百八十四条规定，外国法人以其注册登记地国家的法律为其本国法。②

《中华人民共和国民法通则》第四十一条第二款规定："在中华人民共和国领域内设立的中外合资经营企业、中外合作经营企业和外资企业，具备法人条件的依法经工商行政管理机关核准登记，取得中国法人资格。"③ 我国《中外合资经营企业实施条例》第二条就规定，依照中外合资经营法批准并在中国境内设立的合资企业是中国法人。④

（二）法人的住所

法人的住所，不是法人住的地方，而是法人在的地方。对于法人的住所，各国有不同主张。"Although it is sometimes suggested that the place of incorporation should not be decisive, and that the law of the place of daily or central management and control shoud assume a more prominent role."（虽然有时不能由法人的所在地决定，但法人日常管理地或者管理中心地为准据法适用的重要依据。）关于法人住所，德国规定的法人有社团、基金会、公法法人。关于社团，又规定有经营性社团、非经营性社团、外国社团。关于社团的住所，《德国民法典》第二十四

① 李双元．国际私法［M］．北京：北京大学出版社，2006：179-180.

② 屈广清．涉外海事关系法律适用法立法研究：兼及海事冲突法哲学与海事立法文化的探赜［M］．北京：人民出版社，2016：260.

③ 屈广清．涉外海事关系法律适用法立法研究：兼及海事冲突法哲学与海事立法文化的探赜［M］．北京：人民出版社，2016：260-261.

④ 屈广清．涉外海事关系法律适用法立法研究：兼及海事冲突法哲学与海事立法文化的探赜［M］．北京：人民出版社，2016：261.

条规定："除另有规定外，社团的行政管理部门所在地视为其住所。"关于基金会的住所，第八十条规定："设立的有权利能力的基金会，除捐赠行为外，需要得到基金会住所所在地的邦的许可。如果基金会不在任何一个邦内有住所，则需要得到联邦参议院的许可。除另有其他规定外，基金会行政管理部门所在地视为住所。"①

我国立法采用主要办事机构所在地说。《中华人民共和国民法通则》第三十九条规定，法人以它的主要办事机构所在地为住所。② 《中华人民共和国公司法》第十条规定，公司以其主要办事机构所在地为住所。

（三）法人营业所的确定

法人所从事经营活动的地方是法人的营业所。法人和自然人都可以有营业所。

一般认为，法人所从事经营活动的场所是法人的营业所，但何为经营活动的场所，各国对此有不同规定。我国法律规定的是当事人营业所的确定，依《最高人民法院关于贯彻执行〈中华人民共和国民法通则〉若干问题的意见（试行）》第一百八十五条规定："当事人有两个以上营业所的，应以与产生纠纷的民事关系有最密切联系的营业所为准；当事人没有营业所的，以其住所或者经常居住地为准。"

（四）外国法人的认可

1. 外国法人的认可的概念

外国法人的认可就是指对外国法人的认定，不认定就无法在没有认定的国家开展活动。国际海事交往重要的前提是互相认可各自的法人地位，否则交易就无法进行。

对外国法人是否许可其在内国活动，应从两方面加以解决：一是该组织是否已依外国法成立为法人，二是依外国法已有效成立的外国法人，内国法律是否也承认它作为法人而在内国存在与活动。③

2. 外国法人的认可

关于外国法人的认可，通常都是国内法规定的认可，但也有国际条约规定这方面的内容。如 1956 年 6 月 1 日订于海牙的《承认外国公司、社团和财团法

---

① 德国民法典全文［EB/OL］. 道客巴巴，2015-01-10.

② 屈广清 . 涉外海事关系法律适用法立法研究：兼及海事冲突法哲学与海事立法文化的探赜［M］. 北京：人民出版社，2016：261.

③ 李双元 . 国际私法［M］. 北京：北京大学出版社，2006：183.

律人格的公约》第一条规定:“凡公司、社团和财团按照缔约国法律在其国内履行登记或公告手续并设有法定所在地而取得法律人格的,其他缔约国当然应予承认。”①

3. 我国对外国法人认可的有关规定

1980年《中华人民共和国国务院关于管理外国企业常驻代表机构的暂行规定》第二条规定:“外国企业确有需要在中国设立常驻代表机构的,必须提出申请,经过批准,办理登记手续。未经批准登记的,不得开展常驻业务活动。”②《中华人民共和国公司法》第一百九十三条规定,外国公司在中国境内设立分支机构,必须向中国主管机关提出申请,并提交其公司章程、所属国的公司登记证书等有关文件,经批准以后,向公司登记机关依法办理登记,领取营业执照。

值得说明的是,我国学者关于属人法的理论认识并不一致,观点如下表5-1所示。

表5-1 国内学者关于属人法的理论认识

学者一	《中华人民共和国民法典(草案)》规定了共同本国法、共同国籍国法、共同住所地法、经常居住地法等连结点,并没有将惯常居所作为一个主要的属人法标准予以规定,而是将住所作为一个重要标准,再以本国法为辅,以最密切联系原则为补充来确定当事人属人法。而这种方式,正是源于惯常居所的难操作性,以及它只具有的对住所标准的补充性。事实上,它仅仅是按最密切联系原则所选择的对其中某一个法律适用的补充规范而已。《中华人民共和国民法典(草案)》将住所地的适用提高到一个重要的高度,而将多元化的标准发挥得淋漓尽致。以后的立法趋势仍然是朝着这个方向发展,而不是提出一个所谓的惯常居所概念来代替这种多元化标准。两大法系的长期分歧,也唯有最密切联系原则能满足法律选择的需要③
学者二	应将最密切联系原则作为解决自然人国籍冲突的主要原则,将意思自治原则作为第二原则,将当事人父母的国籍或者住所作为解决自然人国籍冲突的辅助连结点④

① 屈广清. 涉外海事关系法律适用法立法研究:兼及海事冲突法哲学与海事立法文化的探赜[M]. 北京:人民出版社,2016:262.

② 屈广清. 涉外海事关系法律适用法立法研究:兼及海事冲突法哲学与海事立法文化的探赜[M]. 北京:人民出版社,2016:262-263.

③ 周斌,曹文. 属人法制度发展趋势研究:兼评《民法典(草案)》第九编中的属人法制度[J]. 长沙铁道学院学报(社会科学版),2005(3):64-65.

④ 刘少华. 论自然人国籍冲突及其解决方法[D]. 武汉:华中师范大学,2011:30.

续表

学者三	属人法的历史发展表明了国籍原则的逐渐退出与住所地主义优先倾向的趋势，惯常居所的出现则弥合了两大法系之间的冲突。在汲取属人法的新发展的基础上，《中华人民共和国涉外民事关系法律适用法》将经常居所地作为一项基础适用原则，具有内在合理性，但也产生了新的冲突，如各国关于获得经常居所地的条件存在不同规定。因此，协调并弥合经常居所地的法律冲突，是立法者要解决的另一问题①
学者四	属人法在中国的适用应本着惯常居所地为主的原则，同时辅之以共同属人法、行为地法和最密切联系原则，最密切联系原则应作为一个改变观念的突破性方法引入属人法当中，一方面，该原则可以作为惯常居所地的判断标准，同时作为惯常居所冲突的解决方法；另一方面，该原则可以作为一个独立的、补充性的法律适用原则扩及人的身份事项上来②
学者五	当今国际私法上属人法的发展在于惯常居所地法取代住所地法和国籍法，从而形成以惯常居所原则为主，辅之以国籍、住所原则综合确定属人法的局面。在区际属人法问题上，住所地法是唯一可采用的准据法③
学者六	我国立法中的“定居”“经常居住地”含义不明、前后不一，经常居住地与惯常居所地在字面上含义仍有差别，建议将经常居住地替换为惯常居所地④
学者七	我国立法应采取成立地主义。成立地主义会造成设立人的规避问题⑤
学者八	区际属人法不能以国籍连结点来确定，而应以住所及惯常住所连结点来确定。解决区际属人法的冲突也就是解决住所及惯常住所连结点的积极冲突和消极冲突⑥
学者九	当今国际私法趋同化趋势已经初见成效，在属人法领域也是如此——至少呈现这样两种趋势：（1）惯常（经常）居所地成为属人法的主要连结点，而住所和国籍成为辅助性质的连结点；（2）属人法的适用范围逐步从自然人的身份、地位、婚姻家庭及财产继承问题向其他更广泛的领域不断渗透和扩展⑦

① 杜新丽．从住所、国籍到经常居所地：我国属人法变革研究［J］．政法论坛，2011，29（3）：28，34.

② 刘力．当代自然人属人法的发展成果在中国的适用［J］．河南政法管理干部学院学报，2004（3）：111.

③ 宋航．属人法的发展趋向及其在中国的适用［J］．安徽大学学报（哲学社会科学版），1997，21（1）：64-68.

④ 董海洲．从“身份”到“场所”：属人法连结点的历史与发展［J］．法学家，2010（1）：164.

⑤ 姜茹娇．从国际属人法的发展谈我国有关冲突规范完善［J］．铜陵学院学报，2005，4（2）：43.

⑥ 杜焕芳，王吉文，崔小艳．中国区际属人法问题刍议［J］．广西政法管理干部学院学报，2002（2）：81.

⑦ 宣增益，李大朋．属人法考［J］．河南社会科学，2013（2）：4.

续表

学者十	针对我国在属人法连结点上采用的定居国、经常居住地等不规范、不精确的概念，应当进行清理，建议采用国际上通用的法律术语如住所、惯常居所来代替定居国、经常居住地。应当在法律上明确惯常居所的定义①
学者十一	我国涉外民事关系法律适用法规定的经常居所是一个相当模糊的概念，在界定上，我国现有的规则和司法实践仅仅关注当事人 1 年的居住期限而不关注当事人的居住意图，这是不合理的。我国法院应该结合具体案情，综合考虑居住期限、居住的连续性以及自然人及其居所有关的人身和职业联系，灵活界定经常居所，进而确定属人法领域的法律适用②

二、法人权利能力与行为能力

（一）法人权利能力和行为能力的法律冲突

有学者认为，法人的民事权利能力、民事行为能力被合称为法人的民事能力，由此形成法人民事能力二元论。③ 也有学者将民事责任能力纳入法人的民事能力范围之内，由此形成法人民事能力三元论。④ 也有学者坚持一元论，认为法人的民事行为能力制度无存在的必要，法人的民事责任能力属于民事权利能力的一个方面，不具有独立性。因此，严格说来法人的民事能力只包括法人的民事权利能力。法人的民事权利能力不是一个空间，而是一个点，它具有一元性、平等性、不可分性、不受限制性，不具有多元性、可分性、可受限制性。⑤ 也有学者对民事权利能力提出了疑问，认为民事权利能力起源于罗马法中的人格制度，随着人权保护的日益完善，民事权利能力制度的社会基础已经丧失。现代均自民事主体诞生或者成立起便赋予民事权利能力，不具有者已不复存在。从法律时效性出发，应该废除民事权利能力制度。⑥ 有学者认为，长期以来，无论是从国内到国外，还是从权威的院校教材到经典的理论著作，普遍所持的观点就是法人的权利能力与行为能力是一致的，同时产生，同时消灭，即法人的权

① 黄栋梁．我国 2010 年《涉外民事关系法律适用法》中的属人法问题［J］．时代法学，2011（4）：107.

② 何其生．我国属人法重构视阈下的经常居所问题研究［J］．法商研究，2013，30（3）：84.

③ 李云波．法人民事能力一元论［J］．扬州大学学报（社会科学版），2010（5）：40.

④ 梁慧星．民法总论［M］．北京：法律出版社，2001：133-141.

⑤ 李云波．法人民事能力一元论［J］．扬州大学学报（社会科学版），2010（5）：40.

⑥ 秦伟，杨琳．民事权利能力质疑论［J］．山东大学学报（哲学社会科学版），2012（1）：95-102.

利能力与行为能力无论在时间、内容和范围上都具有一致性。但这种一致性随着法人经营活动的开始而被打破，表现为行为能力相对限制或者收缩的现象，即与权利能力非重合的特征。① 有学者认为，一切自然人都具有平等的权利能力，而法人的民事权利能力则受到法人的性质、法律和法人的目的等限制，与自然人的权利能力并不平等。② 有学者认为，不同民事主体之间权利能力不平等的观点，不仅有违民法秉持的平等原则，不符合时代发展的方向，在逻辑和实践上也都存在不周全之处。③ 有学者认为，当法人行使了法律未授予的权利而导致越权、违法、犯罪等行为时，这种超出法人权利范围的行为为“超行为”，“超行为”包括两种：一是法律未规定权利的情况下法人所实施的行为；二是法人所实施的法律明确禁止的行为。关于“超行为”是否属于行为能力，观点不一。④

对于法人的权利能力和行为能力，各国民商事立法的规定是不尽相同的。例如，法国、意大利等国家承认合伙是法人，而英国、德国、瑞士等国家则不允许把单纯的合伙人作为法人实体看待；德国《商法》认为登记是公司的成立要件，而日本《商法》则认为登记仅为对抗第三人的要件，《瑞士民法典》笼统地规定，除专属自然人的权利义务外，法人的权利能力与自然人完全相同；也有的国家如《日本民法典》规定，法人依其规定的活动目的享有民商事权利能力等。因此，在国际私法实践中，法人的权利能力与行为能力方面也常常发生法律冲突。⑤

（二）法人的权利能力与行为能力的法律适用

关于法人权利能力与行为能力的法律适用，各国均有规定。如 2017 年生效的《越南民法典》第六百七十六条规定：“1. 法人的国籍根据法人成立地点所在国家的法律来确定；2. 法人的民事权利能力，法人的称呼，法人的法定代表人，法人组织、重组、解散，法人与法人成员之间的关系，法人以及法人成员对于法人各项义务的责任根据法人所拥有国籍国家的法律来确定，本条第三款的规定除外；3. 在越南确立、实施民事行为的外国法人，则其民事权利能力依

① 黄辉．论法人行为能力与权利能力的非重合性［J］．云南大学学报（法学版），1997（3）：69，72.

② 梁慧星．民法总论［M］．北京：法律出版社，2001：134.

③ 李昊．对《民法通则》中民事能力制度的反思［J］．南京大学法律评论，2010（1）：95.

④ 黄辉．论法人行为能力与权利能力的非重合性［J］．云南大学学报（法学版），1997（3）：72.

⑤ 韩德培．国际私法［M］．北京：高等教育出版社，北京大学出版社，2002：164.

据越南法律来确定。”①

1988年，我国《最高人民法院关于贯彻执行〈中华人民共和国民法通则〉若干问题的意见（试行）》有如下意见：“外国法人以其注册登记地国家的法律为其本国法，法人的民事行为能力依其本国法确定。外国法人在我国领域内进行的民事活动，必须符合我国的法律规定。”② 我国一些相关法律还直接规定了外国法人可以享有的具体权利。例如，根据1990年修订的《中华人民共和国中外合资经营企业法》第一条，外国公司、企业和其他经济组织，按照平等互利的原则，经中国政府批准，有在中华人民共和国境内同中国的公司、企业或其他经济组织共同举办合营企业的民事权利。③ 1982年《中华人民共和国对外合作开采海洋石油资源条例》第一条也规定，外国企业有参与合作开采中华人民共和国海洋石油资源的民事权利。④ 2010年《中华人民共和国涉外民事关系法律适用法》第十四条规定：“法人及其分支机构的民事权利能力、民事行为能力、组织机构、股东权利义务等事项，适用登记地法律。法人的主营业地与登记地不一致的，可以适用主营业地法律。法人的经常居所地，为其主营业地。”⑤

第三节 国家与国际组织

一、国家

马克思主义认为，国家的特征表现为：对内最高权力的至高无上性和对外最高权力的独立性，这是涉外立法必须考量的重要因素。

国家也有参与海事关系的需要，因此，在国际社会中，各国一般都规定，国家可以参加国际海事活动，取得民事法律关系的主体资格。但国家具有双重

---

① 越南民法典［M］. 伍光红，黄氏惠，译．北京：商务印书馆，2018：199.

② 屈广清．涉外海事关系法律适用法立法研究：兼及海事冲突法哲学与海事立法文化的探赜［M］. 北京：人民出版社，2016：266.

③ 屈广清．涉外海事关系法律适用法立法研究：兼及海事冲突法哲学与海事立法文化的探赜［M］. 北京：人民出版社，2016：266.

④ 屈广清．涉外海事关系法律适用法立法研究：兼及海事冲突法哲学与海事立法文化的探赜［M］. 北京：人民出版社，2016：266.

⑤ 屈广清．涉外海事关系法律适用法立法研究：兼及海事冲突法哲学与海事立法文化的探赜［M］. 北京：人民出版社，2016：266.

身份，并享有豁免权，这一点是必须注意的，必须妥善进行处理，否则，会影响国家参与民事交易活动范围的程度。

二、国家及其财产的豁免权

所谓国家及其财产的豁免权是指国家及其财产具有不受处置的权利。

（一）国家财产豁免权的内容

按照一般国际惯例，国家财产豁免权主要包括管辖豁免、诉讼豁免、执行豁免。

（二）中国在国家及其财产豁免问题上的立场

关于中国在国家及其财产豁免问题上的立场，中国 1980 年参加的 1969 年《国际油污损害民事责任公约》第十一条规定，缔约国就油污损害赔偿案件放弃对油污损害所在缔约国法院的管辖豁免。① 在实践中，中国也有被诉的情况，如“光华寮案”等，但中国坚决反对这种情况。2007 年 5 月 22 日发布的《最高人民法院关于人民法院受理涉及特权与豁免的民事案件有关问题的通知》规定，为严格执行《中华人民共和国民事诉讼法》以及我国参加的有关国际公约的规定，保障正确受理涉及特权与豁免的民事案件，决定对人民法院受理的涉及特权与豁免的案件建立报告制度：凡下列在中国享有特权与豁免的主体为被告、第三人向人民法院起诉的民事案件，人民法院应在决定受理之前，报请本辖区高级人民法院审查；高级人民法院同意受理的，应当将其审查意见报最高人民法院。在最高人民法院答复前，一律暂不受理。这些在中国享有特权与豁免的主体包括：外国国家；外国驻中国使馆和使馆人员；外国驻中国领馆和领馆成员；途经中国的外国驻第三国的外交代表和与其共同生活的配偶及未成年子女；途经中国的外国驻第三国的领事官员和与其共同生活的配偶及未成年子女；持有中国外交签证或者持有外交护照（仅限互免签证的国家）来中国的外国官员；持有中国外交签证或者持有与中国互免签证国家外交护照的领事官员；来中国访问的外国国家元首、政府首脑、外交部长及其他具有同等身份的官员；来中国参加联合国及其专门机构召开的国际会议的外国代表；临时来中国的联合国及其专门机构的官员和专家；联合国系统组织驻中国的代表机构和人员；其他在中国享有特权与豁免的主体。

---

① 屈广清．涉外民事关系法律适用法的科学立法［M］．北京：东方出版社，2019：76.

三、国际组织

国际组织有广义和狭义之分。广义的国际组织指各种国际性团体。狭义的国际组织指国家之间设立的机构。一方面，海事国际组织在海冲突法、海实体法的立法中发挥了巨大的作用；另一方面，国际组织无论是履行其职能的需要还是生存的需要，都将不可避免地与有关国家或其他国际组织以及有关国家的自然人或法人组织进行海事交往，结成特定的海事法律关系。因此，国际组织是国际海事法律关系的特殊主体，同时也是海冲突法的特殊主体。

第四节　外国人的海事法律地位

一、外国人的海事法律地位概述

外国人的民事法律地位是指外国自然人和法人在内国的待遇，即享有民事权利和承担民事义务的法律状况。① 这里的民事法律地位，包括了海事法律地位。赋予外国人在内国以平等的海事法律地位，并不是自古以来就拥有的，而是各国人民经济贸易交往日益频繁以及社会日益进步、相互需要的结果，在历史的发展中，外国人的海事法律地位的确定情况可以分为五个时期：一是敌视主义待遇时期；二是贱视主义待遇时期；三是差别主义待遇时期；四是相互主义待遇时期；五是平等主义待遇时期。交往最终促进了平等，1829 年的《荷兰民法》第二条规定：“在王国领土之内，皆自由人，有享有私权之权利。”② 1948 年通过的《世界人权宣言》规定：人人于任何所在国有被承认为法律上主体的权利；在法律上悉属平等，且应一体享受法律的平等保护。③

① 韩德培. 国际私法［M］. 北京：高等教育出版社，北京大学出版社，2000：78.

② 屈广清. 涉外海事关系法律适用法立法研究：兼及海事冲突法哲学与海事立法文化的探赜［M］. 北京：人民出版社，2016：290.

③ 屈广清. 涉外海事关系法律适用法立法研究：兼及海事冲突法哲学与海事立法文化的探赜［M］. 北京：人民出版社，2016：291.

二、外国人的海事法律待遇的几种制度

（一）国民待遇

国民待遇（National Treatment）原则，又称平等待遇原则，指给外国人与内国人没有差别的待遇。

如《中华人民共和国民法通则》第八条第二款就指出，本法关于公民的规定，除法律另有规定外，同样适用于在我国领域内的外国人。①《中华人民共和国民事诉讼法》第五条规定："外国人、无国籍人、外国企业和组织在人民法院起诉、应诉，同中华人民共和国公司、法人和其他组织有同等的诉讼权利和义务。"②

（二）最惠国待遇

最惠国待遇（Most-Favored-Nation Treatment）指给予最优惠的待遇。如在1955年的《中华人民共和国和埃及共和国政府贸易协定》中规定："双方同意在发给输出、输入许可证方面和征收关税方面相互给予最惠国待遇。"③

《中华人民共和国和法兰西共和国关于相互鼓励和保护投资的协定》中就规定，"（1）缔约各方承诺在其领土和海域内给予缔约另一方的投资者的投资以公正和公平的待遇；（2）缔约各方对于在其领土和海域内的缔约另一方投资者的投资，应给予不低于第三国投资者的待遇；（3）上述待遇不涉及缔约一方因加入自由贸易区、关税同盟、共同市场或其他任何形式的地区经济组织而给予第三国投资者的优惠待遇。"④

（三）优惠待遇

优惠待遇（Preferential Treatment）指外国人的待遇优于内国人。如《中华人民共和国外资企业法》第十七条规定："外资企业依照国家有关税收的规定纳税并可以享受减税、免税的优惠待遇。外资企业将缴纳所得税后的利润在中国境内再投资的，可以依照国家规定申请退还再投资部分已缴纳的部分所得税税

---

① 中华人民共和国常用法典［M］. 北京：法律出版社，2013：63.

② 屈广清 . 涉外海事关系法律适用法立法研究：兼及海事冲突法哲学与海事立法文化的探赜［M］. 北京：人民出版社，2016：291.

③ 屈广清 . 涉外海事关系法律适用法立法研究：兼及海事冲突法哲学与海事立法文化的探赜［M］. 北京：人民出版社，2016：291.

④ 屈广清 . 涉外民事关系法律适用法的科学立法［M］. 北京：东方出版社，2019：82.

款。"① 后者如《中国和尼泊尔关于两国关系中的若干有关事项的交换文本》第六条规定："双方同意各按本国规定的优惠税率对彼此出入口商品征收关税。"

第五节　马克思主义思想与海事主体的代理

一、代理的法律冲突

（一）代理的概念

海事代理指代替他人实施海事行为，其法律后果直接由被代理人承担的法律制度。

代理不仅可以有广义与狭义之分，还可以分为直接代理与间接代理两种不同的形式。

（二）代理的法律冲突

代理的法律冲突包括关于代理的概念、关于代理权的产生、关于无权代理等。

马克思主义认为："只有从国家层面做到了以人为本，维护好人民的合法需求，保护好人民的正当利益，每个人真正信任法律、自愿维护才有法治现代化可言。"② 在海事主体代理这一问题的解决上，也应以人为本，对相关冲突法的解决作出正确应对，充分保护好人民群众的正当利益，进一步推动海事领域法治现代化的深入发展。

二、代理的法律适用

（一）国内法中有关代理关系准据法确定的主要规则

1. 代理内部关系的准据法

在当事人未选择代理合同的准据法时，对代理内部关系应适用何种法律的问题，主要有以下三种做法：③

---

① 屈广清．涉外海事关系法律适用法立法研究：兼及海事冲突法哲学与海事立法文化的探赜［M］．北京：人民出版社，2016：293.

② 张健，周世虹．马克思的法学思想发展历程及新时代价值［J］．哈尔滨学院学报，2019（8）：28.

③ 屈广清．国际私法导论［M］．北京：法律出版社，2011：250-251.

（1）适用与代理关系有最密切联系地的法律。

（2）适用代理人实施代理行为所在地的法律。

（3）适用代理人营业地法或住所地法。

2. 代理外部关系的准据法

（1）适用被代理人住所地法或代理内部关系的准据法。

（2）适用主合同准据法。

（3）适用代理行为地法。

（4）混合适用代理人营业地法、代理人惯常居所地法、代理人行为地法等法律。

（二）中国法中有关代理关系准据法确定的主要规则

最高人民法院于1987年颁布的《关于适用〈涉外经济合同法〉若干问题的解答》中，对代理合同的法律适用进行了明确，采用的是一般合同的法律适用原则，即首先适用当事人选择的法，当事人没有选择时，适用与代理合同有最密切联系的法。按照该司法解释，与代理合同有最密切联系的法通常是代理人营业所所在地法，除非该合同与其他地点有更为紧密的联系。该司法解释虽然对于代理外部关系的法律适用没有明确，但是对于基于代理合同而产生的代理内部关系法律适用的规定，与国际社会通行做法保持一致，将最密切联系理论与特征履行说相结合，在灵活性与稳定性之间较好地进行了平衡，具有合理性，值得肯定。然而，该司法解释于1999年10月1日《中华人民共和国合同法》施行时，随着《中华人民共和国涉外经济合同法》的废止而失效。

（三）国际公约中有关代理关系准据法确定的主要规则

海牙国际私法会议于1978年3月14日通过的《国际代理法律适用公约》（以下简称《公约》）。《公约》分5章，共28条。该《公约》已于1992年5月1日生效。

三、我国学者的不同观点

我国学者关于代理的法律冲突与法律适用问题，形成了不同的观点与看法，如表5-2所示。

表 5-2　国内学者关于代理的冲突法问题的不同观点

关于代理的概念	有人认为，代理指代理人以代理权为基础，代被代理人与第三人为法律行为，产生的法律效果归属被代理人的民事法律制度及其确认的民事法律关系和民事法律行为①
	有人认为，代理指代理人以代理权为基础，代表被代理人与第三人发生法律行为，其所产生的法律后果由被代理人承担的民商事法律制度。代理的概念有广义和狭义之分，广义的代理指代理人以被代理人的名义或者自己的名义代被代理人为民事法律行为。并使所产生的法律效果直接或间接地归属于被代理人承受的行为。狭义的代理指代理人以被代理人的名义为民事法律行为，并使产生的法律效果直接归属于被代理人的行为②
立法存在问题	有人认为，我国涉外代理法律适用制度立法明显滞后，无论是民法通则第八章的规定，还是合同法第二十一章的委托合同，均未作出明文规定。唯一能够直接找到的法律依据是 1987 年最高人民法院《关于适用〈涉外经济合同法〉若干问题的解答》中第二部分的规定。当前，《涉外经济合同法》虽然已经废止，但《关于适用〈涉外经济合同法〉若干问题的解答》第二部分第六条第十款规定的代理合同，适用代理人营业所所在地法律，但是，合同明显地与另一国家或者地区的法律具有更密切的关系，人民法院应以另一国家或者地区的法律作为处理合同争议的依据，在实践中仍然需要适用③
	有人认为，《中华人民共和国民法典（草案）》第九编第二十六条对代理的法律适用规定存在不足：法定代理和指定代理适用代理行为地法或者代理人实施代理行为时住所地法，会出现法律适用的真空地带，或者与产生代理权的法律相互冲突。第二十六条第二款规定委托代理的当事人可以选择法律，但该款没有规定是针对委托代理的内部关系，还是针对委托代理的外部关系，还是二者均包括。如果按照字面来理解似乎应包括代理的外部关系，但这便存在第二款与第三款相互矛盾之处。因为按照第二款，在当事人没有选择适用的法律时，应适用代理成立时被代理人的住所地法，而按照第三款，应适用代理人行为地法或者代理人实施代理行为时住所地法。第二十六条第二款规定在当事人没有选择所适用的法律时，委托代理适用代理成立时被代理人住所地法，这一规定是令人费解的。有悖于国际通行做法，与我国目前的司法实践不一致。如果将该款理解为仅指委托代理的内部关系，在当事人没有进行法律选择时，直接以被代理人住所地法支配其内部关系，也显得简单、武断，只顾及了被代理人的利益，没有考虑被代理人住所地是否与该代理合同紧密相连。况且，被代理人并非代理合同的特征履行方。如果将该款理解为也包括委托代理的外部关系，则更不合理，因为这对当事人而言是不公平的。一些特殊的代理也应明确

① 张项．对国际代理法律适用问题的一点新思考［J］．法制与社会，2007（8）：160.

② 刘正全，郑科辉．民商领域涉外代理法律适用问题探析：兼评《涉外民事关系法律适用法》第十六条［J］．改革与开放，2012（4）：16.

③ 马志强，曾强．浅谈国际代理的法律适用［J］．广西政法管理干部学院学报，2002（3）：117.

续表

立法存在问题	规定，如土地的代理行为问题、船长的代理权问题、诉讼代理问题等①
	有人认为，关于民法草案第九编第二十六条对代理的法律适用问题进行了规定，但存在不足：在当事人没有选择法律时，委托代理适用代理成立时被代理人住所地法律，有悖于国际通行做法，只顾及被代理人的利益。对于委托代理的外部关系，规定适用代理人行为地法或者代理人实施代理行为时住所地法，但没有说明在什么情况下适用代理人行为地法，什么情况下适用代理人实施代理行为时住所地法。没有规定其他特殊类型代理的法律适用问题，留下了漏洞②
	有人认为，《中华人民共和国国际私法示范法》的规定基本反映了国际代理关系的特点，但该法没有涉及代理权的法律适用问题③
	有人认为，我国民法通则只认可直接代理，合同法也认可间接代理。对于处理民事领域的民事行为，适用民法通则关于代理的规定，对于商事领域则可以适用合同法的规定。但我国的民法体系是民商合一的，民法通则、合同法都属于民法，都应受涉外民事关系法律适用法的调整，因此，涉外民事关系法律适用法应该有对于代理这一法律概念的新阐释，通过新法取代旧法的方式，将代理统一界定为“本法中所称的代理，包括直接代理与间接代理”，但涉外民事关系法律适用法留下了此缺憾。从涉外民事关系法律适用法规定的“当事人可以选择法律”规定看，该选择权是有保留的意思自治，但又没有规定什么情况下可以选择，什么情况下不可以选择。对于出现法律交叉时没有给出何者何时优先的问题。如当事人选择法律，协议选择的结果就会产生涉外代理合同，对于涉外合同的法律适用问题，该法第四十一条有一般性规定。这时，法律的适用问题出现交叉，按照一般法理，就要去先适用涉外合同的有关规定，再结合代理合同的特征对代理的法律适用进行剖析。对于委托代理，事先有协议选择或者事后达成协议的，当事人意思自治优先，如无协议，适用履行义务最能体现该合同特征的一方当事人经常居住地法律或者其他与合同有最密切联系的法律。对代理合同而言，合同的特征就是代理。另外，在法定代理中基于保护弱者的原则也会出现法律规定交叉的情况④

① 刘萍，顾崧．海牙《国际代理法律适用公约》与我国民法典的制定［J］．辽宁师范大学学报，2005（4）：31.

② 张项．对国际代理法律适用问题的一点新思考［J］．法制与社会，2007（8）：160.

③ 宣增益．国际代理法律适用研究［J］．政法论坛，2002（6）：173.

④ 刘正全，郑科辉．民商领域涉外代理法律适用问题探析：兼评《涉外民事关系法律适用法》第十六条［J］．改革与开放，2012（2）：17.

续表

立法建议	有人认为，在代理内部关系上首先适用双方明示选择的法律，若未选择，则适用代理关系成立时代理人营业所所在地法。代理人无营业所的，适用代理关系成立时代理人惯常居所地法。但如果代理人在本人营业所或者惯常居所为代理行为的，则适用该地的法律。在代理的外部关系上，适用代理人实施代理行为时营业所所在地法，但如果代理人无营业所或者在本人营业所或者惯常居所进行代理活动，则适用代理行为地法①
	有人认为，修改《中华人民共和国民法典（草案）》第九编第二十六条的具体意见为：法定代理和指定代理，适用产生该代理权的法律。委托代理的内部关系，首先适用当事人（明示）选择的法律，当事人没有选择或者选择无效的，适用代理人实施代理行为时营业所所在地法。如果委托代理合同明显地与另一国家或地区的法律有更为紧密的联系，则适用另一国家或地区的法律。委托代理的被代理人与第三人或者代理人与第三人的关系，可以由当事人明示选择所适用的法律，当事人没有选择或者选择无效的，适用代理人实施代理行为时营业所所在地法，但在下列情形下，适用代理人的行为地法：（1）本人在该国境内设有营业所；（2）当事人本人在该国境内设有营业所；（3）代理人在交易所或者拍卖行进行活动；（4）代理人无营业所。如果案件情况表明，整个代理关系明显地与另一国家或地区的法律存在更为紧密的联系，则适用另一国家或地区的法律。有关不动产的代理，适用不动产所在地法。船长对船主、货主的代理权，适用船旗国法。与司法性质的程序有关的代理，适用法院地法②
	修改《中华人民共和国民法典（草案）》第九编第二十六条的具体意见为：法定代理和指定代理，适用产生该代理权的法律；委托代理的内部关系，首先适用当事人选择的法律，当事人没有选择或者选择无效的，适用与委托代理合同有最密切联系的法律；委托代理的被代理人与第三人或者代理人与第三人的关系，可以由当事人明示选择所适用的法律，当事人没有选择或者选择无效的，适用代理人实施代理行为时营业所所在地法，但在下列情形下，适用代理人的行为地法：（1）本人在该国境内设有营业所；（2）当事人本人在该国境内设有营业所；（3）代理人在交易所或者拍卖行进行活动；（4）代理人无营业所。有关不动产的代理，适用不动产所在地法③

① 马志强，曾强．浅谈国际代理的法律适用［J］．广西政法管理干部学院学报，2002（3）：117.

② 刘萍，顾崧．海牙《国际代理法律适用公约》与我国民法典的制定［J］．辽宁师范大学学报，2005（4）：31.

③ 刘萍，顾崧．海牙《国际代理法律适用公约》与我国民法典的制定［J］．辽宁师范大学学报，2005（4）：31.

续表

立法建议	有人认为，在代理法律适用问题上，应当吸纳示范法中有关本人与代理人关系及代理人、本人与第三人的规定，并增加代理权法律适用的规定。如规定代理人的代理权及其范围，适用代理人实施代理行为时的营业地法。但如果出现下列情况之一，则适用代理人实施行为地法：（1）本人在该国具有营业所或者惯常居所；（2）第三人在该国具有营业所或者惯常居所；（3）代理人在该国无营业所。另外，中国可以考虑加入《海牙代理法律适用公约》，该公约是目前国内最为全面的世界性法律①
	有人认为，加入海牙国际代理法律适用公约，并出台具备我国特色的国际私法法典，统一适用我国对外开放政策下出现的包括国际代理在内的各种民商事法律问题，已成为国际私法学界的基本共识②

1986 年《中华人民共和国民法通则》第四章以专节形式规定了代理制度，但该法对涉外代理关系的法律适用问题，却无明文规定。

《中华人民共和国国际私法示范法》根据《中华人民共和国民法通则》（简称《民法通则》）对代理的分类，制定了相应的法律适用规则。《民法通则》第七十一条规定："在委托代理中，被代理人与代理人之间的关系，适用双方明示选择的法律。没有选择法律的。适用代理关系成立时代理人的营业所所在地法；代理人没有营业所的，适用代理关系成立时其住所地法或者惯常居所地法。""被代理人与第三人以及代理人与第三人之间的关系，适用代理人实施代理行为时的营业所所在地法；代理人无营业所或者在非营业所所在地进行代理活动的，适用其代理行为地法。"《民法通则》第七十二条规定："法定代理和指定代理，适用代理行为地法或者代理人实施代理行为时的住所地法或者惯常居所地法。"

2002 年 12 月 17 日，提请全国人大常委会第 31 次会议审议的《中华人民共和国民法典（草案）》第九编第二十六条对涉外代理的法律适用作了较为系统、全面的规定，其具体内容如下："法定代理和指定代理，适用代理行为地法律或者代理人实施代理行为时住所地法律。委托代理的当事人可以选择所适用的法律，当事人没有选择的，适用代理成立时被代理人住所地法律。委托代理的被代理人与第三人或者代理人与第三人的关系，适用代理人行为地法律或者代理

① 刘萍，顾崧．海牙《国际代理法律适用公约》与我国民法典的制定［J］．辽宁师范大学学报，2005（4）：173，174.

② 刘正全，郑科辉．民商领域涉外代理法律适用问题探析：兼评《涉外民事关系法律适用法》第十六条［J］．改革与开放，2012（2）：17.

人实施代理行为时住所地法律。”

《中华人民共和国涉外民事关系法律适用法》第十六条规定：“代理适用代理行为地法律，但被代理人与代理人的民事关系，适用代理关系发生地法律。当事人可以协议选择委托代理适用的法律。”

笔者关于代理立法的建议为：

【代理权】法定代理和指定代理，适用产生该代理权的法律。委托代理的内部关系，首先适用当事人选择的法律，当事人没有选择或选择无效的，适用代理人实施代理行为时营业所所在地法。如果委托代理合同明显地与另一国家或地区的法律有更为紧密的联系，则适用另一国家或地区的法律。

委托代理的被代理人与第三人或者代理人与第三人的关系，可以适用当事人明示选择的法律，当事人没有选择或选择无效的，适用代理人实施代理行为时营业所所在地法，但在下列情形下，适用代理人行为地法：(1) 本人在该国境内设有营业所；(2) 第三人在该国境内设有营业所；(3) 代理人在交易所或拍卖行进行活动；(4) 代理人无营业所。如果案件情况表明，整个代理关系明显地与另一国家或地区的法律存在更为紧密的联系，则适用另一国家或地区的法律。

如果代理人在一国境内通过信件、电报、电传打字、电话或者其他类似手段与在他国境内的第三人通信联系，则应视为在其营业所所在地或惯常居所地从事此类代理活动。

【代理权的例外】本法关于代理的规定，不适用于下列情况：

(1) 当事人的能力；

(2) 有关不动产的代理；

(3) 船长对船主、货主的代理权；

(4) 与司法性质的程序有关的代理；

(5) 有关履行的方式。

第六节　海冲突法主体的相关立法

关于海冲突法主体部分的国内立法规定、立法草案、立法建议案及学者的立法建议相关内容如表 5-3 所示。

表 5-3　关于海冲突法主体的各种规定

2002 年《中华人民共和国民法典（草案）》第九编第二章第十七至二十三条	2010 年《中华人民共和国涉外民事关系法律适用法》的规定（第二章民事主体第十一至二十条）	中国国际私法示范法第五十九至六十九条是对民事主体的规定	2010 年中国国际私法学会《中华人民共和国涉外民事关系法律适用法（建议稿）》第十九至二十四条是对民事主体的规定	1986 年《中华人民共和国民法通则》的规定第一百四十三条是对民事主体的规定	笔者对 2010 年《中华人民共和国涉外民事关系法律适用法》相关内容规定的建议条款
第二十条：自然人的民事权利能力和民事行为能力，适用其住所地法律或者经常居住地法律。自然人依照其住所地法律或者经常居住地法律为无民事行为能力或者限制民事行为能力，而依照行为地法律为有民事行为能力的，适用行为地法律，但关于婚姻家庭、继承以及处分不动产的民事行为能力的除外	第十一条：自然人的民事权利能力，适用经常居所地法律	第六十五条：自然人的权利能力，适用其住所地法或者惯常居所地法	第二十一条：自然人的民事权利能力，适用其惯常居所地法。自然人的民事行为能力，适用其惯常居所地法。自然人依照其惯常居所地法为无民事行为能力或者仅有限制民事行为能力，而依照行为地法律为有完全民事行为能力的，适用行为地法律，但本法另有规定的除外。宣告或解除自然人为无民事行为能力人或者限制民事行为能力人的条件，适用其惯常居所地法律。如果其惯常居所地法律认为该自然人具备被宣告为无民事行为能力人或者限制民事行为能力人的条件，而依中华人民共和国法律不具备条件的，适用中华人民共和国法律	第一百四十三条：中华人民共和国公民定居国外的，他的民事行为能力可以适用定居国法律	第十一条【自然人的权利能力】自然人的权利能力，适用其住所地法或者惯常居所地法

续表

2002年《中华人民共和国民法典（草案）》第九编第二章第十七至二十三条	2010年《中华人民共和国涉外民事关系法律适用法》的规定（第二章民事主体第十一至二十条）	中国国际私法示范法第五十九至六十九条是对民事主体的规定	2010年中国国际私法学会《中华人民共和国涉外民事关系法律适用法（建议稿）》第十九至二十四条是对民事主体的规定	1986年《中华人民共和国民法通则》的规定第一百四十三条是对民事主体的规定	笔者对2010年《中华人民共和国涉外民事关系法律适用法》相关内容规定的建议条款
	第十二条：自然人的民事行为能力，适用经常居所地法律。自然人从事民事活动，依照经常居所地法律为无民事行为能力，依照行为地法律为有民事行为能力的，适用行为地法律，但涉及婚姻家庭、继承的除外	第六十七条：自然人的行为能力，适用其住所地法或者惯常居所地法。外国人在中华人民共和国进行民事行为，如依照其住所地法或者惯常居所地法为无民事行为能力或者仅有限制行为能力，而依中华人民共和国法律有行为能力的，应适用中华人民共和国法律，视其有行为能力，但关于婚姻家庭、继承以及处理不动产的法律行为除外			第十二条【自然人的行为能力】自然人的行为能力，适用其住所地法或者惯常居所地法。 外国人在中华人民共和国进行法律行为，如依照其住所地法或者惯常居所地法为无行为能力或者仅有限制行为能力，而依中华人民共和国法律有行为能力的，应适用中华人民共和国法律，视其为有行为能力，但关于婚姻家庭、继承以及处理不动产的法律行为除外

续表

2002年《中华人民共和国民法典（草案）》第九编第二章第十七至二十三条	2010年《中华人民共和国涉外民事关系法律适用法》的规定（第二章民事主体第十一至二十条）	中国国际私法示范法第五十九至六十九条是对民事主体的规定	2010年中国国际私法学会《中华人民共和国涉外民事关系法律适用法（建议稿）》第十九至二十四条是对民事主体的规定	1986年《中华人民共和国民法通则》的规定第一百四十三条是对民事主体的规定	笔者对2010年《中华人民共和国涉外民事关系法律适用法》相关内容规定的建议条款
第二十二条：自然人的宣告失踪或者宣告死亡，适用其住所地法律或者经常居住地法律，但自然人的财产所在地法院或者法律关系决定地法院也可以依照法院所在地法律宣告其失踪或者死亡	第十三条：宣告失踪或者宣告死亡，适用自然人经常居所地法律	第六十六条：自然人的宣告失踪或者宣告死亡，适用被宣告人的住所地法或者惯常居所地法，但中华人民共和国法院也可以就其在中华人民共和国境内的财产，或者对应由中华人民共和国法院决定的法律关系，依照中华人民共和国法律进行宣告失踪或者宣告死亡	第二十二条：自然人的失踪宣告或者死亡宣告，适用其最后惯常居所地法律。与中华人民共和国境内的任何公民、法人或财产有联系的，依照中华人民共和国法律宣告失踪或者宣告死亡		

续表

2002 年《中华人民共和国民法典（草案）》第九编第二章第十七至二十三条	2010 年《中华人民共和国涉外民事关系法律适用法》的规定（第二章民事主体第十一至二十条）	中国国际私法示范法第五十九至六十九条是对民事主体的规定	2010 年中国国际私法学会《中华人民共和国涉外民事关系法律适用法（建议稿）》第十九至二十四条是对民事主体的规定	1986 年《中华人民共和国民法通则》的规定第一百四十三条是对民事主体的规定	笔者对 2010 年《中华人民共和国涉外民事关系法律适用法》相关内容规定的建议条款
第二十三条：法人的民事权利能力，适用其成立地法律或者主要办事机构所在地法律。法人的民事行为能力，除适用其成立地法律或者主要办事机构所在地法律外，还适用行为地法律	第十四条：法人及其分支机构的民事权利能力、民事行为能力、组织机构、股东权利义务等事项，适用登记地法律。法人的主营业地与登记地不一致的，可以适用主营业地法律。法人的经常居所地，为其主营业地	第六十八条：法人及非法人组织的权利能力，适用其成立地法或者主要办事机构所在地法。 第六十九条：法人及非法人组织的行为能力，除适用其成立地法或者主要办事机构所在地法外，还须适用行为地法	第二十四条：法人和其他组织的民事权利能力和民事行为能力，适用其登记注册地国家的法律。法人和其他组织的内部事项，适用其登记注册地国家的法律。外国法人和其他组织在中华人民共和国领域内从事民事活动，应当遵守中华人民共和国法律。依照中华人民共和国法律设立的外国法人分支机构，其内部事项适用中华人民共和国法律		

续表

2002年《中华人民共和国民法典（草案）》第九编第二章第十七至二十三条	2010年《中华人民共和国涉外民事关系法律适用法》的规定（第二章民事主体第十一至二十条）	中国国际私法示范法第五十九至六十九条是对民事主体的规定	2010年中国国际私法学会《中华人民共和国涉外民事关系法律适用法（建议稿）》第十九至二十四条是对民事主体的规定	1986年《中华人民共和国民法通则》的规定第一百四十三条是对民事主体的规定	笔者对2010年《中华人民共和国涉外民事关系法律适用法》相关内容规定的建议条款
第十七条：自然人具有两个以上国籍的，以其住所地或者经常居住地国家的法律为其本国法。自然人在其所有的国籍国均无住所或者经常居住地的，以与该自然人有最密切联系的国籍国法律为其本国法	第十九条：依照本法适用国籍国法律，自然人具有两个以上国籍的，适用有经常居所的国籍国法律；在所有国籍国均无经常居所的，适用与其有最密切联系的国籍国法律。自然人无国籍或者国籍不明的，适用其经常居所地法律				
第十八条：自然人住所不明或者不能确定的，适用其经常居住地法律。自然人的经常居住地不明或者不能确定的，适用其现在住所地法律	第二十条：依照本法适用经常居所地法律，自然人经常居所地不明的，适用其现在居所地法律				
该草案规定的内容比2010年的涉外民事关系法律适用法略多。		中国国际私法示范法的规定与民法典草案的规定有些类似			

第六章

马克思主义思想与海冲突法立法的中国范式研究

马克思主义思想与海冲突法的中国范式研究关系密切。马克思主义认为，“就国家的政治制度来说，都只是人民的自我规定和人民的特定内容”①。马克思主义的论断，不仅对实体法立法具有指导意义，而且对冲突法的立法也具有指导意义，并提出了明确的价值目标。

第一节 马克思主义思想与海事关系概述

海事关系是由海商法所确认和调整的海上运输关系和船舶关系。“海上运输关系”主要指承运人、实际承运人和托运人、收货人或者旅客之间，船舶出租人和承租人之间有船舶运输的法律关系。这类关系具体体现为各种合同关系，例如，以提单为书面表现形式的班轮运输合同、旅客运输合同、航次租船合同、定期租船合同等。

“与船舶有关的关系”指船舶所有人、船舶经营人、出租人和承租人之间、船舶抵押人之间、海上侵权行为所涉及的当事人之间以船舶作为财产形式的物权和侵权法律关系。在以上海上运输关系和船舶关系中，海事主体是非常值得研究的。马克思主义认为，社会全面进步，实质上是坚持以人为本的发展。“重视人的地位和价值，是马克思主义哲学的重要原则。”②

由于各国海事法律规定不尽相同，因此，围绕海上运输关系和船舶关系常常会发生许多法律冲突，这些冲突包括船舶物权的法律冲突、海上运输合同的法律冲突、船舶碰撞的法律冲突、海难救助的法律冲突、共同海损的法律冲突、

① 中共中央马克思恩格斯列宁斯大林著作编译局．马克思恩格斯全集：第3卷［M］．北京：人民出版社，2002：41.

② 《马克思主义哲学》编写组．马克思主义哲学［M］．2版．北京：高等教育出版社，人民出版社，2020：302.

海事赔偿责任限制的法律冲突等。例如，在船舶物权方面的法律冲突，关于船舶所有权登记，各国规定不同。新加坡规定船舶要在新加坡登记，船东必须是新加坡公民（或在新加坡有永久居留权的个人）、在新加坡注册成立的公司。巴拿马对船舶登记没有任何限制。关于船舶抵押权，有的国家规定设定抵押权必须登记，否则不发生法律效力；有的国家规定设定抵押权没有登记，仍然有效，但是不能对抗第三人。关于船舶优先权，各国对优先权的标的、优先权的受偿顺序、优先权的转移、优先权的消灭等规定不一致。

在研究海事关系法律冲突的过程中，要以社会全面进步、人的全面发展为主线，合理构建海事社会关系、海事交往的有效范式，只有这样海冲突法才能与时俱进，才能为社会全面进步、人的全面发展做出贡献。

第二节　海事关系的法律适用

为了解决海事法律领域的法律冲突，海事领域产生了大量的国际公约和国际惯例。与此同时，也形成了许多海事冲突规范，这些规定为解决海事冲突打下了良好的基础。

一、海上侵权统一实体法

发生在海上的侵权行为，大致可归结为三种情形：一是船舶侵权，船舶与船舶相撞，或船舶与海上设施相撞；二是船内行为，发生在船舶内部的侵权行为；三是其他行为，海上污染。具体适用法律如下。

1. 船舶碰撞

可以适用《1910 年碰撞公约》《1977 年统一船舶碰撞中有关民事管辖权、法律选择、判决的承认和执行方面若干规则的公约》。

2. 关于旅客人身伤亡或行李毁损

可以适用 1974 年《海上旅客及其行李运输雅典公约》。

3. 国际油污损害

油污损害可以适用 1969 年国际海事组织在布鲁塞尔订立的《国际油污损害民事责任公约》（简称《公约》），该《公约》已生效，我国于 1984 年 4 月正式加入。

4. 发生在船舶内部的侵权行为

对发生在船舶内部的侵权行为，可以适用传统的侵权法律适用原则。

二、调整海上货物运输合同的条约

调整海上货物运输合同的条约主要有三个：《海牙规则》《海牙—维斯比规则》和《汉堡规则》。这三个条约关系非常密切，在国际上的影响和适用范围都非常广泛。我国虽然没有参加其中任何一个条约，但它们对我国的立法与司法实践有着重大的影响。

三、调整海上旅客运输的国际公约

国际海事委员会于 1957 年 10 月 10 日在比利时布鲁塞尔第 10 届海洋法会议上，通过了《1957 年统一海上旅客运输某些法律规则的国际公约》。在此公约基础上，1961 年 4 月在布鲁塞尔第 11 届海洋法会议上通过了《1961 年统一海上旅客运输某些规则的国际公约》。1967 年 5 月 27 日在布鲁塞尔又通过了《1967 年统一海上旅客行李运输的国际公约》。

政府间海事协商组织于 1974 年 12 月 2 日至 13 日在希腊雅典召开的海上旅客及其行李运输国际法律会议上通过了《1974 年海上旅客及其行李运输雅典公约》(*Athens Convention Relating to the Carriage of Passengers and Their Luggages by Sea*, 1974)，简称《1974 年雅典公约》(*Athens Convention*)。《1974 年雅典公约》根据情况的发展变化又有了多次修订。《修订 1974 年海上旅客及其行李运输雅典公约 2002 年议定书》取代了《1974 年雅典公约 1990 年议定书》，加重承运人的责任。

四、海事赔偿责任限制的国际公约

到目前为止，共制定了三个海事赔偿责任限制的国际公约。其中，1924 年《关于统一船舶所有人责任限制若干规则的国际公约》一直没能生效。另外两部重要的生效的国际公约为：

1. 1957 年《船舶所有人责任限制国际公约》

1957 年《船舶所有人责任限制国际公约》(*The International Convention Relating to the Limitation of the Liability of Owners of Seagoing Ships*, 1957) 由国际海事委员会于 1957 年 10 月 10 日在布鲁塞尔第十届海洋法外交会议上通过，于 1968 年 5 月 31 日生效。

2. 1976 年《海事赔偿责任限制公约》

联合国海事组织于 1976 年 11 月在伦敦召开的外交会议上通过了 1976 年

《海事赔偿责任限制公约》，并于 1986 年 12 月 1 日起生效。1976 年公约在 1957 年公约的基础上做了很多修改，如提高了责任限额，将计算单位改为特别提款权、将一般的过失责任限制条件升格为重大过失等。

1986 年《海事赔偿责任限制公约》生效以后，1996 年 4 月，联合国海事组织又通过了《1976 年公约 1996 年议定书》，对 1976 年《海事赔偿责任限制公约》的内容进行了改变（如表 6-1 所示）。

表 6-1 议定书修改的具体内容

船舶总吨位	人身伤亡的赔偿请求（SDR）	其他赔偿请求（SDR）
不超过 2000	2000000	1000000
2001～3000	2000000，每增加一吨增加 800	1000000，每增加一吨增加 400
3001～70000	2000000，每增加一吨增加 600	1000000，每增加一吨增加 300
70000 以上	2000000，每增加一吨增加 400	1000000，每增加一吨增加 200

五、我国的规定

关于涉外海事关系的法律适用，《中华人民共和国海商法》也有明确的规定（如表 6-2 所示）。

表 6-2 我国海商法关于冲突法条款的规定

国际条约	《中华人民共和国海商法》第二百六十八条第一款：中华人民共和国缔结或者参加的国际条约同本法有不同规定的，适用国际条约的规定；但是，中华人民共和国声明保留的条款除外。
国际惯例	《中华人民共和国海商法》第二百六十八条第二款：中华人民共和国法律和中华人民共和国缔结或者参加的国际条约没有规定的，可以适用国际惯例。
船旗国法	《中华人民共和国海商法》第二百七十条：船舶所有权的取得、转让和消灭，适用船旗国法律。《中华人民共和国海商法》第二百七十一条：船舶抵押权适用船旗国法律。船舶在光船租赁以前或光船租赁期间，设立船舶抵押权的，适用原船舶登记地的法律。《中华人民共和国海商法》第二百七十三条第三款：同一国籍的船舶，不论碰撞发生在何地，碰撞船舶之间的损害赔偿适用船旗国法律。
法院地法	《中华人民共和国海商法》第二百七十二条：船舶优先权，适用受理案件的法院所在地法律。《中华人民共和国海商法》第二百六十九条第二款：船舶在公海上发生碰撞的损害赔偿，适用受理案件的法院所在地法律。《海商法》第二百七十五条：海事赔偿责任限制，适用受理案件的法院所在地法律。

续表

侵权行为地法	《中华人民共和国海商法》第二百六十九条第一款：船舶碰撞的损害赔偿，适用侵权行为地法律。
理算地法	《中华人民共和国海商法》第二百七十四条：共同海损理算，适用理算地法。
意思自治与最密切联系原则	《中华人民共和国海商法》第二百六十九条：合同当事人可以选择适用的法律，法律另有规定的除外。当事人没有选择的，适用与合同有最密切联系的国家的法律。

关于海冲突法或者海事国际私法，我国2010年《中华人民共和国涉外民事关系法律适用法》没有对海事关系的法律适用作出规定。2002年《中华人民共和国民法典（草案）》第九编对海事物权、海难救助、船舶碰撞进行了规定，条文不多。《中华人民共和国国际私法示范法》规定较多，如第三十三条规定：对因铁路、公路、水上和航空事故请求损害赔偿提起的诉讼，如车辆、船舶最先到达地、加害船舶被扣留地或者航空器最先降落地位于中华人民共和国境内，中华人民共和国法院享有管辖权。

《中华人民共和国国际私法示范法》第三十四条规定：对因海难救助费用提起的诉讼，如救助地、被救助船舶最先到达地、被救助船舶扣押地或者被救助货物扣押地位于中华人民共和国境内，中华人民共和国法院享有管辖权。

《中华人民共和国国际私法示范法》第三十五条规定：对因共同海损提起的诉讼，如船舶最先到达地、共同海损理算地或者航程终止地位于中华人民共和国境内，中华人民共和国法院享有管辖权。

《中华人民共和国国际私法示范法》第三十六条规定：对因商业活动纠纷导致被告的船舶在中华人民共和国领域内被扣押的，中华人民共和国法院对与该扣押直接有关的诉讼享有管辖权。

《中华人民共和国国际私法示范法》第八十四条规定：船舶所有权的取得、转让和消灭，适用船旗国法。

《中华人民共和国国际私法示范法》第八十五条规定：船舶抵押权，适用船旗国法。船舶在光船租赁以前或者光船租赁期间，设立船舶抵押权的，适用原船舶登记地法。

《中华人民共和国国际私法示范法》第八十六条规定：船舶留置权，适用船舶留置地法。

《中华人民共和国国际私法示范法》第一百零八条规定：除当事人另有约定外，在一国领海、内水内发生的海难救助，适用救助作业地法；在公海上发生的海难救助，适用救助船舶的船旗国法；国籍相同的船舶之间发生的海难救助，适用共同的船旗国法。

《中华人民共和国国际私法示范法》第一百零九条规定：共同海损理算，适用当事人约定的理算规则。没有约定的，适用理算地法。

《中华人民共和国国际私法示范法》第一百一十九条规定：在一国领海、内水内发生的侵权行为，不论其影响及于船舶以外还是仅限于船舶内部，适用侵权行为地法。其影响仅限于船舶内部的，也可以适用船旗国法。

在公海上发生的侵权行为，适用受理案件的法院地法。但其影响仅限于船舶内部的，适用船旗国法。

同一国籍的船舶，不论碰撞发生于何地，船舶碰撞的损害赔偿，适用船旗国法第一百二十条。

《中华人民共和国国际私法示范法》以上规定条文较多，但仍然不够全面、系统。

2010年中国国际私法学会《中华人民共和国涉外民事关系法律适用法（建议稿）》对船舶碰撞、海难救助、海损理算等进行了规定，条款并不多。在笔者所拟的冲突法（草案）中，条款较多，比较系统。冲突法（草案）第二部分即海事法律关系的适用篇，从三百二十一条到三百五十二条，共三十二条。但冲突法（草案）对海事关系法律适用的规定仍然不够全面，如对海上旅客运输、海上拖带等缺乏规定。

第三节 海事关系法律适用的发展

一、涉外海事关系法律适用法的晚近立法与趋势

（一）海事冲突法的统一

在涉外海事关系法律适用法统一化进程中，起初，“有关海事法的条约和国际惯例多是围绕传统的私法部分和实体法内容来制定和整理的”①。但是，在最近几十年，随着统一化程度的加深和扩展，海事法领域出现了冲突法方面的统一。制定统一的海事冲突法，既可通过制定单一的海事冲突法条约，也可在统一实体法条约中制定一些冲突规范。目前，涉及海事领域的冲突法条约数量可观（如表6-3所示）。

① 张明远，司玉琢．世纪之交海商法走势探析［J］．中国海商法年刊，1997（0）：11.

表 6–3 海事条约中关于冲突法的规定

类型	名称	内容
单一的海事冲突法条约	1928 年《布斯塔曼特法典》	《布斯塔曼特法典》第二卷《国际商法》第三编关于“航海和航空商业”中，就船舶和飞机及航海和航空商业的特别契约作出规定。如船舶方面，《布斯塔曼特法典》分别就船舶的国籍、船舶所有权的转移、扣押和出卖船舶、船长的权利和义务、船舶的检查、租船契约、共同海损、船舶碰撞等所适用的准据法作出了规定
	1977 年《统一船舶碰撞中有关民事管辖权、法律选择、判决的承认和执行方面若干规定的国际公约》	《统一船舶碰撞中有关民事管辖权、法律选择、判决的承认和执行方面若干规定的国际先约》的第四、五、六条规定了船舶碰撞的准据法
	1980 年《关于合同义务法律适用公约》	《关于合同义务法律适用公约》第二篇规定了法律适用的统一规则。另外，《关于合同义务法律适用公约》还规定，只要是本公约所指定的法律，即使不是缔约国的法律，也应适用
	1986 年《国际货物销售合同法律适用公约》	《国际货物销售合同法律适用公约》第二章规定了法律适用的统一规则。另外，《国际货物销售合同法律适用公约》还规定，在本公约的范围内，“货物”包括船舶、船只、小船、气垫船、飞机、电力
	其他	如 1955 年海牙《国际代理法律适用公约》等
统一实体法条约中制定一些冲突规范	1910 年《船舶碰撞公约》	《船舶碰撞公约》第七条第三款规定：“损害赔偿的诉讼期限可以中止或者中断的理由，由审理该案的法院所在地的法律确定。”第十二条规定：“对于非属于缔约国的利害关系人，每一缔约国可在互惠条件下适用本公约的规定；如所有利害关系人与审理案件的法院属于同一国家，则应适用国内法的规定，而不适用本公约的规定。”

续表

类型	名称	内容
统一实体法条约中制定一些冲突规范	1952 年《扣船公约》	《扣船公约》第六条规定："在任何情况下，请求人对扣押船舶所引起的损害，或为船舶的释放或防止扣押而提供的保证金或其他担保的费用是否负责问题，应根据在其管辖区域内执行或申请扣押的缔约国法律予以确定。有关船舶扣押和为申请取得第四条所指的权利，以及扣押可能引起的各种程序问题的程序规则，应受在其境内执行或申请扣押的缔约国法律的制约。"
	1957 年《责任限制公约》	《责任限制公约》第四条规定："在不妨碍公约第三条第二款的条件下，有关设立和分配限制基金的各种规则，以及一切程序规则，应受基金设立国法律的约束。"
	1976 年《海事赔偿责任限制公约》	《海事赔偿责任限制公约》第十四条规定："有关责任限制基金的设立与分配的规则，以及与之有关的一切程序规则，除本章另有规定外，应受基金设在国法律的制约。"
新的立法动向	欧洲国际私法统一问题	2011 年 3 月，法国国际私法学家拉家德提交了欧洲历史上第一份《国际私法总则的立法（草案）》（简称"草案"）。草案分四章（前言、管辖权、冲突规范、判决的承认与执行），二十四条。草案引起了学者对欧洲国际私法法典化的热情
	布鲁塞尔第一条例的修订	欧盟委员会 2011 年 7 月 25 日公布了修订布鲁塞尔第一条例《关于民商事管辖权和判决承认与执行的第 44/2001 号条例（草案）》供欧洲议会审议通过
	海牙《国际商事合同法律适用原则（草案）》	海牙《国际商事合同法律适用原则（草案）》起草工作组 2012 年完成起草工作，交由特别委员会对草案进行审议

（二）海事实体法的统一

在解决海事领域的法律适用问题方面，海事冲突法及海事统一冲突法都不是直接地解决法律冲突的方法。海事国际统一实体法条约的出现，弥补了法律适用方法上的不足。

目前制定的海事国际统一实体法条约已经涉及海事法律的各个领域，主要有：

（1）1910 年《统一船舶碰撞某些法律规定的国际公约》；

（2）1924 年《统一提单某些规定的国际公约》；

（3）1926 年《统一船舶优先权和抵押权某些法律规定的国际公约》；

（4）1957 年《海运船舶所有人责任限制的国际公约》；

（5）1967 年《统一船舶优先权和抵押权某些法律规定的国际公约》；

（6）1968 年《修订〈1924 年统一提单某些规定的国际公约〉》；

（7）1974 年《海上旅客及其行李运输雅典公约》；

（8）1976 年《海事赔偿责任限制公约》；

（9）1978 年《联合国海上货物运输公约》；

（10）1985 年《确定海事碰撞损害赔偿金的国际公约预案》；

（11）1989 年《国际救助公约》；

（12）1993 年《船舶优先权和抵押权公约》；

（13）2001 年《燃油损害民事责任国际公约》；

（14）2002 年《旅客及其行李运输的雅典公约》；

（15）2006 年《国际劳工公约》；

（16）2011 年《〈经修正的 1974 年国际海上人命安全公约〉的修正案》；

（17）2011 年《〈1973 年国际防止船舶造成污染公约 1978 年议定书〉附则修正案》等。

统一实体法取代冲突法的思想，得到最近的理论——“新商人法”的支持，这一思潮的代表人物为施米托夫（Clive M. Schmitthoff）、菲利普·卡恩（Philippe Kahn）等。施米托夫认为：“结论是：如果我们仅仅考虑法则区别说及其继承者所论及的法律冲突问题，我们得到的只是片面的和不完整的观念……事实上有两个领域相辅相成：一个领域产生法律冲突问题，另一个领域则通过诉诸普遍承认的法律体系如新商人法，来避免法律冲突问题。”①

在实践中，实体法主义者分为两类：“一类是对他们认为按照冲突规范指定

① 克格尔. 冲突法的危机［M］. 萧凯，邹国勇，译. 武汉：武汉大学出版社，2008：184.

的方法适用的实体法，准据法内容并不令人满意的案件，希望构建新的实体法即补充性的实体法；另一类是认为世界贸易中已自发产生一种统一实体法——新商人法。"① 海事国际统一实体法条约极大地便利了海事领域法律适用问题的解决。

二、解决海事法律冲突的方法体系的现状与创新

（一）历史分析的方法

冲突法从其最初发源就一直是理论研究的问题。从历史分析的方法入手，可以将冲突法理论分成三类或将解决法律冲突分成三种方法：单一学说或原则；多边冲突规范汇编；综合论著、法学评论和学术论文。而制定国内冲突法和国际冲突法公约是现代解决法律冲突的方法，或者说是解决法律冲突的第四种方法。②

在以上四种方法的基础上，有学者提出了解决法律冲突的第五种方法——构建法律适用的统一方法体系。因为以上方法包括采用国内冲突法和国际冲突法公约的第四种解决法律冲突的方法，都不是理想的方法。"法院、律师和学者在解决具体的法律冲突问题时要求有一种确定的方法和规则，即法律适用的统一方法体系，以便适用那些国内冲突法和国际冲突法公约，运用它能够分析和解决发生在任何国家中的每一个法律冲突问题。构建法律适用方法体系的目的是，获得统一的解决法律冲突的冲突法理论和实践，或至少是方法，以明确无论在哪里提起诉讼，都适用同一的、可适用的准据法。"③ 法律适用方法体系的发展对涉外海事关系法律适用法的趋同化发展有很好的促进作用。两者相互影响、相互促进，推动了法律适用法理论体系的完善与审判实践的进步。

（二）经济分析的方法

自从 20 世纪 60 年代法经济学兴起以来，利用经济学方法分析法学问题的研究模式逐渐扩展到法学的各个领域。美国著名法经济学家理查德 · A. 波斯纳（Richard Allen Posner）认为："当然，经济学也被应用于冲突法领域。如罗伯

① 克格尔．冲突法的危机［M］．萧凯，邹国勇，译．武汉：武汉大学出版社，2008：160.

② 冲突法的新发展是对特别问题如海事法律冲突的特别规定。如 1993 年《荷兰海事冲突法》和 1993 年《中华人民共和国海商法》第十四章的特别规定。但是，这两部法律既没有规定也没有涉及法律适用的方法。参见泰特雷．国际冲突法：普通法、大陆法及海事法［M］．刘兴莉，译．北京：法律出版社，2003：17.

③ 泰特雷．国际冲突法：普通法、大陆法及海事法［M］．刘兴莉，译．北京：法律出版社，2003：24.

塔·罗曼诺和其他学者已经证明各州有关公司设立的法律是如何刺激了各州之间在吸引公司来本州设立上展开的竞争，并且这种竞争已经趋向于公司法的最优化。威廉姆·巴克斯特和其他学者已经表明，对州之间或国际纠纷适用具有比较管理优势的法域（可能由于是引起纠纷的伤害发生地）的法律——该法域的法律可以对当事人的行为进行最佳管理——能够提高效力。"① 澳大利亚学者温考普和凯斯则在冲突法律文献中已占主导地位的政府利益转变为在产生冲突法问题时强调当事人的利益。这种以当事人为中心的方法相当于经济学中对自由市场的强调。其基本观点是："适用于合同纠纷的法律选择应该简单地被视为当事人决策的延伸，即当事人决定将哪些条款写入合同之中。这个法律选择应该得到兑现，即使该选择规避了某些强制性规则。如果当事人没有选择法律，法院应该作出选择，该选择是当事人在考虑这个问题时最有可能作出的那一个。"②

温考普和凯斯认为："在冲突法的法律适用方法上，肯定国家利益的选择方法有既得权理论、法院地法理论、利益分析理论、比较损害说和比较管理优势说等。肯定当事人利益的选择方法有较好法律说、法律选择休整（法院确认案件当事人如果有机会协商的话会同意作出的法律选择）、合理预期等。"③

根据以上理论，海冲突法或者海事国际私法在保护当事人利益及成本控制方面的功能有：

（1）诉讼的社会成本最小化

（2）缔约最优

允许合同的选择规避一国强制性规定。因为"第一，执行这些选择限制了因议会缺乏远见而造成的效力低下；第二，当事人最有可能作出的选择往往是家长式法律最不可能予以保护的；第三，合同性的法律选择抵制无效能的寻租利益集团，这些寻租利益集团的政治交易需要强行法"④。

（3）限制法规的垄断和溢出

多边冲突规则和对法院接受法院地被告管辖权的条件的限制能够增进协调，

---

① 波斯纳．序［M］//温考普，凯斯．冲突法中的政策与实用主义．阎愚，译．北京：北京师范大学出版社，2012：1.

② 波斯纳．序［M］//温考普，凯斯．冲突法中的政策与实用主义．阎愚，译．北京：北京师范大学出版社，2012：1.

③ 波斯纳．序［M］//温考普，凯斯．冲突法中的政策与实用主义．阎愚，译．北京：北京师范大学出版社，2012：21.

④ 波斯纳．序［M］//温考普，凯斯．冲突法中的政策与实用主义．阎愚，译．北京：北京师范大学出版社，2012：28.

降低自己离开的成本，并因此降低法规溢出的程度。①

以经济分析的方法确定法律适用准据法的选择，也是实用主义的方法，对当事人而言具有非常重要的意义与指导作用，对冲突法立法及司法也有重要的参考作用。

三、涉外海事法律适用法领域对弱者的保护——冲突正义到实体正义的发展

梅因（Maine）在其《古代法》中指出："人类社会的进步，从法律制度史着眼，表现为'从身份到契约'的运动过程。"② 然而，梅因的结论对 20 世纪之后的历史并不完全适用。当人类进入 20 世纪之后发现，20 世纪法律史的演进在很大程度上表现为"从契约到身份"的运动过程。③ 目前，许多国家在自己的实体法中，出现了一些保护特定身份者，如妇女、子女、消费者、船员利益的条文，相应于此种变化，以间接调整方法为主要调整方法的涉外民事关系法律适用法也产生了一定互动。如 1978 年的《奥地利联邦国际私法法规》、1987 年的《瑞士联邦国际私法》、1980 年的《关于合同义务法律适用欧洲公约》及海牙国际私法会议制定的一些公约中对此都有所明确的规定。在我国，2000 年中国国际私法学会起草的《中华人民共和国国际私法示范法》、2002 年全国人大法律工作委员会提交讨论的《中华人民共和国民法典（草案）》第九编"涉外民事关系的法律适用法"、2010 年的《中华人民共和国涉外民事关系法律适用法》等已经开始出现规定弱者利益保护的一些冲突法条款。在涉外海事领域，弱者利益保护的法律规定发展也非常迅速。如《日本商法典》第八百零五条规定："（1）从事救助的船舶若为轮船，救助报酬的 2/3 必须支付给船舶所有人，若为帆船，救助报酬的 1/2 必须支付给船舶所有人，余下金额船长与船员平分。（2）依据前项的规定，支付给船员的报酬金额，由船长进行分配。在此场合，准用第八百零四条规定；（3）违反前两项规定的合同无效。"其他国家也有类似的规定，目的是保证船员的利益得到实现。韩国还规定，应向海员支付救助报酬时，船长应考虑各船员的努力、效果等因素，在航次终了以前做成分配方案，

---

① 波斯纳．序［M］//温考普，凯斯．冲突法中的政策与实用主义．阎愚，译．北京：北京师范大学出版社，2012：29.

② 梅因．古代法［M］．沈景一，译．北京：商务印书馆，1984：97.

③ 庞德在其《普通法的精神》中对这一论题进行了详尽的论证。参见庞德．普通法的精神［M］．唐前宏，等译．北京：法律出版社，2001：18-20.

向全体海员公布。①

马克思主义认为，平等这一价值也具有形式和内容的统一，包括了形式平等和事实平等。因此，冲突法上的正义与平等也应追求形式与内容的统一。

马克思主义强调，“西欧各国文献中和经验中所有保护劳动人民利益的东西一定要吸收进来”②。

就冲突法的情况而言，冲突规范历来主要使用一些具有空间场所意义或者可以场所化的事实因素来指定应适用的准据法，“故许久以来多被学者指责它虽具有法律规范所应有的确定性，但缺乏灵活性，它只追求‘冲突正义’，忽视‘实体正义’。因而如何解决好上述两个问题，一直是各国国际私法学者所重视的”③。

冲突法主要由仅作“管辖权选择的冲突规则”所构成，法官只需要根据这种冲突规则的指引去适用某一国家的实体法来判定案件的情况。这种情况只能实现“冲突正义”。至于“实体正义”能否实现，依赖于根据冲突规则指引适用的某一国家的实体法。涉外民（海）事关系法律适用法为了依法（冲突法）行事，往往在“冲突正义”与“实体正义”之间，选择“冲突正义”。在非法典化国家的英国法院，虽然依判例法中的冲突原则一个案件本应适用某一外国法，可是法院并不负调查、证明和正确解释外国法的职责，因而有时即使法院知道双方当事人对外国法的理解不正确，也不会去主动纠正。④

只追求“冲突正义”的冲突规范被称为“盲眼”的冲突规范。“这一现象在20世纪20年代以后有些改变。一些国家开始考虑冲突法能否达到‘实体正义’的问题了。他们在‘管辖权选择的冲突规则’中附加‘内容或结果导向’的规定，例如，附加上适用有利于保护弱方当事人、受害人的规定，适用有利于保护人权的规定等。”⑤

“法律旨在创设一种正义的社会秩序。”⑥ 一项法律制度若要恰当地完成其职能，就不仅要实现正义，而且还须致力于创造秩序。秩序的维持，在某种程度上是以存在着一个合理的、健全的法律制度为条件的，而正义则需要秩序的

---

① 参见《韩国商法典》第845条。

② 中共中央马克思恩格斯列宁斯大林著作编译局．列宁全集：第42卷［M］．北京：人民出版社，1987：444.

③ 李双元．国际私法［M］．北京：北京大学出版社，2006：97.

④ MORRIS J H C. The Conflict of Law［M］. London：Stevens，1980：36-70.

⑤ 李双元．国际私法［M］．北京：北京大学出版社，2006：103.

⑥ 博登海默．法理学：法律哲学与法律方法［M］．邓正来，译．北京：中国政法大学出版社，1999：318.

帮助才能发挥它的一些基本作用。“当前，国际交往日益发达，全球化和知识经济成为时代的表征。其所导致的后果之一便是参与国际民商事交往双方的实力悬殊日益加大，以至于强者越强，弱者越弱，这样，在国际民商事交往中必然引起不平等的现象。为了妥当地制订适应当前社会发展的法律制度，促使国际民商事交往的良性发展，涉外关系法律适用法应当实现保护弱方当事人正当利益的原则。”① 该原则在海事领域表现为对船员等弱者的保护。

1. 涉外海事冲突法领域对弱者的保护

（1）合同领域

冲突法领域多为“盲眼”的冲突规范，实现的是“冲突正义”。如在海员劳动合同中没有约定合同准据法时，各国法律一般规定根据最密切联系原则确定合同的准据法。

有时，“承担特征性义务履行的当事人的住所地或者营业所所在地与合同的联系并不密切，合同所涉及的其他场所与合同有更密切的联系，在这种情况下，有必要另行考虑合同准据法的场所”②。

在合同冲突法领域，也是能够实现保护弱者的实体正义的。在船员劳动合同中，船员劳动合同的当事人可以与雇主协商确定调整船员劳动合同法律关系应适用的法律。

通过意思自治原则，能够实现保护弱者的实体正义。不过这要求合同中的弱者要熟悉哪一个法律对保护弱者有利，才能进行选择。另外，也要争取雇主的同意。

（2）侵权领域

侵权领域的弱者也可以通过意思自治原则来保护自己。

（3）定性问题

在司法实践中，船员劳动合同法律纠纷经常会涉及定性问题。定性是一个国际私法的概念③，冲突法上定性的法律适用方法是不统一的，如有法院地说、准据法说、分析法学与比较法说、个案识别说、择中说、功能定位说等。国际私法学者提出，应从国际私法公平合理解决纠纷的角度，考虑有关问题或者事

① 屈广清．国际私法导论［M］．北京：法律出版社，2003：41.

② 沈涓．合同准据法理论的解释［M］．北京：法律出版社，2000：156.

③ 定性（识别、分类）是指在适用国际私法规范时，依据一定的法律观念，对有关的事实构成作出分类，将其归入一定的法律范畴，从而确定应援用哪一冲突规范的认识过程。参见韩德培．国际私法［M］．北京：高等教育出版社，北京大学出版社，2003：118.

实情况归入哪一法律范畴更符合其自身性质与特征，更能兼顾“冲突正义”与“实体正义”①。

2. 涉外海事实体法领域对弱者的保护

国际条约、各国海事实体法律对弱者保护问题都进行了一些规定。如2006年《海事劳工公约》第二条第一款第六项将在船舶上工作的所有人员都视为船员，并对他们的生活条件、工作报酬、休息、医疗、赔偿等方面提供了明确而具体的保护。1926年《统一船舶优先权和抵押权若干法律规定的国际公约》第二条规定的有关船员的产生船舶优先权的海事请求有：第一，船长、船员和船上其他人员的雇佣契约所引起的请求；第二，船员人身伤害赔偿。1967年《统一船舶优先权和抵押权若干法律规定的国际公约》第四条规定的有关船员的产生船舶优先权的海事请求有：第一，就其在船上任职而应付与船长、高级船员及其他船员的工资及其他款项；第二，就直接涉及船舶营运问题之在陆上或水上发生的人身伤亡，而向船舶所有人提出的请求。

各国国内立法也都有类似规定，如表6-4所示。

表6-4　一些国家海事实体法中保护弱者的规定

国家	法律名称	规定内容
德国	《德国商法典》	第七百五十四条规定的有关船员的产生船舶优先权的海事请求有：第一，船长及其他船员之工资；第二，在使用船舶时，因人身伤亡产生之赔偿请求权；第三，对抗船东之社会保险及失业保险债权
中国	《中华人民共和国海商法》	第二十二条规定的能够引起船舶优先权的有关船员的海事请求有：第一，船长、船员工资、其他劳动报酬、船员遣返费用和社会保险费用的给付请求；第二，在船舶营运中发生的人身伤亡的赔偿请求
希腊	《希腊海事私法典》	第二百零五条规定的产生船舶优先权的海事请求有：由于船长和船员的雇佣合同而产生的索赔以及由雇佣而产生的船员养老基金的费用
苏联	《海商法典》	第八十条规定的产生船舶优先权的海事请求权有：根据劳动法律关系产生的请求，由于残废、其他损害健康或死亡引起的赔偿请求，在这些请求得到全部补偿后，其次为社会保险请求，但上述这些请求都必须与相应的船舶有关
日本	《日本商法典》海商编	第八百四十二条规定的产生船舶优先权的海事请求权有：船长和其他船员，因雇佣合同而发生的债权

① 李双元．国际私法［M］．北京：北京大学出版社，2011：102.

续表

国家	法律名称	规定内容
韩国	《韩国海商法》	第八百六十一条规定的产生船舶优先权的海事请求有：第一，船员及其他船舶雇佣人员，因雇佣合同而产生的债权；第二，对船员的生命或人身伤害
荷兰	《荷兰海商法》	第 318 条规定的产生船舶优先权的海事请求有：第一，应付给船长和船员的根据其服务协议所产生的并与他们在船上工作期间有关的债务；第二，碰撞所产生的债务

各国法律在对船舶优先权规定的同时，还规定了船舶优先权的受偿先于船舶其他权利的受偿。《中华人民共和国海商法》第二十五条第一款规定："船舶优先权先于船舶留置权受偿，船舶抵押权后于船舶留置权受偿。"同时，各国法律中还规定了各种具有船舶优先权的海事请求的受偿顺序，其中，船员的海事请求基本上都是居于第一位的，这表明对于船员的保护，实现的是"实体正义"。

四、海事具体领域冲突法立法建议

（一）海事物权

1. 【船舶所有权】船舶所有权，适用船旗国法。

2. 【公告形式】船舶所有权转移要求的公告形式，适用船旗国法。

3. 【船舶抵押权】船舶抵押权，适用船旗国法律。在建船舶的抵押权适用造船国法律。

4. 【优先权】船舶优先权，适用法院地法或者船旗国法律。

5. 【留置权】船舶留置权，在当事人未约定时，适用船舶留置地法。

6. 【优先顺序】船舶抵押权、船舶优先权和船舶留置权相互之间的优先顺序，适用法院地法。

7. 【船舶扣押变卖】司法扣押船舶后强制变卖船舶的权利，适用船舶所在地法律。

8. 【其他船舶物权】本法没有规定的其他船舶物权，适用法院地法。

（二）海事债权

1. 【提单】各类提单的效力、内容适用提单上规定的法律。提单上没有规定的适用提单签发地法律。

2. 【提单首要条款】提单首要条款的效力，适用法院地法。

3. 【海事合同】海事合同适用当事人选择的法律。当事人没有选择的，适用与该合同有最密切联系的法律，一般情况下，与该合同有最密切联系的法律是履行义务最能体现该合同特征的一方当事人经常居所地法律：（1）船舶设计合同，适用受托人的主营业所所在地法。（2）船舶建造或修理合同，适用船舶建造地或修理地的法律。（3）船舶买卖合同，适用合同订立时卖方的主营业所所在地法。（4）海上旅客运输合同，适用合同订立时承运人的主营业所所在地法。（5）海上运输合同适用承运人的主营业所所在地法。（6）船舶租用合同，适用出租方的主营业所所在地法；在光船租船合同下，适用光船承租人的主营业所在地法。（7）船舶抵押贷款合同，适用贷款方的主营业所所在地法。（8）海上拖航合同，适用承拖人的主营业所所在地法。

4.【船员劳动合同】除合同另有约定外，船员劳动合同，适用船旗国法、当事人住所地法中对船员保护有利的法律。

5.【海上保险合同】海上保险合同，当事人没有约定的，适用投保人、被保险人、保险人主营业所所在地法中有利于被保险人的法律。

6.【再保险合同】当事人没有约定的，适用再保险人主营业所所在地法。

7.【其他海事合同】其他海事合同适用当事人选择的法律。当事人没有选择的，适用与合同有最密切联系的国家的法律。

8.【船舶碰撞】船舶碰撞适用侵权行为地法。同一国籍的船舶发生碰撞的，适用船旗国法。公海上发生的船舶碰撞，适用法院地法。

9.【船舶碰撞的内部损害】船舶碰撞的损害仅限于船舶内部的，也可以适用船旗国法。

10.【船舶与其他触碰】有关船舶碰撞的规定，也适用于船舶与任何动产或不动产之间的触碰。

11.【油污】海上油污适用油污损害发生地国法律或油污损害结果地国法律。如果油污损害发生在公海，适用干预措施采取国的法律。如果油污损害发生在公海，且有多个国家采取干预措施的情况下，适用法院地法。

12.【海上人身伤亡】海上人身伤亡，适用侵权行为地法、船旗国法中有利于保护弱者权益的法律。在公海上发生的人身伤亡，适用船旗国法。

13.【同一国籍的当事人】前条的双方当事人具有同一国籍或住所时，适用双方共同的本国法或住所地法及侵权行为地法中更有利于保护弱者的法律。

14.【其他海事侵权】本法没有规定的其他海事侵权，除当事人另有协议外，适用侵权行为地法。在公海上发生的侵权行为，适用法院地法。

15.【其他海事侵权的内部损害】其他海事侵权的损害仅限于船舶内部的，也可以适用船旗国法。

16.【海难救助】海难救助，当事人可以选择适用的法律。如果当事人没有选择适用的法律，海难救助发生在公海上的，适用救助船舶的船旗国法；发生在一国领海、专属经济区的，适用救助作业地法；救助作业不在船舶上的适用救助人所在地法。前面的救助如是具有相同国籍船舶间的救助，适用其共同本国法。

17.【共同海损】共同海损，适用当事人约定的法律；当事人未约定的，根据最密切联系原则，从船旗国法、侵权行为地法或者理算地法中选择适用的法律。

第四节　海洋命运共同体的构建与海冲突法的现代化发展

一、海洋法治建设中存在的问题

关于现代化并没有一个统一的解释，一般认为法制现代化指传统法制向现代法制的转型。现代化至少应该是一个人人向往的高级状态，是发展的一个理想的高度，是一个不仅能够适应现状，而且能够适应未来发展的综合模式，包括思想现代化、技术现代化、管理现代化、构成现代化等。人类社会发展是无止境的，现代化的发展也是如此。冲突法的现代化发展目标要形成能够适应现状和未来发展的构建模式。冲突法的现代化发展在很大程度上依赖于冲突法立法的现代化，冲突法立法现代化的标志，就是能够制定出体现社会发展最新成就与成果的立法，形成能够适应现代与未来的完善的法律体系。当前，实现冲突法立法现代化，达到一定标准与程度是非常重要的。因为之后的发展，每一步都是在此基础上进行的更高一级的现代化。因此，冲突法的立法完善是一项非常重要而紧迫的任务。

冲突法的现代化是需要适应全球化发展的现代化，更是需要适应构建人类命运共同体的现代化，这对冲突法的现代化提出了更高的要求，特别是对中国而言，冲突法的发展更应该积极而为。法律现代化是各国法律发展的必由之路，因此，要根据社会的发展，科学地实现法律现代化。“伊斯兰法的现代化不是打着社会发展和时代变迁的旗号，牵强地要求伊斯兰法与异质法律的求同和融合，也不是穆斯林民族自吹自擂、毫无根基的脱离社会现实的形而上学理论和纯粹的人为行为。伊斯兰法的现代化有着必须依赖的渊源，必须恪守的条件、原则和模式。”① 从中国看，“时下正在历史性地展开的中国社会变革，实际上是要完成从传统社会向现代社会的历史转型。正是在这一转型过程中，当代中国法制呈现出创新乃至现代化的发展趋势”②。冲突法的现代化也是如此，不能脱离社会的现实生活，不能不合时宜地牵强求同、不切实际地要求融合，而是要根据社会发展的不同阶段，达成不同的任务目标，有阶段、有原则、有条件地逐渐趋同。事实上构建人类命运共同体并不是在冲突法完全统一或者一致的条件下才能建成的，冲突法和谐共存，能够体现实质正义、合理和谐而毫无争议地解决相互之间的法律冲突，构建和谐社会，构建人类命运共同体。人类命运共同体并不是共产主义，不要求完全一致，人类命运共同体要求求大同，存小异。冲突法也是如此，也是要求求大同，存小异。值得研究的是，如何求大同，求什么样的大同才符合冲突法的现代化及冲突法的科学发展方向，才有利于构建人类命运共同体？以欧盟为例，欧盟是一发展典范，欧盟法在一些方面实现了统一化、法典化，给冲突法的适用带来统一。“当立法改革内容广泛，且意图涵盖某个法律领域的整体时，该现象就被习惯性地称为‘法典化’，而其‘产品’就是‘法典’。目前，正在欧盟范围内进行的这样一场大型的民事法律改革就是‘欧盟民法法典化’，这是一次规模空前的发生在欧共体/欧盟层面上的私法编纂活动。”③ 从法律共同价值发展的必要性上看，“大千世界无疑存在着许多相同的性质，生活在不同民族或国度的人群都会遇到一些共同的社会问题，基于共同的价值目的，不同的社会主体创造出相应的调整规则。在这些体现人类法律实践的普适性的规则中，反映了人类共同的法律智慧和对理性的价值追求”④。价值认同影响价值追求，“普遍的价值认同促使了全球化的同构性，构成了参与全球化的世界各民族的共同价值追求”⑤。冲突法的现代化发展，构建人类命运共同体以及普遍认同的价值追求是值得认真考虑的。在完善冲突法的立法过程中，对调整涉外民事关系的每一个冲突规范的制定都要在这些价值上有所体现，普遍认同的价值追求是共同所需，也是命运共同体所系。

作为处理涉外纠纷的重要工具，制定中华人民共和国国际私法典对构建人类命运共同体是十分重要的。2013 年 3 月 23 日，习近平总书记在莫斯科国际关

---

① 马明贤．伊斯兰法的现代化问题［M］//龚廷泰，孙文恺，屠振宇．外国法制现代化［M］．北京：法律出版社，2016：383.

② 公丕祥．全球化与中国法制现代化［M］．北京：法律出版社，2008：3.

③ 朱淑丽．欧盟民法法典化研究［M］．上海：上海人民出版社，2013：3.

④ 公丕祥．全球化与中国法制现代化［M］．北京：法律出版社，2008：430.

⑤ 公丕祥．全球化与中国法制现代化［M］．北京：法律出版社，2008：438.

系学院发表演讲时指出："各国相互联系、相互依存的程度空前加深，人类生活在同一个地球村里，生活在历史和现实交汇的同一个时空里，越来越成为你中有我、我中有你的命运共同体。"① 这是习近平总书记第一次在国际场合正式提出人类命运共同体的概念。在党的十九大报告中，将"坚持推动构建人类命运共同体"作为新时代坚持和发展中国特色社会主义的基本方略之一。呼吁"各国人民同心协力，构建人类命运共同体"②。

2018年3月11日，第十三届全国人民代表大会第一次会议通过的《中华人民共和国宪法修正案》中，将"推动构建人类命运共同体"写入宪法。"作为中国宪法中的根本法原则，推动构建人类命运共同体将长期指导中国国际关系实践、对外交往政策的制定和实施。这是中国既定的，具有长期性、稳定性、可信赖性的基本立场和主张。"③

先进的思想是人类前行的路灯，人类命运共同体思想不仅为人类社会发展绘制了蓝图，也为法治建设指明了方向。当前，人类命运共同体理念已经渐渐深入人心，多次被写入联合国文件，对国际影响很大。

不过，在构建人类命运共同体过程中，全球仍然存在各种问题，如国际金融危机仍然存在诸多影响，单边主义保护主义仍然十分明显，地缘政治板块碰撞时有发生，文明冲突论调与霸权主义逆流而动，挑战与战争不断，人类面临安全、公平、环境、发展等严峻问题，特别是在这次全球抗击新冠疫情过程中，各种矛盾更加突出与尖锐。"当前世界格局正在发生百年不遇的变革和转型。二战以来形成的以联合国为核心的多边主义国际体系面临挑战，以美国为首的西方国家开始抛弃它们自己创立和主导的这套体系，转而走向双边主义甚至单边主义，实行以本国为优先的保护主义政策，严重威胁到国际社会和平发展的前景。人类进入一个挑战层出不穷、风险越来越多的新时代。"④

构建人类命运共同体，特别要注意构建法治规则的共同体，在发展过程中，"中国发展道路和发展模式的成功让西方国家对我国产生了疑惧，开始在对华外交政策上发生转向。中国面临的国际环境风险加剧，从前的经济竞争逐渐开始

---

① 习近平．顺应时代前进潮流 促进世界和平发展［M］//中共中央党史和文献研究院．论坚持推动构建人类命运共同体．北京：中央文献出版社，2018：5.

② 本书编写组．决胜全面建成小康社会 夺取新时代中国特色社会主义伟大胜利：在中国共产党第十九次全国代表大会上的报告［M］．北京：人民出版社，2017：30.

③ 柳华文．推动构建人类命运共同体：法律化及其落实［J］．厦门大学学报（哲学社会科学版），2019（6）：32-42.

④ 杜涛．从"法律冲突"到"法律共享"：人类命运共同体时代国际私法的价值重构［J］．当代法学，2019，33（3）：145-160.

演化为制度竞争和文化竞争。在这样的背景下，我国迫切需要有一套符合当代及未来一段时期形势需要的指导我国对外关系和国际法（包括国际私法）发展的新的思想体系”①。

人类命运共同体的构建是一个庞大的系统工程，需要进行细化安排。在构建人类命运共同体过程中，海洋命运共同体是一个非常重要的组成部分，也是现实生活中非常复杂的领域。

法治建设是人类命运共同体构建的要求与保障，中国的法治建设包括海洋法治建设，取得了举世瞩目的成就。中国法治建设的发展与成就是构建人类命运共同体的重要基础。由于法治的优越性，世界各国越来越向着法治的方向发展，将之作为一种必不可少的社会治理方式。这也是构建人类命运共同体的基础，中国积极而为，为法治建设发展也进行了许多探索。

习近平总书记在 2013 年的全国政法工作会议上发表的重要讲话中首次提出了“法治中国”的概念，2014 年党的十八届四中全会作出的《中共中央关于全面推进依法治国若干重大问题的决定》，该决定明确提出要“为建设法治中国而奋斗”，由此可见，建设法治中国已经成为全面推进依法治国的奋斗目标。

党的十九届四中全会通过了《中共中央关于坚持和完善中国特色社会主义制度 推进国家治理体系和治理能力现代化若干重大问题的决定》（以下简称《决定》），《决定》提出要坚持和完善中国特色社会主义法治体系，提高党依法治国、依法执政能力。《决定》的提出，对实现依法治国、建设法治中国具有重大的意义。《决定》还提出，必须坚定不移走中国特色社会主义道路，全面推进依法治国，坚持依法治国、依法执政、依法行政共同推进，坚持法治国家、法治政府、法治社会一体建设，加快形成完备的法律规范体系、高效的法治实施体系、严密的法治监督体系、有力的法治保障体系，加快形成完善的党内法规体系，全面推进科学立法、严格执法、公正司法、全民守法，推进法治中国建设。

《决定》提出一方面要坚持和完善中国特色社会主义法治体系，完善以宪法为核心的中国特色社会主义法律体系，加强重要领域立法，加快我国法域外适用的法律体系建设，以良法保障善治；另一方面，要提高党依法治国、依法执政能力。这两个方面是实现全面推进依法治国、建设法治中国奋斗目标的重要保障。这里提到的加强重要领域立法，加快我国法域外适用的法律体系建设，就包括了我国冲突法、商事冲突法、海商法涉外章等的法律体系建设，这些建

① 杜涛．从“法律冲突”到“法律共享”：人类命运共同体时代国际私法的价值重构［J］．当代法学，2019，33（3）：145-160.

设为全面推进依法治国、建设法治中国，构建人类命运共同体、人类海洋命运共同体做出了积极的贡献。

我国关于如何建设与量化法治中国进行了积极的探讨。关于法治的量化，2007 年浙江余杭正式实施了《量化考核评估体系》。2006 年 2 月 23 日，中共杭州市余杭区委发布《关于建设“法治余杭”的意见》，提出了“党委依法执政、政府依法行政、司法公平正义、权利依法保障、市场规范有序、监督体系健全、民主政治完善、全民素质提升、社会平安和谐”的总体目标。同年，余杭区十二届人大四次会议审议通过了《关于推进“法治余杭”建设的决议》，余杭区委提出了“法治余杭”，浙江省委提出了“法治浙江”。“余杭法治指数的产生是政府和学者联手推动的结果，这恰恰印证了转型区政府主导型的中国法治发展模式。在这种模式中，专家学者发挥着重要作用。”① 2007 年 11 月，专家学者初步完成《法治余杭量化评估体系》，2008 年 6 月，完成了 2007 年法治指数测定程序，中国内地第一个法治指数诞生。“2007 年的余杭法治指数是通过数字方式对余杭区 2007 年度法治建设水平的直观概括。这种概括可以作为此后年份余杭法治指数的比较基础，也可以作为与其他地区法治指数比较的基础值。”②继余杭之后，广东、深圳、青岛等地也纷纷出台了法治政府建设指标考核体系。广东法治政府建设指标包括 8 个维度，108 项三级指标。评价主体是广东省依法行政工作领导小组，评议主体包括随机抽出的 6146 名党代表、人大代表、政协委员以及在各地随机抽出的 4800 户住户。深圳市法治政府建设指标包括 12 项一级指标，44 项二级指标，225 项三级指标。评价主体是深圳市法治政府领导小组，评议主体包括人大代表、政协委员、法律工作者等 258 人。这里的考核体系具体、内容丰富、可操作性强，为法治政府建设提供了很大的帮助。

从域外看，也有不少国家进行了相关探讨与实践，阿根廷在 2009 年发布了该国法治指数，具体指标包括保护基本权利的公开而稳定的法律，开放、公平、高效的法律程序等。美国律师协会等发起的“世界正义工程”提出了法治指数体系，并将其作为衡量一个国家法治状况的重要依据。该指数包括有限的政府权力、防止贪腐、秩序和安全、基本权利保护、审判和非纠纷解决机制等 16 项一级指标，68 项二级指标，由独立第三方进行评价，评议主体包括公众、法律及劳工、公共健康领域的专家。“世界正义工程”每年对全球法治指数进行排

---

① 钱弘道. 中国法治指数报告（2007—2011 年）：余杭的实验［M］. 北京：中国社会科学出版社，2012：3.

② 钱弘道. 中国法治指数报告（2007—2011 年）：余杭的实验［M］. 北京：中国社会科学出版社，2012：5.

名，如2019年全球126个国家被纳入排名系统，以1分为满分，排名前三位的国家分别是：丹麦（0.9分）、挪威（0.89分）、芬兰（0.87分）。1999年，世界银行在参考了32个全球组织的相关数据的基础上，创建了全球治理指标（Worldwide Governance Indicators），覆盖了全球212个国家和地区。指数指标包括法治、控制腐败等。

中国十分重视法治指数建设与完善，我国除余杭法治指数外，中国社会科学院还成立了国家法治指数研究中心。据介绍，该中心在法治指数指标体系，考核标准的研发、实施方面处于国内领先地位，已成功研发了政府透明度指数、司法透明度指数、检务透明度指数、教育透明度指数、中国立法指数、公信法院指数、政府采购指数，在学术界和实务界产生了广泛影响，直接推动相关制度的实施和完善。此外国家法治指数研究中心还承担系列法治蓝皮书的编撰和发布工作，如《法治蓝皮书·中国法治发展报告》《法治蓝皮书·中国地方法治发展报告》《法治蓝皮书·四川依法治省年度报告》和《法治蓝皮书·中国法院信息化发展报告》等。这些报告为理论研究和法治发展提供了许多有益的经验与帮助。

在法治政府建设方面，中国政法大学成立了法治政府研究院，出版了《中国法治政府发展报告》《中国法治政府评估报告》等。在《中国法治政府评估报告》中，根据其设立的法治政府评估指标体系进行评估，“评估对象共计100个地方政府，包括4个直辖市、27个省府所在地市、23个国务院批准的较大市和46个其他城市”①。

关于法治社会建设指数问题，“法治社会指数是衡量法治社会建设水平的量化参数”②。关于法治社会指数，也有学者进行了研究，认为“法治社会属于社会权力范畴，是‘社会建设’的法治层面，与法治国家、法治政府并存与对应，并处于基础地位。同时至少具备：一是良善规则，即良法之治；二是党政机关、社会组织和公民个人依法行使社会公权力，社会依法民主自治运行；三是社会主体具有法治认同感和民主精神；四是实现社会自治与国家统治的互动共识”③。根据这些内容，法治社会评价指标包括了科学立法、依法行政、公正司法、公民守法等指标。这些制定的指数，目标清晰，可操作性强，法治建设同步进行，

---

① 中国政法大学法治政府研究院．中国法治政府评估报告（2018）［M］．北京：社会科学文献出版社，2018：1.

② 谭玮，郑方辉．法治社会指数：评价主体与指标体系［J］．理论探索，2017（5）：115-122.

③ 谭玮，郑方辉．法治社会指数：评价主体与指标体系［J］．理论探索，2017（5）：115-122.

不仅指标进步，而且法治建设也取得了很大的进步。

《中国法治发展报告》认为，“中国法治建设稳步推进。在立法方面，法律法规的制定、修改与解释有序进行，为国家统一、经济发展、社会稳定以及全面深化改革奠定制度基础；在法治政府方面，简政放权、行政审批制度改革、‘互联网+’政务等各项改革举措有序推进；在司法领域，司法改革举措逐步落实，法院信息化建设和基本解决执行难等取得突破性进展；在廉政法治方面，反腐行动持续发力，全面从严治党的贯彻落实对反腐工作产生了质的影响，为国际反腐败机制建设作出了应有的贡献；在民商经济法治方面，法律体系逐步完善，知识产权战略进一步推进；在社会法治方面，社会保障、劳动关系、环境保护等领域的改革继续推动，加大了对弱势群体的保障力度”①。

《中国法治政府发展报告》认为：“党的十九大以来，在习近平新时代中国特色社会主义思想的指引下，行政法理论界与实务界协同攻坚克难，开拓进取，法治政府建设取得显著进展。”②《中国法治政府评估报告》认为：“2018 年评估显示：地方法治政府水平小有进步，八成地方政府的评估得分及格。”③

在《中国法治发展报告》中，还有一些专项报告，如《中国海商司法透明度指数报告》等。“2016 年，中国社会科学院法学研究所法治指数创新工程项目组对全国 10 家海商法院的司法公开情况进行了第四次评估。结果显示，中国海商司法透明度状况稳步提升，经验得到推广，亮点不断出现，初步形成了相互借鉴、你追我赶的可喜局面。”④ 中国海商司法透明度指数指标体系包括审判公开、立案与庭审公开、文书公开、执行公开等一级指标。

综合来看，国内关于法治指数建设比较重视，法治建设也取得了很大的进步。因为法治与人治相比，法治是我们能够找到的最好方式。有人将中国法治政府建设分为几个阶段，最早的是 1978—2003 年阶段，这其实是不准确的。从新中国成立以来，政府在行使行政权力及履行政府职能方面都是坚持的依法原则，政府的各项权力都是在法治的轨道上运行的。虽然当时的法治不完善，但只要是有法律规定，政府都得严格执行，不得违反。

---

① 李林，田禾，吕艳滨．中国法治发展报告（2017）［M］．北京：社会科学文献出版社，2017：1-2.

② 中国政法大学法治政府研究院．中国法治政府发展报告（2018）［M］．北京：社会科学文献出版社，2019：1.

③ 中国政法大学法治政府研究院．中国法治政府评估报告（2018）［M］．北京：社会科学文献出版社，2018：1.

④ 李林，田禾，吕艳滨．中国法治发展报告（2017）［M］．北京：社会科学文献出版社，2017：260.

1999年《中华人民共和国宪法》修正案将“依法治国”正式写入宪法。2002年党的十六大明确提出为落实依法治国的基本方略，提出要推进依法行政。

2004年3月国务院发布《全面推进依法行政实施纲要》，首次提出了“法治政府”建设的要求，即用10年左右的时间基本建成法治政府。2007年10月党的十七大提出法治政府建设取得了新成效。2012年11月党的十八大提出，法治政府到2020年基本建成。2015年《法治政府建设实施纲要2015—2020》提出了建设目标：职能科学、权责法定、政法严明、公开公正、廉洁高效、守法诚信。党的十九大提出，到2035年法治国家、法治政府、法治社会基本建成。以上关于法治政府基本建成时间的调整，说明了建设任务的艰巨性。但从建设步骤、建设成效以及建设的进步程度来看，完全是可以实现的。“中国共产党对中国法治建设的领导是历史逻辑、理论逻辑和实践逻辑的统一。坚持党的领导、坚持走中国特色社会主义法治道路、坚持‘实事求是、与时俱进’的思想路线，既是党领导法治建设的显著特征，也是社会主义法治顺利推进的重要经验。”①党领导中国法治建设的突出成就：中国特色社会主义法律体系如期建立，“过去这些年立法数量明显增加，立法质量显著提升，实现了从‘无法可依’到法律制度逐渐完备的转变”②。行政执法体制改革有效推进，“依法行政、严格执法一直是党和政府高度关注的问题，始终按照多层次分类推进行政执法体制改革，推动严格公正文明规范执法理念进一步落实到位”③。

在司法方面，司法公正得到有效落实。有效解决了立案难、执行难问题。此外，还建立了“公检法三机关案例指导制度，通过发布指导性案例，规范裁判标准，将同案同判的公正理念落到实处”④。

在守法方面，“全面守法建设不断深化落实，深化法治理念明显提升”⑤。总之，“七十年间，中国共产党领导人民开辟了中国特色社会主义法治道路，带

① 马菱霞.中国共产党七十年领导法治建设的逻辑、成就及特征［J］.长春市委党校学报，2019（6）：25.

② 马菱霞.中国共产党七十年领导法治建设的逻辑、成就及特征［J］.长春市委党校学报，2019（6）：27.

③ 马菱霞.中国共产党七十年领导法治建设的逻辑、成就及特征［J］.长春市委党校学报，2019（6）：28.

④ 马菱霞.中国共产党七十年领导法治建设的逻辑、成就及特征［J］.长春市委党校学报，2019（6）：28.

⑤ 马菱霞.中国共产党七十年领导法治建设的逻辑、成就及特征［J］.长春市委党校学报，2019（6）：28.

领中国实现了从人治——法制——法治的历史性飞跃”①。

值得注意的是，在取得巨大成绩的同时，中国的法治建设包括海洋法治建设，也存在一些需要注意的问题。从立法方面看，“我国高层首先要有海洋立法意识，由我国最高权力机关牵头制定一部《海洋法》法典。因为从《中华人民共和国刑法》《中华人民共和国立法法》修正案等多数立法实践来看，一部新法或新法修订案的诞生确实可以掀起相关法律问题的研究热潮。另外，及时更新涉海法律法规。法律具有滞后性，即使一部新出台的法律，自它出现时就已经过时，更何况我国的涉海法律法规大多生效于 20 世纪 80 年代，对于新世纪出现的海洋问题不是立法空白就是已经失去时效性”②。就构建人类命运共同体与海洋命运共同体的法治要求而言，海洋法治建设还要继续加强。我国海洋法治建设取得了巨大的进步，但是仍然存在一些问题，就法治政府建设而言，包括海商行政领域存在以下问题：

1. 海洋行政立法方面。立法程序上不够完善，公众参与度不够，征求意见及意见吸收程度与透明度不够。有些领域包括海商行政管理领域还存在立法的空白。一些海洋行政规章制度之间存在矛盾冲突的现象。一些规定考虑行政相对人的义务多一些，考虑其权益保障少一些。

2. 海洋法治意识方面。社会各阶层整体的海洋法治意识有待进一步加强。如思想上，一些海洋行政管理人员包括行政领导等在一定程度上还存在权大于法的思想，认为法律是行政人员进行管理工作的工具，加强海洋法治建设就是加强管理，会运用海洋法律及法治思维思考问题、解决问题、处理纠纷。

3. 海洋行政执法方面。海洋执法主体法律素质参差不齐，存在一些粗暴执法、违法执法现象。执法与利益挂钩的现象还时常存在，以言代法、钓鱼执法等不良现象还时有发生。

4. 海洋行政司法方面。海洋行政司法方面也存在一定的问题，如关于海洋行政诉讼、海洋行政裁决、海洋行政仲裁、海洋行政调解等方面，司法人员素质不一，水平参差不齐，透明度还有待进一步提高。在范围上，也有空缺，如海洋人事争议还没有纳入行政司法的审查范围，不利于监督。

5. 政府权责方面。政府权责方面，有些地方政府权力边界不清，对一些该管的海洋事务坐视不理，一些不该管的海洋事务，又越位错位。“由于我们自上

---

① 马菱霞. 中国共产党七十年领导法治建设的逻辑、成就及特征［J］. 长春市委党校学报，2019（6）：25-29.

② 杨洪红. 中国海洋法治意识与海洋强国建设［J］. 法治与社会，2015（14）：152-153.

而下多年来习以为常的工作方式和社会的习惯认识，政府工作无所不包、无限责任的情况还会在较长时期内存在。一个地方只要出了事，上级政府不管任何理由，都会追究下级政府的责任，社会大众不管该不该政府负责，都会埋怨当地政府。”①

6. 海洋职能划分方面。没有完全科学地划分行政职能。“近年来，随着经济社会的发展，地方政府常常将新成立的经开区管委会、工业园区管委会、景区管委会等辖区内的各种管理行政委托其管理，但县域内的管委会很少能获得行政主体资格。同时也容易与当地的党委政府形成权力交叉，常常出现各自为政、互相推诿的现象。”②

7. 海洋政策法规方面。一些海洋法律法规政策不够完善或者严重滞后，出现一些灰色或空白领域；一定程度上脱离了实际，基层变通又没有统一规范，容易走样。“一方面，要推动工作不得不花大量精力去研究对策，去做工作，去寻变通。另一方面，又要避免出现任何意外情况，确保不要把那些变通过的、不太合法合规的做法牵扯到媒体和大众的视野里来。变通的结果，自然就会使上面的政策到基层就走样了。”③

8. 政府海洋决策方面。在一些地方，“由于没有在操作层面对政府决策的明确规范，政府决策随意性较大，在执行中才发现与国家法律法规和上级政策要求不完全相符，不得不边执行边纠正，既容易引发群众质疑，损害政府威信，也给工作推动带来被动”④。

9. 海洋行政监督方面。目前，政府监督“主要来自同级党委的监督、人大的依法监督、政协的民主监督、媒体的舆论监督、社会的群众监督，以及因提起诉讼而受到的司法监督。但在现实中，‘同级监督太软、上级监督太远’，很大程度上是行政机关内部的自我监督，导致许多失职、违法违规行为不能及时地得到很好的纠正和处理”⑤。

---

① 牟光平．基层法治政府建设中存在的主要问题及原因浅析［J］．赤子（中旬），2013（10）：9-10.

② 牟光平．基层法治政府建设中存在的主要问题及原因浅析［J］．赤子（中旬），2013（10）：9-10.

③ 牟光平．基层法治政府建设中存在的主要问题及原因浅析［J］．赤子（中旬），2013（10）：9-10.

④ 牟光平．基层法治政府建设中存在的主要问题及原因浅析［J］．赤子（中旬），2013（10）：9-10.

⑤ 牟光平．基层法治政府建设中存在的主要问题及原因浅析［J］．赤子（中旬），2013（10）：9-10.

10. 海洋法律知识方面。行政部门人员普遍学习业务较多，学习海洋法律知识较少。“由于我们是从一个漫长的封建社会走过来的，人治观念很深，法治观念不强。一些政府和部门官员缺乏尊重法律、敬畏法律的应有意识，加上对系统的法律知识学习不够，法律知识有限，在行政执法中主观武断、简单粗暴，在政策制定中为部门利益争权夺利。”① 以上情况虽然有的方面已大有改观，但仍然或多或少地存在，还需要引起高度的重视。

以上存在的问题，对构建人类命运共同体、海洋命运共同体造成了影响，需要彻底得到解决。从海洋法律方面来看，海洋法治方面也存在不同程度的问题，科学立法就是一个解决问题解决纷争的重要抓手。“构建海洋命运共同体最主要的是主张以协商、谈判解决海洋争端和矛盾，通过合作、对话共建国际海洋新秩序和安全新机制，这体现在建设和谐世界、和谐海洋，就是要坚持共同的安全观，主张以和平的方式协商、谈判达到共同解决国际海洋争端和冲突的目的。”②

从国际实践上看，当前国际海洋秩序方面存在一定的问题，海洋强国与其他海洋国家存在明显的矛盾。“沿海国出于安全与资源开发利用的考量，希望主张更大的管辖海域，所以传统海洋法上的领海与公海两分法瓦解，公海的范围缩小，沿海区域扩展以及沿海国在这些区域内权力扩张；海洋强国基于其对海洋的控制能力上的优势，热衷于保护它们的航线，主张几乎不受限制的航行自由权利，并通过《公约》的制度设计限制沿海国在关系海域的权力。”③ 另外，发达国家与发展中国家也存在矛盾，沿海国家与非沿海国家也存在矛盾。这些矛盾“主要体现了两种类型国家截然不同的发展理念，它们的相互作用塑造了国际海洋法的特征，也在某种程度上构成了阻碍国际海洋法发展的内在原因”④。

二、海洋命运共同体构建的建议

从理论上看，关于海洋命运共同体，事实上还存在不完全一致的认识。理论上提出了一些探讨的观点，虽然未能形成一致，但也可以成为构建人类命运

① 牟光平．基层法治政府建设中存在的主要问题及原因浅析［J］．赤子（中旬），2013（10）：9-10.

② 陈娜，陈明富．习近平构建“海洋命运共同体”的重大意义与实现路径［J］．西南民族大学学报（人文社科版），2002，41（1）：203-208.

③ 姚莹．“海洋命运共同体”的国际法意涵：理念创新与制度构建［J］．当代法学，2019，33（5）：138-147.

④ 姚莹．“海洋命运共同体”的国际法意涵：理念创新与制度构建［J］．当代法学，2019，33（5）：138-147.

共同体的具体建议，供参考吸收。相关观点有：

1. 人类命运共同体应该形成合作的共同体。有人认为，“海洋命运共同体是共同体成员基于海洋共识和共同的海洋利益产生认同感和归属感，通过在海洋领域的共同合作形成的联合体，包括海洋政治、安全、经济、文化和生态命运共同体。中国在区域可以通过实施多边海洋行动，构建区域海洋命运共同体，实现区域合作关系的升级。海洋命运共同体是超越民族和国家的海洋观，中国在全球可以通过构建海上丝路命运共同体、提升国际制度性话语权和形成国际海洋法律新制度来践行海洋命运共同体思想”①。该观点强调海洋命运共同体是一种联合体，即共同体成员基于海洋共识和共同的海洋利益产生认同感和归属感，通过在海洋领域的共同合作形成的联合体，包括海洋政治、安全、经济、文化和生态命运共同体。

2. 人类命运共同体应该构建安全的共同体。有人认为，“‘海洋命运共同体’理念的内涵包括‘海洋安全共同体’‘海洋利益共同体’‘海洋生态共同体’以及‘海洋和平和谐共同体’”②。该观点从内涵方面界定海洋命运共同体，并认为海洋命运共同体包括坚持、平等、解决、争议四方面的内容，从而构建安全共同体。

3. 人类命运共同体应该构建法制的共同体。有人认为，命运共同体是“中国在新世纪的一种国际秩序观，涉及国际法制的建设”③。这是一种认为海洋命运共同体与法制关系密切的观点，得到了许多共识。“在‘海洋命运共同体’理念的指引下，国际社会应通过明确海上安全制度、制定国家管辖外海域开发规章、完善国家管辖外海洋生态环境保护制度以及丰富和平解决海洋争端制度的方式来完善与发展国际海洋法，推动国际海洋法治向更加公正合理的方向发展。”④

人类命运共同体、海洋命运共同体需要法治的保障，在命运共同体方面，“人类命运共同体理念如何融入国际海洋法律制度，特别是有关海洋安全、海洋环境保护、海洋科学研究的法律制度是当前需要深入探讨的一个国际法的重要课题。另一方面，相关国际海洋法律制度的发展也会帮助我们进一步解释人类

---

① 孙超，马明飞. 海洋命运共同体思想的内涵和实践路径 [J]. 河北法学，2020，38（1）：183-191.

② 姚莹. “海洋命运共同体”的国际法意涵：理念创新与制度构建 [J]. 当代法学，2019，33（5）：138-147.

③ 邹克渊，王森. 人类命运共同体理念与国际海洋法的发展 [J]. 广西大学学报（哲学社会科学版），2019，41（4）：67-81.

④ 姚莹. “海洋命运共同体”的国际法意涵：理念创新与制度构建 [J]. 当代法学，2019，33（5）：138-147.

命运共同体理念的内涵”①。

4. 人类命运共同体应该构建完全平等的共同体。有学者认为，“人类命运共同体在国际法上的概念是指以主权平等原则为基础，以共同体为载体，通过国际合作的形式实现和维护人类的共同愿景和利益”②。

5. 人类命运共同体应该构建全新秩序的共同体，以形成共同体的共同价值。如关于海洋命运共同体的价值，有学者认为，“海洋命运共同体意味着一种全新高度和范围的国家海洋秩序，这种新秩序的建立离不开国际海洋法律制度”③。关于海洋命运共同体的价值内涵，有学者认为：“海洋命运共同体不仅具有厚重的哲学意涵，而且还具有深刻的政治内涵。”④

6. 人类命运共同体要构建合理公正的共同体。虽然对海洋命运共同体的认识没有形成一致的看法，但都认为其具有合理公正的重大意义。关于构建“海洋命运共同体”的意义，有学者认为，“‘构建海洋命运共同体’也是推动构建人类命运共同体的重要一环……海洋命运共同体理念的提出，更是为推进国际海洋秩序朝着更为公平、合理的方向发展注入了新动力”⑤。

7. 人类命运共同体应该构建有机统一的共同体。有学者认为，“人类命运共同体是政治、安全、经济、文化和生态五位构成的有机统一体，海洋命运共同体是人类命运共同体在海洋领域的细化和深化，同样包含五方面的内容”⑥。要求政治上互相信任、安全上局面共享、经济上互利共赢、文化上和谐共生、生态上可持续发展。

8. 人类命运共同体应该是科学指导的共同体。如关于海洋命运共同体与法治建设的指导问题，有学者认为，目前，国际相关法律制度不断在制定完善“这些全球海洋相关规则的制定进程，需要各方携手共同推进。相关法律、科学和政策层面的讨论，需在构建海洋命运共同体理论的轨道上进行”⑦。制定完善

---

① 邹克渊，王森．人类命运共同体理念与国际海洋法的发展［J］．广西大学学报（哲学社会科学版），2019（4）：67-81.

② 孙超，马明飞．海洋命运共同体思想的内涵和实践路径［J］．河北法学，2020，38（1）：183-191.

③ 孙超，马明飞．海洋命运共同体思想的内涵和实践路径［J］．河北法学，2020，38（1）：183-191.

④ 陈娜，陈明富．习近平构建“海洋命运共同体”的重大意义与实现路径［J］．西南民族大学学报（人文社科版），2002，41（1）：203-208.

⑤ 密晨曦．构建海洋命运共同体与海洋法治建设［N］．中国海洋报，2019-09-17（2）．

⑥ 孙超，马明飞．海洋命运共同体思想的内涵和实践路径［J］．河北法学，2020，38（1）：183-191.

⑦ 密晨曦．构建海洋命运共同体与海洋法治建设［N］．中国海洋报，2019-09-17（2）．

规则要在科学理论的指导下进行。有学者认为，“相关国际海洋法律制度的发展也会帮助我们进一步解释人类命运共同体理念的内涵”①。海洋命运共同体要“推动海洋法治建设，促进海洋领域的国际法律规则向更加科学、公平、合理的方向发展”②。有学者认为，要有共同体共同深化发展的意识，“海洋命运共同体是人类命运共同体的丰富和发展，将海洋命运与人类命运紧密相连。海洋命运共同体一方面是人类命运共同体的新发展，一方面超越了人类命运共同体”③。有学者认为，“国际法体系里面也出现了共同体的概念。人类命运共同体在国际法内涵上可以包含原有的国际法体系、中国传统文化和新中国国际关系价值目标的有机结合”④。因此，要吸收现有的精华，共同促进。

9. 人类命运共同体要构建自信有为的共同体。特别是中国要发挥大国的积极作用。关于如何构建海洋命运共同体的具体路径问题，有学者认为，要引领国际海洋秩序重构，建立共商、共建的海洋合作机制。“中国应以开放、自信、有为的姿态参与制定与讨论海洋新秩序规则重构，主动参与国际海洋规则的主张、倡议及方案，切实加强国际协调，追求各方共赢的‘包容性利益’，在促进国际海洋规则不断完善方面体现出更大的政治意愿，付出更多的努力。”⑤ 有学者认为，要构建以和谐为特征的共同价值，构建价值共同体，构建一套治理理念、一套治理方案、一套治理实践指导。“通过精巧、深刻、大气的理论设计和实践安排，构建海洋命运共同体实现了从物质繁荣到安全共享，再到价值共生、观念共有的多层次跨越，是人类从繁荣和发展走向命运与共的科学设计。”⑥

如何构建海洋命运共同体，要多实施多边海洋行动。因为“双边海洋行动的对话主体只有两国，能够更容易针对具体的海洋问题，达成一致的双边行动计划，能够更有效地解决海洋问题。但是考虑到海洋生态环境问题的跨界性，海洋生态环境污染可能超出了两国的管辖范围，若第三国不认可双边条约的效

---

① 邹克渊，王森．人类命运共同体理念与国际海洋法的发展［J］．广西大学学报（哲学社会科学版），2019（4）：67-81.

② 密晨曦．构建海洋命运共同体与海洋法治建设［N］．中国海洋报，2019-09-17（2）.

③ 孙超，马明飞．海洋命运共同体思想的内涵和实践路径［J］．河北法学，2020，38（1）：183-191.

④ 邹克渊，王森．人类命运共同体理念与国际海洋法的发展［J］．广西大学学报（哲学社会科学版），2019（4）：67-81.

⑤ 叶芳．积极参与全球海洋治理 构建海洋命运共同体［N］．中国海洋报，2019-06-18（2）.

⑥ 陈娜，陈明富．习近平构建“海洋命运共同体”的重大意义与实现路径［J］．西南民族大学学报（人文社科版），2002，41（1）：203-208.

力，区域生态环境问题难以得到彻底解决。为了解决相同的海洋生态环境问题，区域海国家需要签订多个相似的双边条约，造成了资源浪费现象"①。此外，还要构建区域海洋命运共同体，例如，南海区域的海洋命运共同体。构建海上丝绸之路命运共同体，增进中国国际话语权，为形成国际法律制度贡献力量。"国内海洋法律制度借助国际海洋法律制度深化，国际海洋法律制度依托国内海洋法律制度推动全球海洋法律治理。"②

构建海洋命运共同体，需要制定国家管辖外海域的开发规章，丰富和平解决海洋争端制度，"坚持平等协商的争议解决理念是构建'海洋命运共同体'基本要求，中国所倡导的'相互尊重、合作共赢'的新型国家关系无疑为和平搁置争端提供了实践支持"③。

如何在构建海洋命运共同体下推动法治建设？有学者认为，"构建海洋命运共同体与推进海洋法治建设的融入可以考虑从以下三方面进行：一、遵守包括国际海洋法在内的国际法体系中已有的符合时代发展需要的、与海洋命运共同体对应的制度；二、海洋相关国际法律规则制定中尚待制定、发展和完善的概念、规则和制度，应遵循海洋命运共同体理念，通过各国共同努力促进国际海洋法治建设；三、建立健全国内海洋法律制度，通过建立完善的国内海洋法律体系，彰显我国在海洋治理中的能力，维护我国的海洋权益，提升我国在海洋相关国际法律规则制定中的影响力和话语权，为中国与其他国家在国际海洋事务中的良性互动和国际合作提供保障"④。

综上，关于人类命运共同体、海洋命运共同体的理论研究有一定的成果，但还有待进一步的深化，特别是需要在法治保障的具体方法与路径上，找到切实可行的对策。

总之，在海事冲突法的发展方向上，应以海洋命运共同体的构建为自身现代化发展的目标，完善自身规则与体系，为构建海洋命运共同体保驾护航。

1. 加强合作。要加强各国海事冲突法领域的合作，互相合作、共同发展，本身就是命运共同体的要求。"解决这种法律冲突实质上也就是通过协调有关各

---

① 孙超，马明飞．海洋命运共同体思想的内涵和实践路径［J］．河北法学，2020，38（1）：183-191.

② 孙超，马明飞．海洋命运共同体思想的内涵和实践路径［J］．河北法学，2020，38（1）：183-191.

③ 姚莹．"海洋命运共同体"的国际法意涵：理念创新与制度构建［J］．当代法学，2019，33（5）：138-147.

④ 密晨曦．构建海洋命运共同体与海洋法治建设［N］．中国海洋报，2019-09-17（2）．

国民商事关系主体之间的经济利益关系，从而实现不同国家民商事关系主体之间互利合作与共同发展。"① 合作发展是共建共享的需要，"如果各国都不能秉承合作的理念制定本国国际私法，并依据国际私法规则在一定情况下适用对方国家的法律，那么，哪个国家的民商事利益和民商事关系主体的利益都难以实现"②。

2. 发挥功能。要发挥好海事冲突法解决纠纷的特定功能。冲突法"有益于促进中外民商事关系的发展与相互依存，有益于在中外民商事关系的发展中减少冲突或经济不安全因素"③。减少海洋冲突或经济不安全因素就是在为构建海洋命运共同体保驾护航，但要发挥好海事冲突法解决纠纷的特定功能，实现海事冲突法的实质正义，否则，海事冲突法的积极作用与效果就难以体现。

3. 促进均衡。要促进当事国之间的海洋利益均衡。"在选择适用法律上既坚持平等地适用中国或外国法律，又注重维护中国的公共秩序；既坚持当事人选择法律的意思自治，又对当事人的意思自治作了必要的限制；在对具体案件处理的过程中，从对管辖权的合理确定、准据法的适当适用到对判决或仲裁裁决的承认与执行，都确立了通过采取有利于涉案国家司法合作的方式，妥善地解决国际民商事争议，公正地处理国际民商事纠纷，最终实现中外当事人所属国之间利益的均衡。"④ 如果不能促进当事国之间的海洋利益均衡，就难以构建海洋命运共同体。

4. 维护安全。通过维护海洋安全促使经济建设和对外交往与合作的深化，维护经济的安全与发展。"中国国际私法的导向功能是中国通过制定本国国际私法规范，规定中国经济中某些方面的发展方向、价值目标，使中国的对外交往与合作沿着正确、合法、安全、高效的方向发展，从而对中国的经济建设和对外交往与合作的深化起到导向作用。"⑤

5. 参与规则。要积极制定或者参加国际海洋规则。"缔结或参加的私法性国际条约中具体规定的国际民商事法律规则，有益于减少国际民商事活动中的

① 孙建．论国际私法对维护和促进中国和平与发展的作用［J］．法学杂志，2010，31（8）：79-82.

② 孙建．论国际私法对维护和促进中国和平与发展的作用［J］．法学杂志，2010，31（8）：79-82.

③ 孙建．论国际私法对维护和促进中国和平与发展的作用［J］．法学杂志，2010，31（8）：79-82.

④ 孙建．论国际私法对维护和促进中国和平与发展的作用［J］．法学杂志，2010，31（8）：79-82.

⑤ 孙建．论国际私法对维护和促进中国和平与发展的作用［J］．法学杂志，2010，31（8）：79-82.

不确定性，减少可能出现的矛盾、冲突和不安全因素。随着中国缔结或参加的私法性国际条约数量的增多，这种状况必然会有益于维护中国的经济安全与和平发展。”① 如对外国人海洋合法权益的保护、对国际海事贸易的保护、对海事合同当事人的保护等，都离不开海事冲突法。中国应积极制定或者参加国际海洋规则，这与中国提出构建海洋命运共同体的思想是一脉相承的。海事冲突法的现代化发展，需要以构建海洋命运共同体为基础，构建冲突法共同体，构建海上法律适用的共同规范、统一规范，这些规范具有科学性、合理性。无论国家大小，均应以科学性、合理性为采纳标准，实现共同的冲突法，或者共同体的冲突法。

6. 坚持公平。海洋公平正义是构建海洋命运共同体的基石，也是海事冲突法的基石。“如果中国的某个司法机关不能够依据中国国际私法规则正确选择适用法律，那么，中国的这个司法机关的违法行为就会招致其他相关国家司法机关针锋相对的报复，从而损害了整个中国司法机关的声誉、潜在地损害了中国国家利益和中国国际民商事主体的利益、潜在地损害了中国的经济安全与和平发展。”②

三、人类命运共同体与海洋命运共同体的同构

海洋命运共同体是人类命运共同体的重要组成部分。人类命运共同体包括不同的内涵与外延，但整体的构建依赖于各领域共同体的分别构建。在构建思路上，各领域共同体的分别构建也为整体构建打下坚实的基础。下面重点研究海洋命运共同体的构建。

马克思主义十分重视海洋问题，提出了重要的海洋观，如海洋运输是海外贸易的基本条件，海洋是世界进程的关键因素，海上力量关系国家的兴衰等。海洋命运共同体的提出与构建，对人类命运共同体的构建意义重大。

（一）海洋命运共同体构建的维度

人类只有一个海洋，各国共处一个地球，地球承载着人类共同的命运，人类构成命运共同体。2011 年 9 月 6 日，《中国和平发展》白皮书首次提出了命运共同体的概念。2013 年 3 月，习近平总书记在莫斯科国际关系学院发表演讲时，首次向全世界提出了“构建人类命运共同体”这一概念。此后，党的十九大报

---

① 孙建．论国际私法对维护和促进中国和平与发展的作用［J］．法学杂志，2010，31（8）：79-82.

② 孙建．论国际私法对维护和促进中国和平与发展的作用［J］．法学杂志，2010，31（8）：79-82.

告、新修订的《中华人民共和国宪法》及《中国共产党章程》均明确提出了推动构建人类命运共同体的要求。在此基础上，2019 年 4 月 23 日，习近平总书记在集体会见应邀出席中国人民解放军海军成立 70 周年多国海军活动的外方代表团团长时，首次提出了“海洋命运共同体”这一理念。

海洋命运共同体，即各国海洋命运的休戚与共，各国在追求本国海洋利益时应兼顾他国利益，在谋求本国海洋发展时应兼顾他国发展。该理念是对人类命运共同体理念的丰富发展与细化阐述，是践行人类命运共同体的关键环节和重要内容。

如何构建海洋命运共同体？习近平总书记从四个维度作了深入阐述：合力维护海洋和平安宁；共同增进海洋福祉；共同保护海洋生态文明；坚持平等协商妥善解决分歧。以上阐述为构建海洋命运共同体指明了方向。四个维度互为支撑，关系密切。

合力维护海洋和平安宁是构建海洋命运共同体的基础。和平才能生存，安宁才能发展。因此，共同维护海洋和平安宁，应对、消除海上威胁，是构建海洋命运共同体的基础。

共同增进海洋福祉是构建海洋命运共同体的万斛之源。习近平总书记指出，“中国提出共建 21 世纪海上丝绸之路倡议，就是希望促进海上互联互通和各领域务实合作，推动蓝色经济发展，推动海洋文化交融，共同增进海洋福祉”①。增进海洋福祉，利用海洋造福人类，不仅是海上丝绸之路发展的动力之源，也是构建海洋命运共同体发展的动力之源。

共同保护海洋生态文明是构建海洋命运共同体之根本。保护开发利用好海洋资源，才能给子孙后代留下永续造福人类的“蓝色银行”，才能延续海洋命运共同体的永恒发展。

坚持平等协商妥善解决分歧是构建海洋命运共同体的万世之策。唯有如此，才能保证海洋命运共同体的和谐共存、合作共赢，建成一个共同繁荣的海洋世界。

（二）海洋法治共同体与海洋命运共同体的构建

海洋法治共同体要求平等对待主权国家的法律，各国在追求本国海洋法律利益时应兼顾他国利益，在谋求本国海洋法律适用时应兼顾他国海洋法律的适用。在此基础上，把海洋国际社会的共同价值、共同理念、共同追求具体化、固定化、法治化，推动公认的国际规则、国际惯例以及共同框架落地生根，遵照执行。

① 习近平．习近平谈治国理政：第三卷［M］．北京：外文出版社，2020：463-464.

海洋法治共同体既是利益共享的共同体，也是共同治理的共同体。在构建海洋命运共同体的过程中，海洋法治共同体具有重要作用。

首先，海洋法治共同体的构建有利于维护海洋和平安宁。海洋法治共同体是一个正义的共同体。海洋法治共同体着眼于全人类的海洋共同价值认知与正义判断，从而可以弱化国家海洋主权的绝对性、排他性和自利性，其以普世价值原则为基础，强调海洋法治的同理和同利，有利于维护海洋和平安宁。

其次，海洋法治共同体的构建有利于增进海洋福祉。海洋法治共同体是一个合作的共同体。合作交融，可以形成越来越多的海洋共识，达成越来越多的一致规定或者局部一致的规定，减少海洋法律冲突与障碍，有效推动海洋经济发展，增进海洋福祉。

再次，海洋法治共同体的构建有利于共同保护海洋生态文明。海洋法治共同体是一个保护的共同体，保护海洋生态文明是海洋法治共同体的目标。海洋的开发、利用，既需要按照可持续发展的原则进行，也需要海洋法治的有效保护。

最后，海洋法治共同体的构建有利于平等协商妥善解决分歧。海洋法治共同体是一个平等的共同体，平等协商是海洋法治共同体构建的基础，有利于妥善解决海洋纷争。

但是，在全球海洋环境治理中，现有的海洋法律框架难以平衡发达国家与发展中国家在海洋责任义务之间的矛盾，一些发达国家不愿意承担更多的海洋法律义务。因此，要打破海洋经济发展与海洋环境保护之间的冲突问题，必须将共同体理念应用到解决问题上。在理念得到世界认同的基础上，及时将理念上升到海洋法律制度、原则层面，建立相应的法律框架、法律制度、法律规定，从而形成海洋法治共同体的共同认同，促进海洋法治的深化发展。

（三）推动海洋文化共同进步，促进海洋法治共同体的发展

历史的发展、社会的繁盛、人类的进步，都离不开文化的滋养和引领。海洋文化共同进步是海洋法治共同体发展的基础。首先，海洋文化具有传递海洋法治经验、维持立法历史的连续性的功能。其次，海洋文化具有教化与培育的功能。再次，海洋文化具有推动社会发展进步的功能。最后，海洋文化在解决无法实践或多法实践冲突中，具有重要的作用。无法实践即在无法或者法律空白的领域进行“法律实践”，在海洋立法罅缺时，海洋文化可以为处理海洋问题提供思路与依据。

多法实践冲突源于各国立法的不同而导致的立法冲突。法律是文化的一种特殊表现形式，因此，海洋法律的冲突也就是海洋文化之间的冲突，即不同的海洋文化体系在相互交流中由于传统的差异和文化模式的排他性而引起的矛盾

与抵触。解决海洋法律冲突，从根本上依赖于海洋文化冲突的解决。

从原因上看，海洋文化冲突主要原因有：

第一，决定海洋文化的社会客观物质生产方式发生了变化，导致海洋文化产生相应的变化及相应调整。由于各国社会客观物质生产方式发生变化的时间与程度均不一致，所以海洋文化也无法一致。

第二，各国社会的政治、经济、文化发生变革情况不一，导致不同的海洋文化与相应社会的冲突。

第三，各种外来海洋文化的冲击，造成内外文化的冲突。

第四，海洋文化具有排他性。因为不同的海洋文化产生于不同的区域，具有不同的区域性特征，对外来文化具有一定的排他性。

第五，海洋文化的非适应性。如海洋法律制度文化与海洋法律观念文化存在的不适应性，就会引起海洋法律文化的冲突。

必须关注海洋文化冲突的主要原因，才能为解决海洋文化冲突对症下药，进而为解决海洋法律冲突打下基础。

值得注意的是，各国客观存在的海洋文化冲突，可能会导致不同的海洋立法、海洋制度的冲突，但这种法律冲突是可以通过制定海洋冲突规范、签订实体海洋协议等途径来解决的。因此，海洋文化冲突、海洋文明差异，不应该成为世界冲突的根源，而应该成为人类进步的动力。因为任何一种文明都是人类文明的重要组成部分。世界上有200多个国家和地区，2500多个民族、600多种语言，共同构成了人类文明与海洋文明的图谱。“万物并育而不相害，道并行而不相悖”，文明可以和谐共存，并不必然导致冲突。关键是要平等对待世界上不同的文化与文明。习近平总书记指出，“文明是平等的，人类文明因平等才有交流互鉴的前提”①。

在相互尊重的基础上积极借鉴其他文明的优秀成果，才能不断获得发展与进步。有的人无法接纳别人的不同，企图改造、同化之，甚至取代之。这是当今世界不同文明交往共同面临的突出问题，也是世界动荡不安的重要原因。在人类发生的无数次战争中，文化的冲突挥之不去，有时甚至成为战乱延绵不绝的根源。

不同文明之间的差异与矛盾，其实并不可怕，关键要正确认识、理性对待。只要秉持包容精神，就不存在西方有人提出的所谓“文明冲突”。推动建设你中有我、我中有你的人类命运共同体，才能创造人类美好的未来。因此，要坚持

① 杨绍华. 文明交流互鉴是推动人类文明进步和世界和平发展的重要动力［EB/OL］. 中国青年网，2019-05-11.

相互尊重、平等对待；坚持美人之美、美美与共；坚持开放包容、互学互鉴；坚持与时俱进、创新发展。只有这样，才能推动海洋文化的共同进步，促进海洋法治共同体的发展。

实现海洋法治国际化，形成世界各国共同认同、统一遵循的法律规则，是构建海洋法治共同体的终极目标。但海洋法治共同体的构建与发展，依赖于世界文化共同体的发展与进步。中国要在推动不同海洋文化共同进步上起主导作用。取长补短、择善而从，才能共同进步。要树立双赢、多赢、共赢的新理念，才能更好地推动不同文明、不同文化的共同发展进步。海洋文化的共同进步为海洋法律、海洋法治的共同进步提供了条件。与此同时，在共同进步中的"择善而从"，也为海洋文化、海洋法律、海洋法治的趋同化发展奠定了基础。

（四）增强中国话语权，促进海洋法治共同体的发展

话语权决定主动权，中国要想在海洋法治共同体构建中起主导作用，就必须改变我国在国际规则制定及国际法律制度领域的被动模式，增强国际话语权，逐渐参与乃至主导全球治理及国际规则的制定，促进海洋法治共同体的发展。

1. 引导各国参与国际海洋共治

中国要在引导各国参与国际海洋共治上起主导作用。当前国际形势呈现世界多极化、经济全球化、文化多样化和社会信息化等特点，海洋面临着气候变化、环境污染、资源短缺、海上犯罪猖獗等共性问题，各国事实上早已处在一个命运共同体中，一荣俱荣、一损俱损，唯有各国齐心协力参与海洋共治，才能解决海洋难题。

2. 创新发展海洋法律原则与规则

在海洋立法上中国应积极主动、率先而为、创新发展、提高质量，不断推出能够被世界各国所接受并最终成为实实在在海洋法律原则、规则和制度的成果。这些成果是海洋法治共同体的载体和表现形式，对海洋法治共同体的发展厥功甚伟。如中国提出的互相尊重主权和领土完整、互不侵犯、互不干涉内政、平等互利和和平共处五项原则，已经成为不同文化领域、社会制度和意识形态采用的基本原则，被世界上绝大多数国家接受。

在海洋实体法的构建上，既要追求本国利益与法律适用，又要考虑他国利益与法律适用。在荣辱与共的海洋共同体中，兼顾他国利益，实质上也是保护本国的利益，而且有时适用外国法可能比适用本国法更有利于保护本国利益及本国当事人。在海洋冲突法的构建上，要兼顾实质正义，实质正义是引导各国海洋法律由共存法到合作法，由合作法到统一法的内在诱因与价值追求，是海洋法治国际化及海洋法治共同体发展的必由之路。

3. 构建和谐包容的全球共同海洋法治

构建和谐包容的全球共同海洋法治，中国要做好以下工作：

（1）要做好原则统一。要以“可持续发展”为原则，关注人类海洋整体利益保护；以“和谐共存”为原则，引导各国合理适度地确定国家海洋利益保护的边界；以“平衡兼顾”为原则，构建合理平衡的新型海洋法治框架，充分考虑与尊重弱小国家的利益与参与话语权。

（2）要做好顶层设计。梳理现有相关规定如《联合国人类环境会议宣言》等，在此基础上，推动诸如《世界海洋环境公约》等国际性基本法律的制定。

（3）要做好与时俱进。以共同体的理念和思维，推动修订完善现有与海洋、海洋环境保护相关的公约、多边海洋经济贸易协定、区域海洋经济体协定等。

（4）要做好协商沟通。根据海洋命运共同体的发展与需要，协商制定海洋法治规则及议事沟通规则，及时解决海洋法治中的新冲突、新问题。

（5）要做好层层推进。海洋法治共同体框架、目标的形成，需要不同区域、不同传统、不同体系的联合体层层推进。如推动海上丝绸之路沿线国家海洋法治合作，探索联合建立专门的海丝海事法院、海事仲裁院等法治合作项目。创新解决体制机制问题，就可以为构建合理的全球海洋法治共同框架探索出有效的路径，为海洋法治共同体的发展产生积极的作用，进而为推动海洋命运共同体的构建做出积极的贡献。

值得说明的是，海洋命运共同体的核心价值是人。马克思主义坚持以人民为中心“只有从国家层面做到了以人为本，维护好人民的合法需求，保护好人民的正当利益，每个人真正信任法律、自愿维护才有法治现代化可言”①。

科学构建海冲突法的中国范式，构建海洋命运共同体，要特别重视人的地位和价值。马克思主义认为，社会全面进步、人的全面发展是一个渐进的历史过程。社会发展，实质上是人的发展，是坚持以人为本的发展。“重视人的地位和价值，是马克思主义哲学的重要原则。”② 社会全面进步，人的全面发展，一是依赖于社会生产力的巨大增长，二是依赖于社会关系的合理构建及社会交往的普遍发展。这两个因素也是冲突法发展完善的最重要因素，海冲突法要与时俱进，才能为社会全面进步、人的全面发展做出应有的贡献。

---

① 张健，周世虹．马克思的法学思想发展历程及新时代价值［J］．哈尔滨学院学报，2019，40（8）：26-29.

②《马克思主义哲学》编写组．马克思主义哲学［M］．2 版．北京：高等教育出版社，人民出版社，2020：302.

参考文献

一、中文文献

（一）专著

[1] 习近平．决胜全面建成小康社会 夺取新时代中国特色社会主义伟大胜利：在中国共产党第十九次全国代表大会上的报告［M］．北京：人民出版社，2017.

[2] 蔡守秋．基于生态文明的法理学［M］．北京：中国法制出版社，2014.

[3] 陈顾远．国际私法总论：上册［M］．上海：上海法学编译社，1933.

[4] 王勇．条约在中国适用之基本理论问题研究［M］．北京：北京大学出版社，2007.

[5] 邓小平．邓小平文选：第二卷［M］．北京：人民出版社，1994.

[6] 邓小平．邓小平文选：第三卷［M］．北京：人民出版社，1993.

[7] 董立坤．国际私法论［M］．北京：法律出版社，2002.

[8] 付子堂．马克思主义法律思想研究［M］．北京：高等教育出版社，2005.

[9] 公丕祥．全球化与中国法制现代化［M］．北京：法律出版社，2008.

[10] 韩德培．国际私法新论［M］．武汉：武汉大学出版社，1997.

[11] 贺富永．马克思主义国际法思想研究［M］．南京：东南大学出版社，2016.

[12] 胡长清．中国民法总论［M］．北京：中国政法大学出版社，1997.

[13] 李林，陈百顺，赵波．“一带一路”法律知识读本［M］．北京：中国民主法制出版社，2016.

[14] 李林，田禾，吕艳滨．中国法治发展报告（2017）［M］．北京：社会科学文献出版社，2017.

［15］李双元．国际私法［M］．北京：北京大学出版社，2006.

［16］李双元．国际私法：冲突法篇［M］．武汉：武汉大学出版社，1987.

［17］李双元，欧福永．国际私法［M］．5 版．北京：北京大学出版社，2018.

［18］李双元，欧福永，熊之才．国际私法教学参考资料选编［M］．北京：北京大学出版社，2002.

［19］梁慧星．民法总论［M］．北京：法律出版社，2001.

［20］中共中央马克思恩格斯列宁斯大林著作编译局．列宁专题文集：论马克思主义［M］．北京：人民出版社，2009.

［21］刘甲一．国际私法［M］．台北：三民书局，2001.

［22］《马克思主义基本原理》编写组．马克思主义基本原理［M］．北京：高等教育出版社，2023.

［23］《马克思主义哲学》编写组．马克思主义哲学［M］．2 版．北京：高等教育出版社，2023.

［24］龚廷泰，孙文恺，屠振宇．外国法制现代化［M］．北京：法律出版社，2016.

［25］欧阳康．马克思主义认识论研究［M］．北京：北京师范大学出版社，2012.

［26］钱弘道．中国法治指数报告（2007—2011 年）：余杭的实验［M］．北京：中国社会科学出版社，2012.

［27］钱骅．国际私法讲义［M］．北京：中国政法大学出版社，1985.

［28］屈广清．国际私法导论［M］．北京：法律出版社，2003.

［29］屈广清．僭离商事海事文化之冲突规范研究［M］．北京：光明日报出版社，2021.

［30］屈广清．屈氏国际私法讲义［M］．北京：法律出版社，2005.

［31］屈广清．涉外海事关系法律适用法立法研究：兼及海事冲突法哲学与海事立法文化的探赜［M］．北京：人民出版社，2016.

［32］屈广清．涉外民事关系法律适用法的科学立法［M］．北京：东方出版社，2019：135.

［33］沈涓．合同准据法理论的解释［M］．北京：法律出版社，2000.

［34］史尚宽，张谷校．民法总论［M］．北京：中国政法大学出版社，2000：108.

［35］习近平．顺应时代前进潮流 促进世界和平发展［M］//中共中央党

史和文献研究院．论坚持推动构建人类命运共同体．北京：中央文献出版社，2018.

［36］习近平．习近平谈治国理政：第三卷［M］．北京：外文出版社，2020.

［37］肖前．马克思主义哲学原理：下册［M］．北京：中国人民大学出版社，2014.

［38］杨胜群．邓小平传（1904—1974）［M］．北京：中央文献出版社，2014.

［39］姚壮，任继圣．国际私法基础［M］．北京：中国社会科学出版社，1981.

［40］严存生．西方法哲学问题史研究［M］．北京：中国法制出版社，2013.

［41］《一带一路沿线国家法律风险防范指引》系列丛书编委会．一带一路沿线国家法律风险防范指引：几内亚［M］．北京：经济科学出版社，2017.

［42］袁成第．国际私法原理［M］．北京：法律出版社，2003.

［43］越南民法典［M］．伍光红，黄氏惠，译．北京：商务印书馆，2018.

［44］张文显．法理学［M］．3版．北京：高等教育出版社，2007.

［45］张潇剑．国际私法学［M］．北京：北京大学出版社，2000.

［46］张仲伯．国际私法［M］．北京：中国政法大学出版社，1995.

［47］章尚锦．国际私法［M］．北京：中国人民大学出版社，1992.

［48］赵相林．国际私法［M］．北京：中国政法大学出版社，2002.

［49］中共中央马克思恩格斯列宁斯大林著作编译局．列宁选集：第4卷［M］．北京：人民出版社，2012.

［50］中共中央马克思恩格斯列宁斯大林著作编译局．列宁全集：第28卷［M］．北京：人民出版社，2017.

［51］中共中央马克思恩格斯列宁斯大林著作编译局．列宁全集：第42卷［M］．北京：人民出版社，1987.

［52］中共中央马克思恩格斯列宁斯大林著作编译局．列宁全集：第43卷［M］．北京：人民出版社，1987.

［53］中共中央马克思恩格斯列宁斯大林著作编译局．列宁全集：第47卷［M］．北京：人民出版社，2017.

［54］中共中央马克思恩格斯列宁斯大林著作编译局．马克思恩格斯全集：第1卷［M］．北京：人民出版社，1995.

［55］中共中央马克思恩格斯列宁斯大林著作编译局．马克思恩格斯全集：第3卷［M］．北京：人民出版社，2002.

［56］中共中央马克思恩格斯列宁斯大林著作编译局．马克思恩格斯全集：

第16卷［M］. 北京：人民出版社，1964.

［57］中共中央马克思恩格斯列宁斯大林著作编译局．马克思恩格斯全集：第21卷［M］. 北京：人民出版社，1965.

［58］中共中央马克思恩格斯列宁斯大林著作编译局．马克思恩格斯全集：第23卷［M］. 北京：人民出版社，1972.

［59］中共中央马克思恩格斯列宁斯大林著作编译局．马克思恩格斯全集：第35卷［M］. 北京：人民出版社，1971.

［60］中共中央马克思恩格斯列宁斯大林著作编译局．马克思恩格斯文集：第1卷［M］. 北京：人民出版社，2009.

［61］中共中央马克思恩格斯列宁斯大林著作编译局．马克思恩格斯文集：第2卷［M］. 北京：人民出版社，2005.

［62］中共中央马克思恩格斯列宁斯大林著作编译局．马克思恩格斯选集：第1卷［M］. 北京：人民出版社，1995.

［63］中共中央马克思恩格斯列宁斯大林著作编译局．马克思恩格斯选集：第2卷［M］. 北京：人民出版社，1995.

［64］中共中央马克思恩格斯列宁斯大林著作编译局．马克思恩格斯选集：第3卷［M］. 北京：人民出版社，1995.

［65］中共中央马克思恩格斯列宁斯大林著作编译局．马克思恩格斯选集：第4卷［M］. 北京：人民出版社，2012.

［66］中国政法大学法治政府研究院．中国法治政府发展报告（2018）［M］. 北京：社会科学文献出版社，2019.

［67］中华人民共和国常用法典［M］. 北京：法律出版社，2013.

［68］周建海，杜新丽．国际法 国际经济法 国际私法基础课堂笔记［M］. 北京：中国人民公安大学出版社，2003.

［69］朱淑丽．欧盟民法法典化研究［M］. 上海：上海人民出版社，2013.

（二）译著

［1］巴蒂福尔，拉加德．国际私法总论［M］. 陈洪武，等译．北京：中国对外翻译出版公司，1989.

［2］温考普，凯斯．冲突法中的政策与实用主义［M］. 阎愚，译．北京：北京师范大学出版社，2012.

［3］博登海默．法理学：法律哲学与法律方法［M］. 邓正来，译．北京：中国政法大学出版社，1999.

［4］泰特雷．国际冲突法：普通法、大陆法及海事法［M］. 刘兴莉，译．

北京：法律出版社，2003.

[5] 迭朗善. 摩奴法典 [M]. 马香雪，译. 北京：商务印书馆，2012.

[6] 巴比. 社会研究方法基础 [M]. 8版. 邱泽奇，译. 北京：华夏出版社，2002.

[7] 格里芬. 后现代精神 [M]. 王成兵，译. 北京：中央编译出版社，1998.

[8] 克格尔. 冲突法的危机 [M]. 萧凯，邹国勇，译. 武汉：武汉大学出版社，2008.

[9] 拉伦茨. 德国民法通论 [M]. 王晓晔，邵建东，程建英，等译. 北京：法律出版社，2003.

[10] 梅迪库斯. 德国民法总论 [M]. 邵建东，译. 北京：法律出版社，2001.

[11] 梅因. 古代法 [M]. 沈景一，译. 北京：商务印书馆，1984.

[12] 莫里斯. 法律冲突法 [M]. 李东来，等译. 北京：中国对外翻译出版公司，1990.

[13] 庞德. 普通法的精神 [M]. 唐前宏，等译. 北京：法律出版社，2001.

[14] 萨维尼. 法律冲突与法律规则的地域和时间范围 [M]. 李双元，张茂，吕国民，等译. 北京：法律出版社，1999.

[15] 德国民法典 [M]. 郑冲，贾红梅，译. 北京：法律出版社，1999.

(三) 期刊报纸

[1] 白倩倩. 浅议外国法查明的性质和方法 [J]. 法制与经济，2011 (4).

[2] 班阿慧. 法理作为我国国际私法的法律渊源问题研究 [J]. 成都师范学院学报，2013，29 (5).

[3] 冰青. "直接适用的法"与公共秩序保留 [J]. 辽宁公安司法管理干部学院学报，2002 (1).

[4] 陈娜，陈明富. 习近平构建"海洋命运共同体"的重大意义与实现路径 [J]. 西南民族大学学报 (人文社科版)，2002，41 (1).

[5] 陈卫佐. 比较法视野下的国际私法渊源：兼论一般国际惯例不是国际私法的渊源 [J]. 时代法学，2009，7 (2).

[6] 陈卫佐. 论准据法与"适当准据法" [J]. 清华法学，2009，3 (4).

[7] 孔云龙. 国际私法法律规避若干问题再思考 [J]. 长春理工大学学报 (社会科学版)，2012，25 (3).

[8] 淡乐蓉，再登．“识别”之本质属性浅议［J］．青海民族学院学报，1997（4）．

[9] 董海洲．从“身份”到“场所”：属人法连结点的历史与发展［J］．法学家，2010（1）．

[10] 董金鑫．国际私法视野下外国法的性质和证明：处于法律和事实之间［J］．海峡法学，2011（4）．

[11] 杜焕芳，王吉文，崔小艳．中国区际属人法问题刍议［J］．广西政法管理干部学院学报，2002（2）．

[12] 杜涛．从“法律冲突”到“法律共享”：人类命运共同体时代国际私法的价值重构［J］．当代法学，2019，33（3）．

[13] 杜纤茹．论反致制度的存在合理性［J］．法制与社会，2010（2）．

[14] 杜新丽．从住所、国籍到经常居所地：我国属人法变革研究［J］．政法论坛，2011，29（3）．

[15] 段娟．对法律规避说“不”［J］．法制与社会，2008（31）．

[16] 冯霞．中国区际私法中的反致制度研究［J］．河南师范大学学报（哲学社会科学版），2008（6）．

[17] 王岩．从包头空难案看涉外航空损害赔偿的法律规避问题［J］．法制与社会，2010（19）．

[18] 高宏贵．司法判例作为我国国际私法的渊源问题研究［J］．华中师范大学学报（人文社会科学版），2008（5）．

[19] 高宏贵，司珊．我国处理涉外民商事关系时对国际惯例的适用：以国际私法的渊源为视角［J］．华中师范大学学报（人文社会科学版），2010，49（3）．

[20] 高丽丽．反对反致新论［J］．黑龙江省政法管理干部学院学报，2003（5）．

[21] 高琦．论国际私法中的识别及识别冲突的解决［J］．中国社会科学院研究生学报，2011（1）．

[22] 顾丽琛．中国司法实践中英美判例法的查明［J］．法制与社会，2009（17）．

[23] 郭裔．论国际私法中的先决问题［J］．太原城市职业技术学院学报，2005（5）．

[24] 韩德培．论我国的区际法律冲突问题：我国国际私法研究中的一个新课题［J］．中国法学，1988（6）．

[25] 何冬明．对法律规避效力的中性认识 [J]．辽宁师范大学学报（社会科学版），2008，31（5）．

[26] 何其生．我国属人法重构视阈下的经常居所问题研究 [J]．法商研究，2013，30（3）．

[27] 黄保勇，马永梅．外国法查明中外国法"事实说"的质疑 [J]．宁夏大学学报（人文社会科学版），2009，31（2）．

[28] 黄栋梁．我国2010年《涉外民事关系法律适用法》中的属人法问题 [J]．时代法学，2011（4）．

[29] 黄辉．论法人行为能力与权利能力的非重合性 [J]．云南大学学报（法学版），1997（3）．

[30] 黄勇．论识别的对象和标准 [J]．甘肃政法学院学报，1999（4）．

[31] 黄真珍．外国法的查明及我国的相关立法分析 [J]．郧阳师范高等专科学校学报，2011，31（5）．

[32] 黄梓东，冯霞．冲突法域反致制度的价值考量及实现 [J]．求索，2012（7）．

[33] 霍政欣．美国法院查明外国法之考察 [J]．北京科技大学学报（社会科学版），2007，23（4）．

[34] 姜斓．关于反致的几点思考 [J]．合肥学院学报（社会科学版），2009（5）．

[35] 姜茹娇．从国际属人法的发展谈我国有关冲突规范完善 [J]．铜陵学院学报，2005，4（2）．

[36] 姜绚丽．浅析《涉外民事关系法律适用法》中外国法查明的法律适用规则 [J]．商业文化，2011（10）．

[37] 焦燕．我国外国法查明新规之检视：评《涉外民事关系法律适用法》第10条 [J]．清华法学，2013，7（2）．

[38] 金明．法理学视野中的法律冲突与国际私法 [J]．政法论丛，2007（4）．

[39] 金宁．论反致与我国国际私法立法 [J]．安徽大学学报（哲学社会科学版），1988（3）．

[40] 金彭年，汪江连．从反致制度的本质看我国关于反致制度的取舍 [J]．浙江大学学报（人文社会科学版），2004，34（2）．

[41] 金振豹．国际私法上公共秩序保留制度之比较研究 [J]．比较法研究，2004（6）．

[42] 柯颖．民事权利能力若干研究 [J]．法制博览，2013 (2)．

[43] 罗国强．离岸金融交易争端中的法律规避和公共秩序保留 [J]．财经科学，2011 (8)．

[44] 李冠群，唐春莉．论国际私法中法律冲突的性质 [J]．辽宁师范大学学报，2006 (4)．

[45] 李昊．对《民法通则》中民事能力制度的反思 [J]．南京大学法律评论，2010 (1)．

[46] 李鸿刚．先决问题解决方法新探 [J]．法制与社会，2010 (11)．

[47] 李佳鸿．阐析国际私法之法律规避现象 [J]．延边党校学报，2010，25 (2)．

[48] 李健男．论国际惯例在我国涉外民事关系中的适用：兼评《涉外民事关系法律适用法》[J]．太平洋学报，2011，19 (6)．

[49] 李婕妤．透析国际私法上的法律冲突 [J]．湖北警官学院学报，2013，26 (2)．

[50] 李婧．重症新生儿的民事权利能力始期 [J]．西南石油大学学报 (社会科学版)，2011，13 (2)．

[51] 李赛克．法律适用中公共秩序保留制度的合理适用 [J]．太原师范学院学报 (社会科学版)，2012 (1)．

[52] 李双元．国际私法的名称、性质、定义和范围问题 [J]．武汉大学学报 (社会科学版)，1983 (1)．

[53] 李万强．"大国际私法观"辩正 [J]．法律科学 (西北政法学院学报)，2007 (2)．

[54] 李研．英法两国关于外国法查明问题之比较及其启示 [J]．郑州大学学报 (哲学社会科学版)，2005 (3)：72.

[55] 李云波．法人民事能力一元论 [J]．扬州大学学报 (社会科学版)，2010 (5)．

[56] 李卓．论我国排除反致的合理性 [J]．贵州大学学报 (社会科学版)，2010 (3)．

[57] 梁丹妮．反致制度在我国国际私法中的法律价值再探 [J]．广西政法管理干部学院学报，2000 (4)．

[58] 蔺运珍．马克思恩格斯关于国际法原则的思想 [J]．中共郑州市委党校学报，2009 (2)．

[59] 刘柏岩．反致制度何去何从 [J]．辽宁经济职业技术学院学报，2007

(2).

[60] 刘冬坤. 学说或法理的国际私法渊源及地位 [J]. 天津市经理学院学报, 2013 (4).

[61] 刘国涛. 未出生者和人 [J]. 山东大学法律评论, 2003 (0).

[62] 刘红. 法律冲突的概念辨析 [J]. 湖北社会科学, 2009 (1).

[63] 刘慧珊. 恩格斯晚期著作对国际私法研究的重要启示 [J]. 外交学院学报, 1991 (1).

[64] 刘景景. 我国域外法查明制度之反思与重构 [J]. 湘南学院学报, 2011 (3).

[65] 刘力. 当代自然人属人法的发展成果在中国的适用 [J]. 河南政法管理干部学院学报, 2004 (3).

[66] 刘炼. 关于国际私法中反致制度的几点思考 [J]. 当代法学, 2003 (10).

[67] 刘萍, 顾崧. 海牙《国际代理法律适用公约》与我国民法典的制定 [J]. 辽宁师范大学学报, 2005 (4).

[68] 刘萍, 马慧珠. 公共秩序保留制度及其在我国的运用 [J]. 理论导刊, 2003 (7).

[69] 刘圣杰. 浅论外国法查明制度及我国相关立法分析 [J]. 东方企业文化, 2012 (10).

[70] 刘卫国. 论国际民事关系中"先决问题"的冲突法适用 [J]. 法商研究 (中南政法学院学报), 1998 (1).

[71] 刘卫国. 论我国国际私法的渊源结构: 司法解释应成为我国国际私法的渊源 [J]. 广西大学学报 (哲学社会科学版), 2006 (3).

[72] 刘喜平. 国际私法上反致制度研究 [J]. 福建政法管理干部学院学报, 2004 (4).

[73] 刘想树. 国际私法中的识别问题比较研究 [J]. 现代法学, 1999 (6).

[74] 刘晓晶, 程文帅. 对法律规避问题的几点思考 [J]. 哈尔滨学院学报, 2012 (7).

[75] 刘艳娜, 陈胜, 袁建刚. 论国际私法上的先决问题 [J]. 燕山大学学报 (哲学社会科学版), 2007 (3).

[76] 刘再辉. 本原与存在: 再论识别问题 [J]. 河北法学, 2008 (2).

[77] 刘正全, 郑科辉. 民商领域涉外代理法律适用问题探析: 兼评《涉外

民事关系法律适用法》第十六条［J］. 改革与开放，2012（4）.

［78］柳华文. 推动构建人类命运共同体：法律化及其落实［J］. 厦门大学学报（哲学社会科学版），2019（6）.

［79］芦丹. 法律规避的效力：从法理学视角的思考［J］. 法制与社会，2008（3）.

［80］路慧婷，袁天亮. 反致制度之存废［J］. 河南公安高等专科学校学报，2007（4）.

［81］吕岩峰，秦晓雷. 论研究和建设马克思主义国际私法学［J］. 学习与探索，2018（7）.

［82］吕岩峰. 准据法及其理论与方法论纲［J］. 吉林大学社会科学学报，2004（5）.

［83］罗美连. 试论法律规避制度的终结［J］. 法制与社会，2007（5）.

［84］罗平. 涉外民事关系法律适用法中外国法查明制度探析［J］. 法制博览（名家讲坛，经典杂文），2012（8）.

［85］马德才，陈明. 19世纪国际私法中的公共秩序理论之评析［J］. 齐鲁师范学院学报，2012（6）.

［86］马晶晶. 浅谈人格、民事权利能力与民事行为能力关系［J］. 今日南国（理论创新版），2009（5）.

［87］马菱霞. 中国共产党七十年领导法治建设的逻辑、成就及特征［J］. 长春市委党校学报，2019（6）.

［88］马晓媛. 学说作为我国国际私法渊源问题的研究［J］. 法制与社会，2013（13）.

［89］马志强，曾强. 浅谈国际代理的法律适用［J］. 广西政法管理干部学院学报，2002（3）.

［90］孟宪伟. 略论公共秩序保留［J］. 西北政法学院学报，1985（2）.

［91］牟光平. 基层法治政府建设中存在的主要问题及原因浅析［J］. 赤子（中旬），2013（10）.

［92］彭丁带. 最密切联系原则应确立为国际私法的基本原则［J］. 南昌大学学报（人文社会科学版），2005（4）.

［93］秦伟，杨琳. 民事权利能力质疑论［J］. 山东大学学报（哲学社会科学版），2012（1）.

［94］荣玫. 国际私法上的法律规避制度［J］. 天水行政学院学报，2005（1）.

[95] 沈涓．以国际私法与国际经济法的关系论国际私法的调整范围之回归[J]．法制与社会，2007（3）．

[96] 试论国际私法的识别 [J]．中山大学研究生学刊（社会科学版），2001，22（4）．

[97] 宋航．属人法的发展趋向及其在中国的适用 [J]．安徽大学学报（哲学社会科学版），1997，21（1）．

[98] 宋伟莉．对国际私法识别问题的思考 [J]．中山大学研究生学刊，1998（1）．

[99] 宋晓．最高法院对外国法适用的上诉审查 [J]．法律科学：西北政法大学学报，2013（3）．

[100] 孙超，马明飞．海洋命运共同体思想的内涵和实践路径 [J]．河北法学，2020，38（1）．

[101] 孙建．对国际私法上公共秩序问题的探讨：兼评《中华人民共和国民法（草案）》第九编中的公共秩序问题 [J]．南开学报（哲学社会科学版），2005（2）．

[102] 孙建．国际私法中的法律规避问题研究 [J]．天津市政法管理干部学院学报，2002，18（4）．

[103] 孙建．论国际私法对维护和促进中国和平与发展的作用 [J]．法学杂志，2010，31（8）．

[104] 孙烁犇．国际私法中的识别问题初探 [J]．河南公安高等专科学校学报，2008，17（2）．

[105] 谭玮，郑方辉．法治社会指数：评价主体与指标体系 [J]．理论探索，2017（5）．

[106] 唐卫华．论外国法的查明程序及其发展 [J]．边疆经济与文化，2013（4）．

[107] 唐颖菲．论识别的含义和标准 [J]．广西政法管理干部学院学报，2007（6）．

[108] 陶然．反致制度的思考和分析 [J]．贵阳学院学报（社会科学版），2008（3）．

[109] 田曼莉．国际私法上当先规避问题之我见 [J]．法学评论，2000（6）．

[110] 王葆莳．论国际冲突法条约中的先决问题 [J]．时代法学，2007（1）．

[111] 王国华. 我国海事法律适用法立法问题研究 [J]. 海大法律评论, 2007 (0) .

[112] 王瀚. 论冲突法中复合准据法的适用问题 [J]. 比较法研究, 1997 (3) .

[113] 王骏頔. 从司法实践视角浅析涉外民事关系中外国法查明制度: 以 2013 "涉外民事关系法律适用法最高院司法解释 (一)" 为视角 [J]. 法制与社会, 2013 (7) .

[114] 王立志. 先决问题的理论、实践与探索 [J]. 当代法学, 2003 (5) .

[115] 王玲玲. 人类命运共同体理论对马克思真正共同体思想的理论传承 [J]. 黑河学院学报, 2023, 14 (8) .

[116] 王思思. 反致制度的发展趋势及我国应采取的对策 [J]. 湖北行政学院学报, 2007 (2) .

[117] 王威. 简谈限制外国法适用的一项制度: 外国法的查明 [J]. 广西政法管理干部学院学报, 2001, 16 (4) .

[118] 王振友. 反致制度刍议 [J]. 法制博览, 2013 (2) .

[119] 温权. 马克思法学思想的三个发展阶段及其社会哲学意蕴 [J]. 东南学术, 2022 (3) .

[120] 吴青. "一带一路" 与中国国际私法体系的发展与完善 [J]. 航海, 2018 (1) .

[121] 吴文汀. 论我国立法中的冲突性国际惯例 [J]. 潍坊教育学院学报, 2011, 24 (3) .

[122] 向明. 冲突法中 "先决问题" 的质疑 [J]. 黑龙江政法管理干部学院学报, 2010 (12) .

[123] 向明华. 论外国法查明责任的分配: 兼涉外海事审判视角 [J]. 武汉大学学报 (哲学社会科学版), 2009, 62 (3) .

[124] 肖芳. 我国法院对 "外国法无法查明" 的滥用及其控制 [J]. 法学, 2012 (2) .

[125] 肖永平. 国际私法中冲突规范的结构剖析 [J]. 现代法学, 1994 (4) .

[126] 肖永平, 喻术红. 国际私法中识别问题比较研究 [J]. 武汉大学学报 (人文科学版), 1994 (6) .

[127] 谢迟. 自然人身份能力的区际法律冲突及属人法的确定: 兼谈《民

法典（草案）》第九编的属人法制度［J］. 广西政法管理干部学院学报，2004（4）.

［128］谢昊. 浅论国际私法的冲突规范［J］. 湖北警官学院学报，2008（3）.

［129］谢晓彬. 现代国际私法理念下反致制度的发展前景评析［J］. 政法论坛，2008（4）.

［130］徐伟功. 论公共秩序保留的功能与限制［J］. 河北大学学报（哲学社会科学版），2004，29（5）.

［131］许楚敬. 论我国民法典应当采纳反致和转致制度［J］. 甘肃政法学院学报，2005（3）.

［132］许光耀. 论反致的不合理性［J］. 时代法学，2007（4）.

［133］宣增益. 国际代理法律适用研究［J］. 政法论坛，2002（6）.

［134］宣增益，李大朋. 属人法考［J］. 河南社会科学，2013（2）.

［135］杨洪红. 中国海洋法治意识与海洋强国建设［J］. 法治与社会，2015（14）.

［136］杨桦. 先决问题的性质解析［J］. 法制与社会，2008（22）.

［137］姚莹. "海洋命运共同体"的国际法意涵：理念创新与制度构建［J］. 当代法学，2019，33（5）.

［138］易国春. 完善我国国际私法立法的若干构想［J］. 湖北经济学院学报（人文社会科学版），2007（12）.

［139］殷仁胜. 论公共秩序保留制度的限制适用［J］. 湖北社会科学，2006（10）.

［140］尹田. 自然人的行为能力、意思能力、责任能力辨析［J］. 河南省政法管理干部学院学报，2001（6）.

［141］余丙南. 也谈国际私法的范围［J］. 池州师专学报，2003（5）.

［142］俞蕾. 论先决问题与前提问题［J］. 法制与社会，2008（35）.

［143］喻名峰，蒋梅. 法律规避的社会历史成因及其对策［J］. 政法论坛，1998，16（3）.

［144］袁成第，邓正来. 论国际私法的基本原则［J］. 现代法学，1983（2）.

［145］袁泉. 互联网对传统国际私法基本原则的冲击与影响［J］. 河南省政法管理干部学院学报，2006，21（5）.

［146］马擎宇. 从司法审判实践角度完善我国的外国法查明制度［J］. 南

阳师范学院学报，2011，10（7）.

［147］曾加，吕东锋.论港澳台地区公共秩序保留制度的适用及其对我国大陆的启示［J］.河南财经政法大学学报，2012，27（6）.

［148］张程.反致制度的价值取向及中国的立法选择［J］.湖南科技学院学报，2009（6）.

［149］张春良.国际私法中反法律规避制度的功能评析［J］.法制与社会发展，2010（6）.

［150］张丹.马克思主义法学对中国法律的启示［J］.法制与社会，2021（13）.

［151］张海军.试析反致的逻辑缺陷［J］.学术前沿，2011（3）.

［152］张红.论“二级识别”［J］.山东大学学报（哲学社会科学版），2001（3）.

［153］张健，周世虹.马克思的法学思想发展历程及新时代价值［J］.哈尔滨学院学报，2019，40（8）.

［154］张敬敏.当代中国法律规避研究［J］.商业文化（学术版），2011（12）.

［155］张黎，钟波.刍议国际私法中的法律规避［J］.海南大学学报（人文社会科学版），2004（1）.

［156］张明远，司玉琢.世纪之交海商法走势探析［J］.中国海商法年刊，1997（0）.

［157］张萍.关于国际私法的识别问题［J］.理论导刊，1999（12）.

［158］张茜.国际私法中识别问题之浅见［J］.法制与社会，2009（22）.

［159］张晓东，董金鑫.论统一实体国际条约不宜作为准据法［J］.海峡法学，2011，13（1）.

［160］张顼.对国际代理法律适用问题的一点新思考［J］.法制与社会，2007（8）.

［161］张正怡.《涉外民事关系法律适用法》中的外国法查明制度［J］.长安大学学报（社会科学版），2011，13（2）.

［162］赵明珠.论反致制度在我国涉外民事法律关系中的适用［J］.经济研究导刊，2008（7）.

［163］赵生祥.禁止法律规避制度在中国国际私法中的地位［J］.现代法学，2004（5）.

［164］赵生祥.论国际私法中识别的误差［J］.现代法学杂志，2003（6）.

[165] 周斌，曹文．属人法制度发展趋势研究：兼评《民法典（草案）》第九编中的属人法制度［J］．长沙铁道学院学报（社会科学版），2005（3）．

[166] 周辉斌，张辉．国际私法对象和范围的重新审视［J］．广西政法管理干部学院学报，2000（4）．

[167] 周江．国际私法中法律规避问题的再思考［J］．法律科学（西北政法学院学报），2007（4）．

[168] 周江．论先决问题的处理方法［J］．江西社会科学，2007（1）．

[169] 周黎明．论反致问题［J］．河南大学学报（社会科学版），2002（6）．

[170] 朱工宇．刍论公共秩序保留制度之嬗变趋势［J］．网络财富，2009（13）．

[171] 朱一羽．先决问题是一个“伪命题”［J］．法制与社会，2009（31）．

[172] 邹克渊，王森．人类命运共同体理念与国际海洋法的发展［J］．广西大学学报（哲学社会科学版），2019（4）．

[173] 李为民．国际私法学中识别概念的内涵拓展［N］．湖北日报，2007-05-03（3）．

[174] 密晨曦．构建海洋命运共同体与海洋法治建设［N］．中国海洋报，2019-09-17（2）．

[175] 叶芳．积极参与全球海洋治理 构建海洋命运共同体［N］．中国海洋报，2019-06-18（2）．

（四）其他

[1] 刘少华．论自然人国籍冲突及其解决方法［D］．武汉：华中师范大学，2011.

[2] 马旭红．自然人权利能力和行为能力关系研究：从人格与身份权关系出发［D］．北京：中国政法大学，2005.

[3] 任瑞．马克思对于法哲学的理论贡献及其当代价值［D］．喀什：喀什大学，2023.

[4] 粟锋．马克思主义国际关系理论视域下的人类命运共同体研究［D］．南京：国防科技大学，2021.

[5] 毕道俊．中国海事冲突法的立法研究［D］．合肥：安徽大学，2007.

[6] 张代恩．民事主体权利能力研究［D］．北京：中国政法大学，2001.

[7] 习近平．高举中国特色社会主义伟大旗帜 为全面建设社会主义现代化

国家而团结奋斗：在中国共产党第二十次全国代表大会上的报告［EB/OL］. 求是网，2022-10-25.

［8］杨绍华．文明交流互鉴是推动人类文明进步和世界和平发展的重要动力［EB/OL］. 中国青年网，2019-05-11.

［9］德国民法典全文［EB/OL］. 道客巴巴，2015-01-10.

二、英文文献

［1］BAUGHEN. Shipping Law［M］. 2nd ed. London：Cavendish Publishing Limited，2001.

［2］CRAWFORD E B，CARRUTHERS E B. International Private Law：A Scots Perspective［M］. Edinburgh：Thomson Reuters，2015.

［3］HARDING M. Conflict of laws［M］. 4th ed. London：Routledge，2014.

［4］IVAMY E H. Marine Insurance［M］. 3rd ed. London：Butterworths，1979.

［5］LOWNDES，RUDOLF. The Law of General Average and the York-Antwerp Rules［M］. 12th ed. London：Sweet & Maxwell，1997.

［6］MORRIS J H C. The Conflict of Law［M］. London：Stevens，1980.

［7］QU GUANGQING. Study of Conflict and Application of Maritime Laws［M］. New York：Great Neck，2019.